日本型法治主義を超えて

行政の中の法の担い手としての法曹・公務員

高橋 明男 編

大阪大学出版会

目次

プロローグ　行政の中の法の担い手と法治主義のあり方
　　　　　　　　　　　　　　　　　　　　　　　　　　　高橋　明男　1

　1　はじめに　1
　2　行政が法の担い手となることの意味　2
　3　わが国の行政の中の法の担い手の位置付け　7
　4　本書について　11
　5　おわりに　17

第Ⅰ部　行政の中の法の担い手の養成

1　公的部門の法律専門家の養成と大学教育
　　―日独比較からみえてくるもの―　　　　　　　　折登　美紀　25

　1　はじめに　25
　2　ドイツにおける公務員と法学教育　26
　3　日本の大学における法学教育　32
　4　おわりに　38

2　近代日本における行政官任用資格試験と法的専門性
　　　　　　　　　　　　　　　　　　　　　　　　　三阪　佳弘　42

　1　はじめに　42
　2　日本における法学教育機関の整備と官吏資格任用制度の構築　43
　3　法学専門教育と官吏任用：「法科偏重の時代」　45
　4　1920～30年代における「法科偏重」批判と制度改革　47
　5　「法学部」課程の相対的な比重の低下と行政官任用試験　50
　6　おわりに　54

3　地方公共団体と法科大学院の協働
　　―岡山大学における実践―　　　　　　　　　　　南川　和宣　58

　1　はじめに　58
　2　地方公共団体における法の担い手の養成と大学の関わり　58

i

3　岡山大学ロースクールの現状と法曹の職域拡大　60
　　　4　OATC の設立　61
　　　5　岡山行政法実務研究会　63
　　　6　地方公共団体内の法律専門家養成の現状と課題　70
　　　7　おわりに　71

　4　イギリス法曹養成における大学・法科大学院の位置付けとその役割
　　　　　　　　　　　　　　　　　　　　　　　　　　田中　孝和　76
　　　1　はじめに　76
　　　2　法曹養成の歴史的経緯　77
　　　3　大学における法学教育　78
　　　4　法科大学院における職業教育段階及び実務研修　81
　　　5　政府による法律家の採用　84
　　　6　継続職業研修　86
　　　7　おわりに　87

　5　ロシアの公的部門と法律専門家　　　　　　　　　　竹中　浩　95
　　　1　はじめに　95
　　　2　高等法学教育と法律家　96
　　　3　公的部門における法律家の役割　101
　　　4　おわりに　104

第Ⅱ部　行政過程における法の担い手

第1章　立法の担い手と法律専門家
　1　ドイツ、フランス、EU の省庁レベルの立法過程における
　　　法律専門家の役割　　　　　　　　　　　　　　　ヤン・ツィーコゥ　111
　　　　　　　　　　　　　　　　　　　　　　　　　（訳　髙橋　明男）
　　　1　はじめに　111
　　　2　省庁の公務員の養成と採用　111
　　　3　省庁における法曹の役割　115
　　　4　省庁における公務員による法律の起案　117
　　　5　行政法曹と行政裁判権　119
　　　6　EU の行政に対する加盟国の影響力　122
　　　7　おわりに　123

2　イギリス中央政府における法律専門家
　　――ジェネラリストの官僚文化における主要専門家――
　　　　　　　　　　　　　　　　　　ガーヴィン・ドゥルーリー　130
　　　　　　　　　　　　　　　　　　　　（訳　田中　孝和）

　1　はじめに　130
　2　イギリスの公務員の概観　132
　3　イギリス公務員のジェネラリストの伝統　133
　4　ジェネラリズム――フルトンの批判　135
　5　法律家――特殊なスペシャリスト？　137
　6　どのような法律専門知識を政府は必要とするのか？　139
　7　公務員法律家と行政法　142
　8　「ヨーロッパの」次元　144
　9　情報技術　145
　10　イギリスの公務員制度において法律専門家はどこに配置されているか　146
　11　議会における法律知識家　150
　12　おわりに　151

3　日本の立法過程と法律専門家　　　　　　　　　　阪田　雅裕　155
　1　はじめに　155
　2　政府と立法　155
　3　法律の立案とリーガル・マインド　161
　4　法律専門家の立法への関与　163
　5　おわりに　166

4　日本の地方公共団体における立法過程と法律専門家
　　　　　　　　　　　　　　　　　　　　　　　　　倉田　哲郎　168
　1　はじめに　168
　2　箕面市における政策法務の実例　168
　3　条例制定のプロセス　175
　4　職員に求められる素質と能力　176
　5　法令解釈・運用の現場で　177
　6　おわりに　179

第2章　法の適用・執行の担い手と法律専門家
　1　日本の地方公共団体における法曹・法律専門家の活用
　①指定都市における法の執行過程と法学既修者
　　　―京都市の例を素材として―　　　　　　　　　青山　竜治　184
　　　1　はじめに　184
　　　2　法務に関する体制の概要　184
　　　3　法務要員に求めるべき資質・能力　185
　　　4　法学部・ロースクール出身者の法務要員への適性　187
　　　5　おわりに　192

　②豊中市職員に求める法的素養について　　　　　松浦　弘明　196
　　　1　はじめに　196
　　　2　地方公共団体の業務と法務　196
　　　3　豊中市の法務部門の職員体制　197
　　　4　豊中市の法務部門の業務内容と求められる能力　198
　　　5　原局の職員に求められる役割と能力　201
　　　6　OJTや業務経験によって得る能力　203
　　　7　法科大学院卒の職員等に期待される役割　204
　　　8　豊中市の目指すべきもの　206
　　　9　おわりに　207

　2　フランスの地方公共団体における法律専門家の役割
　　　　　　　　　　　　　　　　　　　　　　　　　北村　和生　209
　　　1　はじめに　209
　　　2　地方公共団体における弁護士の役割　211
　　　3　地方公共団体における地方法律専門家の役割　214
　　　4　おわりに　217

第3章　不服審査の担い手と法律専門家
　1　日本の地方公共団体における不服審査体制と法律専門家
　　　　　　　　　　　　　　　　　　　　　　　　　佐藤　英世　222
　　　1　はじめに　222
　　　2　行政不服審査制度の意義とその改正　222
　　　3　地方公共団体における改正への対応と調査項目　224

4　地方公共団体における行政不服審査体制　224
   5　おわりに　232

2　ドイツ連邦州の不服審査と法曹　　　　　　　　　　恩地　紀代子　241
   1　はじめに　241
   2　ドイツ連邦州における異議審査請求をめぐる動き　241
   3　ラインラント・プファルツ州（流）の異議審査と法曹　244
   4　おわりに　255

3　アメリカの行政不服審査制度―ALJ の役割　　　　佐伯　彰洋　259
   1　はじめに　259
   2　正式裁決　260
   3　アメリカの行政不服審査制度の概要　261
   4　ALJ　264
   5　ALJ の利用をめぐる現状　265
   6　AJ と APA　269
   7　おわりに　270

巻末付録［第Ⅰ部 1 関連］
　　表 1　ドイツの大学の重点領域科目　276
　　表 2　日本の大学の法学教育　282

エピローグ　　　　　　　　　　　　　　　　　　　　　高橋　明男　316

索引　320
執筆者紹介　324

プロローグ
行政の中の法の担い手と法治主義のあり方

高橋　明男

1　はじめに

法の担い手としての行政

　行政の中にある「法の担い手」は法治主義のあり方にどのような影響を与えるのだろうか。わが国は法治主義を憲法により採用した国である。日本国憲法における法治主義は、国家作用が法に従って行われなければならないこと、かつ、その法が憲法、とりわけ人権の尊重の原則に反しないことであることを要請する。そして、わが国においては、特に行政作用に関して、そのような法治主義が基本原理として制度上も確立しているということができる（法律による行政の原理、憲法及び憲法原則による行政の規律、行政訴訟制度及び国家補償制度、違憲立法審査制度等）[1]。

　さて、法治主義の国にあっては、法の担い手は第一義的には、議会であり裁判所である。議会において、行政の規準となる法律が作られ、行政が法に違反していないかどうか、議会が作った法律が憲法に違反していないかを裁判所が裁判において判定する。しかし、議院内閣制をとるわが国にあって、法律案を作成するのは圧倒的に行政（内閣）であり[2]、議院内閣制をとらない地方公共団体の場合も、条例案は首長提案がほとんどである。もちろん、法律・条例を補完する行政立法（政省令、規則等）や行政規則も行政が作成するものである。また、わが国の行政訴訟の件数は、諸外国と比べて圧倒的に少なく、違憲審査が積極的に行われることも多いとはいえない。その結果、行政が立案し議会の審議を経て成立した多くの法令・条例が訴訟の場でチェックされることなく、行政の手による法令・条例をはじめとするルールがいわば自己完結的に社会において実施されている。このような事情を考えると、わが国において法治主義を実質的に作動させている法の担い手は、議

会でも裁判所でもなくむしろ行政であるといえる。

　それでは、行政の中で法を担っているのは誰であろうか。彼らはそれに相応しい資格・能力を持って法を担っているのであろうか。本書は、行政組織の中にあって「法」を作りそれを適用・執行する公務員を中心的な視座に置き、それを担当する者がどのような養成過程を経て採用されるのか、どのような形で「法」を担っているのかに関して、わが国の状況を客観的に分析するために、比較法的・法史的な検討を行うとともに、国と地方公共団体における実情を探るものである。それは、わが国の法治主義についてその外見的な制度だけでなく、その実態をも明らかにすることにつながろう。以下、その趣旨を敷衍する。

2　行政が法の担い手となることの意味

行政による「法」の通用力と多様化

　先に述べたように、行政により定立される「法」は法律案の作成にとどまらず、法律の解釈と執行のための政省令（条例の場合は長等の規則）、さらにそれを補う細則としての通達等の行政規則にも及ぶ。わが国の行政法学における通説的な解釈法理によれば、法的性質としては法規の性質を有しうる法律及び政省令と法規の性質を有しない行政規則の間には明確な区別が存在するが、実際には行政規則であっても、行政内部において効力を有するにとどまらず、それに基づいて行政作用が行われる結果、国民一般に対しても事実上の「法」として通用力を持ちうる[3]。それは直接に行政による「法」の相手方となる者に対する関係だけではなく、相手方と何らかの法律関係を有する者に対しても及びうる。それにより、行政による「法」は場合によっては私法関係にも影響を及ぼすことになる。さらに、中央省庁が定めた「法」（法令と通達）は、現場において法律の適用・執行にあたる地方公共団体の判断を縛り、そこにおける合理的な解決の幅を制約する[4]。このような行政において定立された「法」の通用力は、わが国においてはとりわけ顕著にみられるのであって、そのために、行政における「法の担い手」が有する影響力に

注目する必要性がある[5]。

　より普遍的な現象としては、公益を実現するための法を行政法と呼ぶとすると、一方でグローバル化の進展により、国際的な交渉や取り決めの中で法が形成・執行されていくこと、他方で公私協働の進展により行政組織と民間（私人）が協働して法が形成・執行されていくことがみられるようになってきた[6]。また、科学技術の発展に伴って各分野において専門化・技術化が進み、法の内容形成において分野ごとの専門家が関与することが多くなってきている。このような事情から、行政法の担い手は固有の意味の公務員が独占するものとはいえなくなりつつある。行政による「法」は、行政組織自身が定立するものだけではなく、国内外の業界団体・専門職団体等が「法」の定立に参画することや、それらの団体が定立するルールを行政が承認する形においても存在する。それは法律に基づく場合もありうるし、規整する法律がないまま行政による定立・承認または行政と団体の協働により事実上の通用力を増大させるという場合もありうる。

　しかし、このような場合においても、行政が重要な役割を果たす（果たさなければならない）ことに変わりはない。とりわけ、公益を実現する最終的な責任が国家にあることを考えれば[7]、公益を実現する法（行政法）を利害関係人や市民に対して説明する責任を行政の中の法の担い手である公務員が負っている。その意味において、公務員は行政法の担い手として「法」の合理性を説明できるだけの専門的能力を有していなければならない。

法の担い手としての公務員と法曹の関係
―ジェネラリストと専門職（スペシャリスト）

　近代における「法」はそれを担う専門家集団としての法曹の成立と相関関係にある[8]。この意味において、法の担い手を論じる場合、法曹という専門職の成立・発展を考慮に入れる必要がある。多くの国において、法曹はまず市民間に妥当する私法と刑事法を適用する司法（裁判官・検察官・弁護士）を担う。それとともに、官僚制度と行政裁判制度の整備が発展した国においては、官僚層と法曹の相互浸透が進み、官僚法曹が私法と並ぶ「公法」として

の行政法の成立に寄与することになる。

　わが国においては、近代的な公務員制度は、明治期に東京大学法学部が官僚養成のための機関として設立され、高等文官試験制度が作られることを契機として整備されていった。その過程において、官吏任用試験としての高等文官試験と司法官の採用と弁護士の資格認定のための高等試験司法科試験が分けられていく[9]。制度が作られた明治期から第2次世界大戦後も引き続いて、公務員試験と司法試験の2本立ては継続し、法学部、特に東京大学をはじめとする帝国大学（国立大学）法学部出身者の高級官僚における優位が語られる一方で[10]、法曹資格を持つ者が公務員になることは稀になった。そして、法の担い手としての公務員に必要な法律知識は、法学部を含む学卒の者が公務員に採用され職務を果たす中でOJTにより獲得することで培われてきた。それは国全体の制度（法）の設計と管理及び国際的な取り決めを担う国家公務員であれ、地方において制度（法）の立案・執行を担う地方公務員であれ同様であった。そこでは、制度（法）設計に必要な能力と法律学との関連が強く認識されているとはいえず、法律学だけでなく経済学、経営学、公共政策学等の幅広い諸学が公務員に必要なものとして公務員試験科目が設計され、文系の公務員は専門家としてではなくジェネラリストとして採用される。大学法学部においても、法学部出身者が法律専門家としての法曹になる課程は依然として主流に属するとしても、公務員を含むそれ以外の進路をとる者は法律専門家ではなくジェネラリストを指向する者として認識される。このことは、法学部のカリキュラムが法律専門家の養成に特化しないことにつながっていく。

　このように、資格試験の上でも採用前の課程で身に付けた能力の点でも法律専門家とはいえない者が公務員となり、行政の中の法の担い手となることをどのように評価することができるだろうか。

　もちろん、このような状況はわが国の行政法体系が立法技術の観点で専門性に劣っているということを意味しない。それどころか、わが国の行政法律は、特に政府提案によるものの場合、内閣法制局による慎重な吟味を経て極めて精緻な体系性・専門性を有している。のみならず、とりわけ中央の上級

公務員は厳しい選抜試験を経て採用されてきており、その基礎的な資質が諸外国と比べて劣っていることはあり得ない。また、地方公共団体においても、近年、政策法務（自治体法務）の重要性が認識され、地方公共団体における条例等の立法技術は向上してきていると評価できる[11]。しかし、そのような仕組みにおいても、それを担う公務員は法解釈学と法律の知見において一定のレベルが保証される法曹資格を有しない一般公務員（ジェネラリスト）であるのが通常であり、法律（条例）の適用・執行の場面においては、必ずしも法律学について訓練を受けたとは言い難い一般公務員が法を担っている。

わが国の決定過程の特色—稟議制

このような状況に対して、端的に、公務員に必要な法律知識はジェネラリストとして必要な限りのものであって法律専門家としてのそれではなく、法の担い手としての公務員に法律学の素養は無用であり、OJTにより立法技術を涵養し、法の適用・執行については必要なマニュアルと個別的な指示を用意すれば足りるのだという判定をすることも可能であろう[12]。また、このような仕組みが機能することについて、わが国の法の立案と適用・執行においては、専門職としてのノンキャリアとジェネラリストとしてのキャリア（上級職）の区別が存在し、実質的な判断は末端の専門職が行い、それを稟議制と呼ばれる集団的意思形成過程を経て上級職が形の上で承認するというやり方があることから説明することも可能であろう[13]。

しかしながら、稟議制という集団的意思形成過程を通じた専門知の制度への反映に対しては、近年、政策決定の責任を有する者が専門知を有していないことに由来する責任の不明確さが指摘され、社会インフラの整備と経済の高度成長を目指す方向性が明確であった時代と異なり、個人間・社会階層間のより複雑なトレードオフに対処するための政策選択が必要な時代には適していないとの主張がみられる[14]。このような指摘については、わが国において、法律立案を含めた行政決定に対して行政訴訟によるチェックが不十分であったことも考慮する必要があろう。わが国の行政裁判は、その訴訟要件の

厳しさと本案における行政裁量のハードルのために、件数も原告の勝訴率も低いまま推移してきた[15]。これは、法の担い手である公務員が、自らが立案し適用・執行する法が司法の場でチェックされることに対して大きな関心を持たないこと、そして、司法的・法律学的なチェックに堪えるだけの十分な熟慮が法の立案と適用・執行に払われないおそれにつながりうる。また、形式として存在する法令上の仕組みとは別に、法外的な行政指導、補助金配分、行政基準の設定等の非権力的な措置を通じた干渉・誘導が当然のように行いうるという行政のあり方にもつながりうる。近年の司法制度改革により意図された行政救済の拡大は、これまで司法的判断の対象になり得なかった行政決定を司法の場に持ち込む可能性を広げている。それは同時に、行政の中の法の担い手の公正性・中立性に対して疑問を投げかける可能性を有している[16]。

政治主導と官僚主導、猟官制と実績主義

わが国の行政組織が持つ省庁ごとの専門性、また、それにより作られる行政決定の「専門性」は、政治部門、とりわけ議員が十分な専門性を有していないこととあいまって、省庁ごとに独立して行政決定が行われる基盤を作り、行政決定の政治部門に対する中立性の確保を根拠として、公務員の省庁ごとの独立した人事行政を支えることにもつながっていた[17]。すなわち、戦後改革において公務員制度は、明治期以来の家産的官僚制から猟官制と対比される意味における実績主義（試験制度と資格任用制）と公務員の政治的中立性の要請に基づく科学的人事行政へと転換されたとされる[18]。しかし、事務次官以下の広範な公務員を一般職と規定し、専門的知見を持たない（必要としない）ジェネラリストとして省庁ごとに採用された上級公務員が、省庁内の各部門に順次配属されていく中で年功序列的に同期入省間の狭い競争を通じて昇進していく慣行の下では、各ポストにそれぞれの資格要件を定める職階制は死文と化す一方、省庁ごとの行政組織上の独立性は守られる[19]。憲法上は「行政各部」（72条）と表現される各省庁は、幹部人事においても[20]、行政決定においても[21]、政治部門の意向を踏まえ、その力を利用しつつ、独

自に決定する余地を確保してきたとされるのである。しかし、中央省庁改革以来、内閣（総理大臣）と内閣官房の指導力強化と官僚主導に代わる政治主導が課題とされ、2015年に成立した「内閣官房・内閣府見直し法」（内閣の重要政策に関する総合調整等に関する機能の強化のための国家行政組織法等の一部を改正する法律）は、内閣官房と内閣府（及び閣議で定める方針の下に各省大臣）の総合調整機能を強化し、2014年の内閣法21条の改正により内閣官房に設置された内閣人事局は、内閣官房の各省庁人事に対する統制力を強化した[22]。

このような改革は、各省庁において資格要件の明確な専門家がプールされ、その中から適材適所の人事管理が図られるという前提があれば、民主的な正当性と合理性を調和できる仕組みと評価することができよう。しかし、その前提条件がなければ、単に時の政権に都合の良いだけの人事統制に堕するおそれもあり、行政に求められる行政決定に関する合理的な責任履行に役立たない可能性もあろう[23]。むしろ、「官」のあり方ないし質が問題とされるべきであって、とりわけ法律立案が重要な任務である中央省庁においては、各部門の中枢となるポストに法律学の知見を有する専門家を配置して行政決定の専門的合理性を説明できる態勢を構築することは、政治主導か官僚主導かにかかわらず重要というべきであろう。

3 わが国の行政の中の法の担い手の位置付け

比較法の視点

本書は、わが国の行政の法の担い手の状況を比較法的な視点から分析をすることを意図している。この点について概括的な素描を行っておきたい。

比較法的にみると、わが国のあり方は先進諸国の中で特異であるといえる。アメリカやドイツにおいては、法曹資格を持つ者が行政において広範に重要な職務権限を担う仕組みがとられている[24,25]。これに対して、フランスにおいては、伝統的に司法官と行政官の養成課程が分けられ、法曹養成制度（司法官養成制度と弁護士養成制度）とは別の独自の行政官養成制度がある[26]。

イギリスにおいては、公務員任用と法曹試験が分けられていたものの、次第に法曹資格を持つ者が上級公務員として重要な職責を担うようになった[27]。

このように、行政における法の担い手のあり方は国によって多様であるが、これらの国においては、わが国のように法律知識と法律学の習熟度という意味において専門的な教育のレベルが学部卒にとどまる者が法の担い手となることは多くない。他方で、このような状況は、大陸法（法治主義）とコモン・ロー（法の支配）という対比に即した説明が容易にできるものではない。すなわち、行政組織における法曹の多寡は、大統領制（アメリカとフランス）か議院内閣制（ドイツとイギリス）か、地方分権的（アメリカ、ドイツ、イギリス）か中央集権的（フランス）かという視点とともに、大陸法とコモン・ローという対比で単純に整理できるものではない。

法治主義と法の支配

大陸法的法治主義とコモン・ロー的法の支配を区別する重要な視点である行政裁判所の有無という点では、伝統的に一方にフランスとドイツ、他方にイギリスとアメリカという対比が可能であった。その観点からみると、日本と同様に公務員と法曹が分けられているフランスには、ドイツと同様に行政をコントロールするための特別の行政裁判所が存在する。同じく行政裁判所といっても、フランスのコンセイユ・デタは、法律案を含むあらゆる行政の活動に対して、行政からの諮問に応じて行政内部的な統制機能を有するのに対し[28]、ドイツの行政裁判所は、具体的な事件における行政裁判と並んで抽象的規範統制訴訟の仕組みがあるとはいえ、司法権に属している[29]。しかし、行政裁判所の裁判官と上級公務員の教育経歴のレベルに目を向けた場合、フランスにおいてもドイツにおいても行政裁判所裁判官と上級公務員の同等性が確保されている。それは、フランスにおいては行政裁判所裁判官と上級公務員がともに、国立行政学院出身者により多く占められることによるものであり、ドイツにおいては第1次及び第2次法律学国家試験合格者としての法曹資格を有する者という共通性によるものである[30]。

この点からは、伝統的に行政裁判所を持たないイギリスとアメリカはどの

ように位置付けられるであろうか。イギリスにおいては、公務員は伝統的に専門職ではなく高学歴のジェネラリストとされ、公的部門における専門職は相対的に低い地位にあったとされる[31]。しかし、20世紀に入ってから公務員の待遇改善が図られ、法曹と上級公務員の出自が同じくオックスフォード、ケンブリッジ両大学により多くを占められるようになった[32]。そして、行政裁判所を持たなかったイギリスも、行政分野ごとに置かれる行政審判所の役割が徐々に増し[33]、2000年には高等法院女王座部に行政裁判所（Administrative Court）が置かれるに至った。これらのことは上級公務員への法曹の進出を促進した。アメリカにおいては、そのような統一的な行政裁判所は置かれていないが、19世紀終わり頃からのロースクールの増加[34]と1930年代の世界恐慌以降の行政国家における働き口としての公的部門への関心の増大[35]は、ロースクール卒業者に対して、裁判官、検察官、弁護士と並んで幅広く公務員への道を開いてきた[36]。したがって、イギリスにおいてもアメリカにおいても、現在、行政裁判を担う裁判官と上級公務員の教育経歴レベルの同等性が確保されているという点においては、ドイツ・フランスと同様であるとみることもできよう。

　いずれにしても、これらの国において、行政において法の定立に直接関わる上級公務員は、法曹であったり高いレベルの教育課程を経たりすることにより、相対的に高度の専門性を有しているということができよう[37]。そして、この点において、難関とされる職員採用試験があるとはいえ、学部レベルの専門教育を経ただけで上級公務員への道が開かれる日本との違いは明白であるといえよう。また、従来の法治主義と法の支配の区別に関わる議論は、法の定立のされ方（法律優位か裁判所の判決優位か）や行政裁判のあり方（行政裁判所の有無）に関わって行われてきたが、その議論において行政官それ自体、すなわち、行政の法の担い手がどのような資格・能力を持っているかという観点は顧みられてこなかった。本書は法治主義と法の支配の区別の議論に直接立ち入るものではないが、行政官のあり方ないし質に着目することは、法治主義と法の支配の区別を超えて法の専門的合理性を担保する仕組みは何かという問題に光を当てることにもつながりうる[38,39]。

法の担い手には何が求められるのか

　以上の素描をもとに考えると、わが国において、法律知識と法律学的訓練のレベルという点で専門的な教育を受けたとはいえない公務員が法の担い手であることは、行政法の合理性の確保、とりわけ行政法の立法・執行過程と行政裁判過程の調和にとって、法を作り適用する者と法に基づいて司法審査を行う者が共通の基盤を持たないという意味において、不安定要因であり得よう。ここでは、行政実務においては裁判になる事態を想定しない法の立案・運用と行政実務が行われる可能性が生じる。このことは、たとえば、先に述べたように、わが国において、表向きの法律上の仕組みとは別に、これまで法的に争うことが難しかった行政指導、補助金交付、行政基準の設定等による干渉・誘導が法律の根拠を要することなく当然のごとく—比例原則による正当化が可能な場合もあるにせよ—行われることや、民間法曹と行政法曹の間の流動性が極めて高く維持されているアメリカでみられるような、行政が裁判過程（司法）を利用して行政法を執行する仕組みが採用される可能性が著しく低いという結果にもつながろう[40]。

　このようなわが国に特有な行政における法の担い手のあり方は、外見上、法治主義の仕組みが完備されているにもかかわらず、言葉の真の意味で法治主義が本当に実現されているのか、という疑問を抱かせる。それは、行政法解釈を担う行政法学にも、行政法実務・行政法判例と行政法学の乖離の可能性という形で必然的に影響を与え得る。さらに、科学技術の発展に伴う各分野における専門性の上昇（理系諸学に限らず、経営学・社会学・公共政策学等の文系を含め、法律以外の専門職の影響力の増大）は、法の担い手としての専門性が確立できていない場合には、ジェネラリストとしての公務員が分野ごとの専門性に対応できるだけの自らの基盤を持たないまま分野ごとの専門性の中に埋没し、結果として法律知識と法律学的合理性の重要性が軽視され、行政としての専門的合理性の確保が不明確になるという問題を孕む。稟議制を通じて合理性が確保されているという論拠によって、法の担い手としての行政の説明責任が果たせていると言い繕うことはできないし、「政治主導」の名の下で政治部門の官僚に対する統制を強化することは民主的統制の強化につ

ながるものであっても、行政の専門的合理性につながるものではない。

　本書は、以上のような視点に立って、わが国の行政の法の担い手には、どのような法的専門性が必要なのか、そして、そのような能力はどのようにして養成されるべきなのか、諸外国との比較及び実務の実情を分析する中から論じ、「日本型法治主義」が行政決定の専門的合理性を担保するために必要な視座を探求するものである。

4　本書について

成立の経緯

　本書は、2017年2月18日に大阪大学において「公的部門における法の担い手のあり方と行政法・行政法学」と題して行われた国際シンポジウムが契機となっている。このシンポジウムは、編者を研究代表者とする科学研究費補助金基盤研究（B）「公的部門における法の担い手の養成と役割に関する比較調査研究」の一環として行われたもので、報告はこの科研費の研究組織のメンバー（研究代表者及び研究分担者）とゲストスピーカー（海外の研究者及び国内の実務家）により行われた。本書の第1部以下の各章は、これらの報告をもとにして研究論文として書き改められたものである。

構成と概要

　全体として2部から構成される本書は、第1部「行政の中の法の担い手の養成」において、行政の法の担い手がどのように養成されるかについて、わが国を含むいくつかの国の状況を分析し、わが国については歴史的な分析も行っている。第2部「行政過程における法の担い手」は、行政過程の展開に即して、第1章の立法の担い手、第2章の法の適用・執行の担い手、第3章の不服審査の担い手に分けて、現実の行政過程において法曹や法律専門家がどのような役割を果たしているのか、あるいは果たしていないのかをわが国の実情といくつかの国の状況を分析している。以下、それぞれの内容を簡単

に紹介しよう。

行政の中の法の担い手の養成

　第1部1は、法曹養成・公務員養成についてドイツの法学部とわが国の法学部・法科大学院のカリキュラムに立ち入って詳細に検討する[41]。わが国の法曹試験（司法試験）と公務員採用試験（高等文官試験）は、先に述べたように、明治期に始まるものであるが、当時、モデルとされたのがドイツ（プロイセン）の仕組みであった。その後、2で論じられるように、わが国の制度はドイツとは異なる道筋を辿り現在に至っている。法曹が、とりわけ連邦政府や州政府の上級公務員において大きな比重を占めるドイツの法曹養成課程である法学部と、そのような状況にないわが国の法曹養成課程と公務員養成課程を担う法学部・法学研究科のカリキュラムの対比により、現時点で両者がどのように異なっているのかを理解し、今後、わが国において法曹・法律専門家がより大きな役割を公的部門において果たしていく上で、国際化への対応を含め、どのような養成課程が求められるのかが論じられる。

　第1部2は、わが国における法曹資格試験と官吏採用試験の関係史を法学部の両試験との関係と絡めて論じる。わが国は、ドイツ（プロイセン）の制度をモデルとして官僚養成機関として帝国大学法学部を創設し、官僚採用方法についてもドイツの制度を参考に形成してきたが、近代的な法律学が未発達の状況、縁故採用の排除、実務能力の重視の傾向といった背景のもとでの政党内閣制度の形成過程の中でドイツの制度とは異なる道筋をとっていったとされる[42]。本節は、わが国の官僚採用がドイツと異なって、官吏採用試験と司法試験を分けて行うことに落ち着く過程を、両者の試験内容に着目して検討し、官吏採用において法律学の比重が低下していく状況を具体的に描き出す[43]。

　第1部3は、中央政府の官僚と同様に法曹資格を持たないまま公務員となることが通例であった地方公共団体の法務部門の職員の能力向上に法科大学院（ロースクール）が寄与できないかという問題意識から、岡山大学法科大学院において設立されたOATC（Okayama University Attorney Training Center、岡

山大学法科大学院弁護士研修センター）と岡山行政法実務研究会の活動を紹介する。岡山大学法科大学院の取り組みは、全国的にも先進的と評価されているが、空き家対策、地域公共交通の維持活性化等の地方公共団体が直面する様々な課題を自治体職員、弁護士、研究者で共同で解決を目指し、さらに自治体内弁護士の養成、自治体職員の継続教育に発展させようという意欲的な活動が描かれる。

　第1部4は、イギリス（イングランド及びウェールズ）における大学法学部と法科大学院の教育が法曹養成と公務員採用に果たす役割を論じる。イギリスにおいては、伝統的に法曹養成は大学ではなく法曹院（インズ・オブ・コート）により担われてきたために[44]、大学における法学教育は、比較的近年まで実務家養成に直接結びつくものではなかったが、近年、大学が法曹養成の第1段階に組み込まれ、実務家養成のための機関としていわゆる法科大学院が設立されるようになった状況が明らかにされる。

　第1部5は、ロシアにおける権力分立の状況を参照しつつ、高等法学教育の修了者の就職先を分析し、特に公的部門における法律家の役割を論じる。ソ連時代の権力統合の原則や地方自治の弱さの影響を残すロシアにおいては、法曹制度も欧米とは異なっている。多様な規範的法的アクトの存在、最近における行政訴訟の増加、「法律の独裁」の推進、公的機関に対する一般監督の権能を有する検察官の地位の強さ等のロシアの特殊性がある中で、公的部門における法律家のあり方に与える影響の分析が、旧社会主義圏の状況をみる上で有益であることが指摘される。

立法の担い手と法律専門家

　次に、行政過程における法曹・法律専門家の役割を検討する第2部の中で、第1章は立法過程について、海外の状況とわが国の国及び地方公共団体の状況を論じる。

　このうち、第2部第1章1では、ドイツの公務員養成のためのシュパイヤー行政大学院教授のヤン・ツィーコゥが、ドイツ、フランス、EUの省庁レベルについて、上級公務員の採用と、それぞれにおける立法過程における

法曹・法律専門家の役割を対比する。前述のように、法曹と行政官の養成課程についてドイツとフランスは対照的であるが、ドイツにおける法律主義的な行政文化とフランスの国立行政学院（ENA）において実践される行政文化の理解の統一性の中に、公務員の資格において高度の比較可能性を確保するという共通の基盤が見出され、行政裁判所裁判官と上級公務員の養成課程が同一である点でも共通していること、EU委員会はドイツとフランスの中間的な仕方で上級ポストの採用を行っていることが論じられる。

　第2部第1章2では、公共政策を専門とするロンドン大学法学部名誉教授のガーヴィン・ドゥルーリーが、イギリス（イングランド及びウェールズ）の中央政府における法律家の役割を論じる。イギリスにおいて専門家が行政のトップを占めることがなかったことの要因は、イギリス公務員のジェネラリストの伝統に見出されるが、専門職の中でも法律家は啓蒙的階級として、立法草案の作成や法律改革のような重要な役割が認められてきていたこと、行政法の拡大、行政裁判の増加、EUを通じたヨーロッパの行政文化の影響、情報技術の発達の中で、公務員法律家は「肩ごしの裁判官」として益々重用されるようになってきたことが、具体的に法律家が配置される部署を示して論証され、ブレクシット（EU離脱）がその傾向をさらに加速していることを指摘する。

　第2部第1章3では、元内閣法制局長官の阪田雅裕が、政府提案が成立法律の多くを占めるわが国の中央政府における立法過程の実際を説明し、法律専門家の役割を論じる。法案の企画立案が中央官庁の大きな役割である中で上級職公務員の多くを法律職の試験区分合格者が占めるにもかかわらず、法律専門家が国家公務員になることは稀である要因が、各省庁職員に求められるリーガル・マインドと法律専門家に求められるリーガル・マインドが異なっていることにあるとし、法律専門家の養成課程に制度立案のカリキュラムを加えることによって、法律専門家が国家公務員として力を発揮できるのではないかと論じる。

　第2部第1章4では、大阪府箕面市長の倉田哲郎が、わが国の地方公共団体における立法過程を説明し、そこにおける法律専門家の役割を論じる。箕

面市は大阪の郊外にある高級住宅地として知られるが、市の人口規模は13万人台で一般市に属する。倉田市長は元総務省のキャリア公務員であり、中央政府の省庁実務の経験を踏まえて、比較的小規模の地方公共団体の立法が中央政府の立法とは視点が異なることを指摘しながら、地方公共団体では目の前の課題の解決を検討する中で既存のルールを疑う想像力・創造力が職員に求められることを具体的な条例を示しながら論じ、地方公共団体の政策法務において法律専門家が活躍するためには、実際を経験することが必要であると論じる。

法の適用・執行の担い手と法律専門家

　法の執行過程における法律専門家の役割を論じる第2部第2章1では、地方公共団体の法務部門の実務家の立場からの報告を扱う。このうち①は指定都市である京都市の法制課法規係長の青山竜治の報告である。都道府県並みの事務を処理する指定都市は、条例・規則の立案も当然ながら、法律の執行の最前線を担うことが少なくないが、本節では、京都市が法務要員を局ごとに配置するとともに、横断的な総括セクションに割り振っていることを前提として、法務要員に求められる資質・能力について、法学部・ロースクール出身者以外の者、法学部卒の者、ロースクール修了者の類型的な違いが具体的な問答への応答から論じられ、ロースクールの課程において立法実務が扱われることが必要であるとする。

　続く②は、中核市である大阪府豊中市の法務・コンプライアンス課法務係長の松浦弘明の報告である。豊中市は大阪近郊に位置する人口40万の典型的な衛星都市であり、全国初といわれ更新が求められる千里ニュータウンと狭隘な密集市街地を抱え、大阪空港訴訟で知られる伊丹空港が位置するなど、種々の都市問題の解決を迫られる地理的条件にある。本節では、豊中市においても法務部門以外に各部局に1人以上の法務主任を配置していることを前提として、法務部門において求められるのは法的思考力、調整力、判断力であるのに対し、原局において求められるのは個別法の知識、事務を迅速に処理する能力、課題対応能力であるが、法科大学院卒の職員には法務部門

のみならず、原局における課題対応能力も期待されるとし、「ミスター法務」だけに頼らない職員全体の法的素養の向上を図る上で、法科大学院卒の職員とそれ以外の職員の協働が重要であると論じる。

　第2部第2章2は、フランスの地方公共団体における法律専門家の役割を論じる。第1章1において論じられるように、フランスにおいては中央政府の公務員に法曹が採用されることはないといえるが[45]、地方公共団体（コミューン）においては、外部から法務支援にあたる弁護士とは異なる地方法律専門家と呼ばれる者が法務に携わっており、訴訟業務のほか、条例・処分の法的チェック、法的観点からの意思決定の調整・支援、行政の法文化の促進といった予防的な役割を果たしていることと、そのための地方法律専門家の配置の仕方がわが国の状況と対比しながら論じられる。

不服審査の担い手と法律専門家

　第2部第3章は行政過程の最終段階として不服審査が行われる際の法律専門家の役割を扱う。

　このうち、1はわが国の地方公共団体における改正行政不服審査法に対応した体制整備の中で法律専門家がどのような役割を果たしているかを論じる。具体的な手法としては、都道府県と指定都市を対象に、審理員候補者の職位と人数、外部からの任用、行政不服審査会の設置形態、委員数、委員の職種について詳細なアンケート調査を行った結果がまとめられ、弁護士が審理員または不服審査会委員として活躍する一方、審理員となる職員について単なる職位による区別がなされるにとどまっている問題が指摘される。

　次に、2はドイツの州レベルの不服審査における法曹の役割を論じる。ドイツにおいては、わが国の不服審査にあたる異議審査の訴訟提起前の前置強制が廃止されたことを受けて、多くの州で異議審査制度が撤廃された一方で、異議審査請求前置を維持する州が存在する。そのような州の一つであるラインラント・プファルツ州を対象に、州の省庁、州許認可事務所、郡庁についてそれぞれの行政で勤務する行政法曹に行ったヒアリングに対する応答がまとめられ、裁判所の負担軽減（スクリーニング）、行政の自己統制（上級

庁による指導）の機会、郡及びゲマインデのレベルで設置される市民委員を含む法律委員会による審査を通じた市民目線の説明責任の履行といった効果が認識されていること、とりわけ、行政法曹と市民の対話の機会が重視されていることが指摘される。

最後に、3はアメリカの行政不服審査制度として、わが国の行政不服審査法改正に当たって審理員のあり方に関わって参照された行政法審判官（ALJ）の役割を論じる。アメリカの行政不服審査の多くの場合にALJが関与するが、ALJの人事管理局（OPM）による選考と身分保障、ALJのデメリット（分野専門性の欠如、高額の報酬、終身雇用）のために法曹資格を必ずしも持たない裁決官（non-ALJ adjudicators、AJ）の利用が拡大していること、特に専門性が求められる社会保障領域ではAJの役割が期待されていることが論じられ、わが国の審理員選任における中立性、公平性と専門性、効率性の要請の調和の参考になることが指摘される。

5 おわりに

法のガバナンスと法律専門家

わが国の法曹養成の仕組みは司法制度改革の中で法科大学院が設立されたことによって大きな変化を遂げ、法曹資格を持つ者が公務員に採用される例もみられるようになってきたが、アメリカ、ドイツ、イギリスなどと比べるとほとんど意味を持たない数にとどまっている。法科大学院制度自体の揺らぎもあり、依然として公務員は学卒で採用される方が多い現状は変わっていない。

行政における法曹の役割あるいは法の担い手の養成の仕組みを考えることは、法の定立・適用・執行のガバナンスを分析することである。本書で論じられる各国においては、それぞれ独自の仕組みがとられているが、（行政）法の定立・適用・執行は国家の統治のあり方を大きく規定するがゆえに、それぞれの国の状況に応じて独自の発展を遂げてきたということができる。本書ではアメリカ、ドイツ、フランス、イギリス、EUに加えて、旧社会主

国であるロシアの状況も検討される。わが国が位置するアジアにおいては、社会主義国または旧社会主義国が少なくない。以下の本書の分析は、わが国を含めたアジアとヨーロッパ・アメリカ、ヨーロッパの中での比較（たとえばフランスとドイツ）、コモンロー圏におけるイギリスとアメリカの比較、アジアの中での比較という比較法社会学的または法史的分析の素材となり得よう。また同時に、法治主義のあり方という観点においては、従来の法治主義か法の支配かという二者択一とは異なる法のガバナンスの多様なあり方をどのように評価し、わが国の行政における法のガバナンスをめぐる議論に役立たせるかが、法政策にとどまらない法解釈学的な重要な課題となろう。さらに、法曹資格者、法科大学院修了者、法学部卒業者の高等法学教育を受けた者を法のガバナンスに活用する上で、教育課程の中で実務経験を経ることが重要であることが、本書の中で繰り返し指摘されている。今後の法学教育のあり方に参考となろう。また、とりわけ、不服審査体制のあり方のように、わが国で焦眉の論点になっている事柄について、比較法の観点からの寄与が期待できることはいうまでもない。以上のような議論を考える際に、法律学の知識は専門知と教養知の間でどのように位置付けられるのかという視点が、各国の制度形成の上で重要な通奏音となっていることも指摘しておきたい。

　本書が多様な意義を見出されることを期待する。

注

1) 高田敏「『形式的法治国・実質的法治国』概念の系譜と現状―その検討と『普遍化的法治主義』の提唱―」近畿大学法科大学院論集2号1頁（2006年）は、このような段階の法治主義を「普遍化的法治主義」と呼ぶことを提唱する。
2) 議院内閣制をとる国では行政提案の法律が多くなることは少なくないから、この点でわが国が特異であるわけではない。
3) 大橋洋一『行政規則の法理と実態』（有斐閣、1989年）。
4) 地方公共団体の条例の制定は「法令に違反しない限りにおいて」（地方自治法14条1項）可能である。憲法上の表現「法律の範囲内において」（94条）と異なる点について、政省令は法律に違反しては存在し得ないから、両者の意義は異ならないと説明され、理論上は妥当な説明である。しかし、法律の原案も政省令も国の

省庁の手によるものであることを考えれば、「法令」の枠組みを通じて国の省庁が作るルールが地方公共団体に対して強いコントロールを及ぼしうることが制度的にも明示されているとみることができよう。なお、中川丈久「行政法からみた日本における『法の支配』」法哲学年報2005・42頁（51頁）。
5) このことを田中成明教授は夙に「管理型法」への偏りとして説明される。本書が扱う法曹との関連では、田中成明「岐路に立つ弁護士」・日本弁護士連合会編集委員会編『あたらしい世紀への弁護士像』（有斐閣、1997年）257頁参照。
6) 岡村周一・人見剛編著『世界の公私協働─制度と理論』（日本評論社、2012年）
7) これは、典型的にはドイツにおいて「保障国家」として論じられていることであるが、主権国家が存在し、それに代わるシステムが実効的にならない限り、公益実現が国家により保障されること、またそれが求められることは普遍的に妥当するであろう。「保障国家」について、山田洋『『保証国家』とは何か」岡村・人見・前掲注6) 141頁及び拙著「保障国家における法律の役割─消費者の安全保護のガバナンスの日独比較」岡村・人見・前掲注6) 161頁。ドイツの議論の詳細は板垣勝彦『保障行政の法理論』（弘文堂、2013年）。
8) 法曹制度の比較について、広瀬清吾編『法曹の比較法社会学』（東京大学出版会、2003年）。
9) わが国における変遷の具体的内容につき、日本公務員制度試験研究会編著『官吏・公務員制度の変遷』（第一法規、1989年）。
10) 村松岐夫『戦後日本の官僚制』（東京経済新報社、1981年）65頁以下、辻清明『新版 日本官僚制の研究』（東京大学出版会、1969年）182頁。
11) 阿部泰隆『政策法務からの提言』（日本評論社、1993年）、北村喜宣・山口道昭・出石稔『自治体政策法務』（有斐閣、2011年）、木佐茂男『自治体法務入門 第2版』（ぎょうせい、2000年）等。
12) 村松・前掲注10) 66頁以下。なお、専門技術としての行政と法的技術の同一化ないし互換に関して、伊藤太一「行政官養成における法優位主義の含意(1)」北法20巻2号172頁（1969年）。
13) 辻・前掲注10) 155頁によれば、稟議制とは、行政における計画や決定が、末端のものによって起案された稟議書を関係官に順次回議して、その印判を求め、さらに上位者に回送して、最後に決裁者に至る方式である。辻はその特色を次のようにまとめている。(1)決定権も指導的地位も有しない末端の事務官が起案者として、まず稟議書を作成する。(2)稟議書は、その内容に関係を持つ部局課のものが、個別に審議するのであって、関係者が会議を開いて、討論審議することは原則でない。(3)稟議書を承認する法的権限は、行政機関の長官（各省であれば大臣、企業ならば社長）だけであるが、普通は、この長い意思決定の過程をそのまま認めるのが慣例である。これにより、学歴や試験歴のない中下級官吏が、政策決定の起案者として、専門家でない上級者を、長い経験の所産である実務知識によって絶えず補佐しているとされる。辻・前掲注10) 165頁。

14) 常木淳『「法と経済学」による公共政策分析』(岩波書店、2012 年) 100 頁以下。
15) このことをドイツとの比較で印象深く述べた文献として、木佐茂男『人間の尊厳と司法権』(日本評論社、1990 年)。
16) 「追いつき型近代化」が終焉したときにわが国の行政の行動原理が正統性を得ることができないおそれがあることを指摘するものとして、村松・前掲注10) 186 頁。公務員の「代表性」について、坂本勝『公務員制度の研究―日米英幹部職の代表性と政策役割』(法律文化社、2006 年)。上級公務員以外の中下級公務員の専門性に依存するシステムは、中下級公務員層の非正規労働者への置き換えにより、行政組織全体の専門性の欠如あるいは専門性の断絶につながる危険を内包している。
17) 省庁ごとの行政組織の明治期からの継続性について、赤木須留喜『＜官制＞の形成』(日本評論社、1991 年)。なお、野中尚人「幹部行政官僚の人事システムと政策の総合調整―フランスと日本―」学習院大学法学会雑誌43巻2号1頁 (2008 年)。
18) 辻・前掲注10) 24 頁以下。
19) 築島尚「キャリアの人事制度と官僚制の自律性」岡山大学法学会雑誌55 巻2 号285 頁 (2006 年)。
20) 村松岐夫『最新公務員制度改革』(学陽書房、2012 年) 55 頁。
21) 毛利透『統治構造の憲法論』(岩波書店、2014 年) 342 頁、待鳥聡史『首相政治の制度分析』(千倉書房、2012 年) 138 頁。
22) 公務員制度改革につき、村松・前掲注20)、出雲明子『公務員制度改革と政治主導』(東海大学出版部、2014 年)、上田健介『首相権限と憲法』(成文堂、2013 年)。
23) このような改革と内閣総理大臣の指示権との関わりにつき、拙稿「内閣総理大臣・各省大臣の職務権限」別冊ジュリスト『行政判例百選（第7版）』(有斐閣、2017 年) 41 頁。
24) アメリカにつき、ジェフリー・ラバーズ (佐伯彰洋／訳)「アメリカのロースクールにおける公共部門における弁護士養成のアプローチ」阪法63巻1号215頁 (2013 年)、佐伯彰洋「公的部門における法律専門家―アメリカにおけるその養成と役割―」阪法64巻2号257頁 (2014 年)。ドイツにつき、ヤン・ヘンドリック・ディートリッヒ (高橋明男／訳)「法曹養成と専門化傾向の間で―ドイツにおける行政法曹―」阪法63巻2号399頁 (2013 年)、佐藤英世「公的部門における法律専門家―ドイツにおけるその養成と役割―」阪法64巻2号273頁 (2014 年)。
25) 法曹が裁判官、検察官、弁護士以外に行政官にもなることについて、ドイツにおいては「法曹一元」(Einheitsjustiz) といわれるが (ディートリッヒ・前掲注24))、わが国における伝統的な「法曹一元」の用語法とは異なるものである。わが国の用語法につき、田中英夫『英米の司法』(東京大学出版会、1973 年) 259 頁参照。
26) 浦中千佳央「フランス公共部門における職員採用と法律分野でのその養成」阪法63巻2号423頁 (2013 年)、北村和生「公的部門における法律専門家―フランスにおけるその養成と役割―」阪法63巻5号287頁 (2014 年)。

27) イギリスの行政における法曹につき、長谷部由起子「政府内法律専門家の可能性―イングランドのGLSを手がかりとして」学習院大学法学会雑誌36巻1号15頁（2000年）、柴田直子「イギリスにおける自治体法務部の組織改革」神奈川法学48巻1号55頁（2016年）。
28) フランスのコンセイユ・デタ行政部につき、山岸敬子『行政権の法解釈と司法統制』（勁草書房、1994年）191頁以下。
29) ドイツにおける司法としての行政裁判制度につき、藤田宙靖『公権力の行使と私的権利主張』（有斐閣、1978年）143頁以下、宮﨑良夫『法治国理念と官僚制』（東京大学出版会、1986年）159頁以下。プロイセン行政裁判所の裁判官と司法裁判官の関係につき、宮﨑良夫『行政争訟と行政法学』（弘文堂、1991年）71頁以下（初出「行政訴訟と裁判官」『田中二郎先生追悼論文集　公法の課題』（有斐閣、1985年））。
30) この点の詳細は本書第Ⅱ部第1章1を参照。
31) イギリス公務員制度のジェネラリストと専門職の変化につき、藤田由紀子「英国公務員制度改革における『専門職化』の意義」季刊行政管理研究146号17頁以下（2014年））。
32) H. J. パーキン（有本明／安原義仁編訳）『イギリス高等教育と専門職社会』（玉川大学出版部、1998年）。See Stephen Sedley, Lions under the Throne, Cambridge 2015, pp. 34-37.
33) 和知賢太郎「新局面を迎えたイギリス行政審判所制度」日本大学政経研究53巻2号9頁以下（2016年）。
34) 丸田隆「アメリカの法曹制度」広瀬・前掲注8）168頁。
35) 辻清明『公務員制の研究』（東京大学出版会、1991年）97頁。
36) ラバーズ・前掲注24）216頁。
37) 行政による法の定立については、大統領による行政立法権限を議会による法律の立法権限を明確に分けるアメリカと行政権による法律提案が広範に認められているドイツ、フランス、イギリスとは、その内容において重要な差異があり、アメリカについては、法曹が行政ではなく議会において果たす役割の大きさにも着目する必要があろう。
38) 司法制度改革に関わって改めて法の支配と法治主義の対比が議論されてきた。一方で、行政権優位の秩序形成を批判して司法型秩序形成モデル（法の支配）と行政型秩序形成モデル（法治主義）の対比を説く土井真一教授、佐藤幸司教授の主張があり（土井真一「『法の支配』論の射程―司法制度改革と法の支配」民商法雑誌134巻1号1頁（2006年）、同「立憲主義・法の支配・法治国家」法哲学年報2005・30頁）、他方で、国民主権原理に基づく法の支配の制度化を説き、政治部門（国民内閣制）による統治を主張する高橋和之教授の見解（『現代立憲主義の制度構想』（有斐閣、2006年）87頁以下、167頁以下）がある。いずれも、中央省庁による法のガバナンスを問題にしている点は本書と異ならないが、それらの議論に

おいて、行政の中の法の担い手たる公務員については既定のものとして議論されているようにみえる。なお、法治主義と法の支配の区別をめぐる議論については、高田敏「法治主義と法の支配―日本国憲法解釈論としての―」『覚道豊治先生古稀記念論集　現代違憲審査論』（法律文化社、1996 年）1 頁以下及び高田・前掲注 1）。

39）　高田篤「ドイツにおける法曹教育の中核としての『法学』・法学部」法社会学 53 号（2000 年）122 頁（144 頁）は、日本の法システムはドイツの法システムともアメリカの法システムとも遠いと指摘する。

40）　中川・前掲注 4）50 頁以下は、行政基準への大幅な委任、行政指導等による法律による行政の原理の危機を指摘する。

41）　ドイツの法曹制度については、司法制度改革以前から詳しく紹介されてきているが（中野貞一郎「ドイツの弁護士制度」三ヶ月章ほか『各国弁護士制度の研究』（有信堂、1965 年）121 頁以下、福岡博之「ドイツ弁護士制度の歴史的展開」第二東京弁護士会編『諸外国の弁護士制度』（日本評論社、1976 年）207 頁以下等）、司法制度改革に前後して多数の紹介がなされた。文献の紹介を含め、佐藤・前掲注 24）591 頁以下参照。もっとも、公的部門と法曹との関わりには目を向けられていない。この点を論じたものとして、ディートリッヒ・前掲注 24）660 頁以下、佐藤・前掲注 24）599 頁以下参照。

42）　わが国の官僚採用方法の変遷について、若月剛史『戦前日本の政党内閣と官僚制』（東京大学出版会、2014 年）。さらに、官吏任用制度の変遷と法科大学の関係につき、『東京大学百年史　通史一』（東京大学出版会、1984 年）1053 頁以下、官吏任用制度の形成過程において、ドイツモデルの導入に井上毅が果たした役割につき、坂本一登「井上毅と官吏任用制度」國學院法学 40 巻 4 号（2003 年）333 頁以下。わが国の官僚養成において法律学が低くみられることの要因として、中国の科挙試験の伝統の影響を指摘するものとして上山安敏編『近代ヨーロッパ法社会史』（ミネルヴァ書房、1987 年）12 頁（上山安敏執筆）。ドイツの行政官採用試験と司法官試験の統一過程について、上山・前掲 240 頁以下（西村稔執筆）。

43）　わが国の制度変遷においては、近代法律学の専門性が確立されていないことの影響も指摘できよう。ドイツにおける官僚と法曹の「専門職」としての位置付けに関して、野村耕一「官吏資格の制度と機能」望田幸男編『近代ドイツ＝「資格社会」の制度と機能』（名古屋大学出版会、1995 年）17 頁以下、黒田忠史「弁護士資格の制度と機能」前掲・望田編 171 頁以下、チャールズ　E.マクレランド（望田幸男監訳）『近代ドイツの専門職』（晃洋書房、1993 年）。また、西村稔『文士と官僚―ドイツ教養官僚の淵源―』（木鐸社、1998 年）。

44）　上山・前掲注 42）34 頁以下（深尾裕造執筆）。

45）　注 26）に掲げた文献を参照。弁護士の身分を持って公務員として活動することが禁じられている。

第Ⅰ部

行政の中の法の担い手の養成

1　公的部門の法律専門家の養成と大学教育
　―日独比較からみえてくるもの―

折登　美紀

1　はじめに

　本節では、公務員として活躍するための知識や能力の養成が、大学教育において考慮され、提供されているのかという点について、日本とドイツの法学部教育を素材に考察する。

　日本では、法学部に入学してくる者の動機や法学教育への期待やニーズは多様である。法学部で学んだ専門性を直接活かすべく裁判官や弁護士といった法曹になることを目指す者、教員になることを目指す者、民間企業への就職を目指す者等様々である。たとえば、銀行や証券会社等への就職を希望し、「民法」や「商法」等を専門的に学ぼうとする学生も多く、実際、卒業後、民間企業へ就職していく者が圧倒的に多い。このことは、これまでも現在も基本的に変わらない。このような実情を踏まえるとき、本節で取り上げる「公務員として活躍するための知識獲得のための大学教育の展開と実情」というテーマ設定自体、さらには、法学部生の一定数に過ぎない公務員志向・公務員志望者に応ずる教育を展開すべきかという点についても、一考を要するかもしれない。医学部や教育学部に代表される特定の職業を想定した教育課程とは異なり、法学部は、多様な就職先において汎用可能な法的資質や法的専門性の習得を目指しており、これは、法学部教育の重要な柱である。一方で、経済学部や文学部等の他の学部の学生に比べて、公務員志望者が多いというのも、法学部の特徴である。特に、地方にある大学の法学部では、大学卒業後の就職先として、法学部卒業生が希望するような民間企業が十分に存在しているとはいえないことや「地元志向」もあって、公務員になることを希望する学生が多い。では、実際に、公務員志望の法学部生が、公務員になっているかというと必ずしもそうではない。公務員試験に合格せず、公務

員以外の職に就いている者も多い。公務員数の抑制、大学の大衆化による学生の学力の低下等も影響しているのか、学生の自主性や主体的勉学のみに任せていては、なかなか公務員試験に合格しないのが実情である。そこで、大学も、学生の公務員志向に応じようとする場合には、公務員として活躍できる能力の育成・獲得に配慮した教育の展開をしなければならない状況にある。

一方、ドイツでは、大学法学部の教育は、法曹資格の取得を目的とした教育を展開している。学生たちも、法曹資格を得て、法曹になることを目的として法学部に入学する。したがって、法学部の教育は、法曹になるための知識と能力の獲得、その後の法曹資格試験の合格を目指して行われる。法曹資格取得の第一段階が法学部の教育課程である。さらに、ドイツでは、法曹資格取得試験と公務員（特に高権的判断をする高級公務員）採用試験とが連動している。このことは、公務員になるに際しても、法的資質や法的専門性が重視されていることの表れであろう。

本節では、日本及びドイツの法学部教育を検討するが、その際、本来、各大学のカリキュラムを網羅的かつ歴史的に収集し検討することが筋道であろうが、筆者の能力が及ばなかったこと及び考察の焦点を明確にする必要性から、次のとおり、検討材料を限定している。

まず、法学教育は、法学部以外の学部においても行われていることもあるが、法学部で実施されている教育に限定した。さらに、法学部のカリキュラムとして具体化されているものに限定し、いわゆる課外で行われる「公務員講座」等については法学部が実施主体となっているものを除き、取り扱わない。また、「公的部門における法律専門家」とは、裁判官・検察官を除いた、いわゆる「公務員」を示すものとする。

2　ドイツにおける公務員と法学教育

ドイツの公務員制度

日本の法学部は、法曹を目指す者にとって最初に法学を学ぶ場であるが、

法曹養成機関として位置付けられているものではない。実質的に、大学の法学部は、法曹養成の基本的知識や能力獲得の第一段階になってきたが、法学部卒業資格たる学士の取得は法曹資格取得の要件にはなっていない。また、公務員養成機関でもない。

　この点、日本と異なり、ドイツでは、法学部での単位取得が、法曹資格の取得や公務員になることに直結していることから、大学法学部と法曹、公務員は密接に関わっている。法学部における法学教育の目的も、法曹養成にあるとされており、現在でも基本的に変わっていない。裁判官や検察官などの法曹になるためには、第1次法曹養成試験に合格し、最終的に第2次法曹養成国家試験に合格する必要がある。この第1次法曹養成試験は、法学部の教育課程の修了試験でもある。また、法曹養成試験に合格し、法曹資格を得た者には、「高級公務員」（Laufbahn des höheren Dienstes）への途も開かれる。日本では、法曹養成試験（司法試験）と公務員試験とは、それぞれ別に行われているが、ドイツでは、法曹養成試験が高級公務員への採用試験を兼ねている。したがって、ドイツで高級公務員を目指す場合には、法学部に進むというのがスタンダードなルートということになる。

　ドイツの公務員制度は、「その適正・資格及び専門的能力に応じて、等しく、いずれの公職にも就くことができ」（基本法33条2項、Art. 33 II GG）、「志望者の任用に当たっては…適正、能力及び専門業績に応じて行われる」（連邦官吏法9条、§9 Bundesbeamtengesetz、BBG）とする平等主義及び能力主義に基づいて構築され、次のような特徴を有している。

　まず、公務員の種別について、雇用主体（連邦、州、市町村、社会保険機関）ごと、終身雇用か否か等様々な種別がある。行政機関としての高権的権限と判断の有無という点に着目した種別として、「公務員」（Beamte）と「公務被用者」（öffentliche Angestellte, Beschäftigte）がある。前者は、いわゆる「吏員」と呼ばれ、連邦や州などの公共団体と公法上の勤務・忠誠関係に立ち、高権的権限と判断を通常の任務とする（基本法33条4項、Art. 33 IV GG、連邦官吏法4条、§4 BBG）のに対して、後者の「公務被用者」は、私法上の雇用契約及び労働協約によって労働する者であり、公務を行うが「吏員」ではない。人

数の面では、公務員任用より公務被用者任用のほうが圧倒的に多い。

　次に、一般に、公務員の任用・昇進制度については、いわゆる閉鎖型任用制（closed career system）と、開放型任用制（open career system）があるが、ドイツは日本と同様、前者の閉鎖型任用制を採用している。閉鎖型任用制は、終身公務員として勤務することを前提とし、採用された後、OJTを通して必要とされる能力を獲得し当該職種の中で昇進していく。これに対して、後者の開放型任用制はアメリカが採用している制度で、ポストの空きがあればそのポストに就くというもので、終身当該公務に携わる公務員として勤務することを前提とせず、いわば「官」と「民」との間を移動しつつ、能力を獲得していく。

　さらに、ドイツでは、官職と官職の前提となる教育課程修了資格とを連動させた（§16 I, §17 BBG）制度をとっている。これはラウフバーン（Laufbahn）[1)]と呼ばれている。このラウフバーンは、前提となる教育課程修了レベルに応じて、次の4つのグループに分けられている。基幹学校（Hauptschule）修了程度の単純公務（Laufbahn des einfachen Dienstes）、実科学校（Realschule）修了程度の中級公務（Laufbahn des mitteleren Dienstes）、大学（Hochschule）修了程度の上級公務（Laufbahn des gehobenen Dienstes）、大学院修士（Master abgeschlossenes Hochschule）修了程度の高級公務（Laufbahn des höheren Dienstes）である。高級公務員は、大学院修士課程修了程度とされ、具体的には、大学法学部における原則4年間の修学後の第1次法曹養成試験、2年間の実務修習、第2次法曹養成国家試験の修了を前提条件としている[2)]。

　つまり、ドイツの公務員制度は、採用の段階において、各教育機関で実施される教育課程と関連付けられ、教育機関での教育課程修了を基盤として構築されている。政治的任用の場合を除き、行政としての高権的判断を日常的に行う高級公務員を目指す学生は、大学の法学部の教育課程を修了することが必須条件となる。第2次法曹養成国家試験に合格した者は、裁判官・検察官等の法曹になることができるだけでなく、高級公務員となることができる。もっとも、高級公務員への登用は、法曹資格の保有という高い法的専門性だけでは公務員としての適性の証明には十分ではない。さらに、討論、面

接が行われ、コミュニケーション力や協調性といった資質や能力を総合的に評価して採用されるが、法曹養成試験合格が高級公務員への第一条件となっていることをみると、法的専門性の獲得が公務員の能力として重視されているといえる[3]。

法律専門家養成を目的とする大学カリキュラム

　大学のカリキュラムは、概ね、ⅰ）第1～3セメスターの基礎学修、ⅱ）第4～6セメスターの主要学修、ⅲ）第6～7セメスターの重点領域学修、そして、ⅳ）学外における実習に区分されており、法曹養成試験の必修科目及び選択科目が配置されている。

　たとえば、ハンブルク大学法学部を例にとると、学修段階（Studienablauf）に次のような科目が置かれている[4]。

　ⅰ）基礎学修段階においては、民事法分野として「民法総論」「契約法」「物権法」「商法」、公法分野として「憲法」「国家行政組織法」「行政法」「ヨーロッパ法」、刑事法分野として「犯罪学入門」「刑法総論」「刑法各論」

　ⅱ）主要学修段階においては、民事法分野として「労働共同体との法的債権債務関係」「物権法」「民事訴訟法」「家族法」「個別労働法」「商法」「相続法」、公法分野として「警察法」「経済行政法」「国家責任法」、刑事法分野として「刑法各論」「刑事訴訟法」

　ⅲ）重点領域学修段階においては、基礎法分野として「ヨーロッパ法制史」、民事法分野として「民事手続法」「商法・会社法」「労働法と社会法との関連」「国際私法・ヨーロッパ私法・比較法」「会社法と労働法との関連」「海運経済法」、公法分野として「財政法と租税法」「環境法と計画法」「ヨーロッパ法と国際法」、刑事法分野として「犯罪と犯罪の抑制」、その他「法の経済分析」「情報とコミュニケーション」「国内外の司法と法設計」が置かれている。

　ⅳ）学外実習（Praktische Studienzeit、実務的勉学期間）として、合計3ヵ月以上が課せられており、授業のない休暇中に国内あるいは国外において、たとえば、裁判所、行政機関、一般企業等で行うこととされている[5]。

第Ⅰ部　行政の中の法の担い手の養成

　法学部は、連邦裁判官法や各ラントの法曹養成法でも明らかであるように、法曹養成教育機関としての役割を担っている。この基本的役割は維持されており、必然的に、教育内容やカリキュラムも、法曹養成試験合格に資するものになるべく規定されてくる。

　大学における約4年間の修学と第1次法曹養成試験の合格、裁判所や行政機関等における2年間の実務修習（Vorbereitungsdienst）、その後の第2次法曹養成国家試験の合格を経て、法曹養成資格は取得される。第1次法曹養成試験は、「民法」「刑法」「公法」「手続法」といった必修科目と、各大学が独自に設定する各種の「重点領域科目」（Schwerpunktbereich）といわれる選択科目からなる。その配点割合は、必修科目が70％、選択科目が30％で、選択科目については大学が採点する。必修科目は、連邦裁判官法（Deutsches Richtergesetz, DRiG）5a条2項において、「必修科目は、民法、刑法、公法及び手続法とする。これらの科目についてはヨーロッパ法との関連付け、法学方法論及び哲学的、歴史的及び社会的基礎を含むものとする」とされているため、大学も自ずとこれらの必修科目を置くこととなるが、一方、重点領域科目について、どのようなものを置くかについては特定されていないため、大学が独自に設定する。したがって、重点領域科目に、各大学の個性が現れてくる。社会の変化や要請及び学生のニーズ等に柔軟に対応し得るのも、重点領域科目の特徴である。巻末付録表1に重点領域科目表を記載しているので、どのような科目が配置されているのかについては、そちらを参照されたい[6]。近年の法曹養成改革[7]の一つとして導入された重点領域科目をみると、次の①〜④が特徴として挙げられる。

　①　実際の職業に役立つ能力の養成：法曹養成資格を取得した者で裁判官あるいは検察官になっている者は極めて少なく、実際は、多くの者が弁護士となっており年々その数が増えている[8]。弁護士業を行うに当たっては、刑法や民法の高度な専門的知識や理論の習得は当然、さらに、顧客のニーズに応じた弁論の展開、交渉術などの実践的能力が必要とされる。重点領域科目において、「契約作成」「民事裁判」「刑事裁判」「民法上の法的助言」「私的法形成と訴訟遂行」「弁護士業と公証人」「裁判外紛争処理」「法的助言」と

いった、実務に役立つ科目を置いているのは、弁護士という職業を意識したものといえよう。

② 情報化社会への対応：幾つかの大学において、重点領域科目として「情報法」「メディア法」「通信法」「情報社会の法」等の科目を置いている。これは、急速に発展する高度情報化社会への法的観点からの対応要請を反映したものと考えられる。

③ グローバル化・国際化への対応：重点領域科目に、ほとんどの大学が「ヨーロッパ法」「国際法」「国際私法」「ドイツとヨーロッパの労働法・雇用法・社会法」「ヨーロッパ私法」「ヨーロッパ法規の基礎」「ヨーロッパ民事手続法」「私法及び経済法のヨーロッパ化と国際化」「EUにおける公共経済」「比較法」「フランス法」「移住と社会的統合」といった科目を置いている。ドイツは、EUを構成する中心的国家である。自国の法システムや解釈にとどまらず、ヨーロッパ法・EU法についての理解が不可欠となっていることの反映であろう。

④ 大学外教育の重視：授業のない期間に、裁判所、弁護士事務所、行政機関、企業等において「実習」を行うことが法的に義務付けられている。この学外実習を通して、大学の「講義」と「演習」で学ぶ法理論を、実際の社会の中で、動態的に把握・理解することが可能となり、理論理解の深化にもつながるものと考えられる。さらに、コミュニケーション能力の向上も期待できる。

上記の①において、職業を意識した科目が新設されたが、そこで意識された職業は、弁護士であった。法曹養成試験を兼ねる大学以外の専門大学においては、新たに「経済専修法律家」の養成を目指すコースを設けるところも現れている。このコースで想定されている職業は、企業法務に携わる企業人であり、公務員は意識されていない。つまり、これまでどおり、法曹養成機関たる大学の法学部の教育課程を修了し、法曹養成試験に合格すること、法曹養成資格取得＝公務員として必要とされる能力・知識であるとの考えに変化はみられない。公務員、とりわけ高級公務員は、高度な法的知識と能力を

第 I 部　行政の中の法の担い手の養成

有する法律専門家でなければならないということの表れであろう。高度な法的知識以外、他の何らかの、公務員職の特性上必要とされる能力・知識はないのかとの疑問があるが、それについては、先に述べたとおり、採用段階で、面接や討論が行われるということにより、一定の能力実証がなされるということかと思われる。公務員として必要とされる具体的な能力・資質については、面接、討論等の実際、実例及び OJT の実際の内容を検討することによって明らかになってこよう。

3　日本の大学における法学教育

法学教育の目的

　ドイツの大学では、法曹養成を目的としていることから、カリキュラムも法曹養成試験の試験科目を中心とした編成になっているものの、グローバル化、情報化等へ対応する科目が新たに加わるなどの変化がみられる。加えて、大学外における実務教育（学外実習）が定着している。

　では、日本の法学教育はどうなっているのであろうか。法学教育を担う高等教育機関には、大学（法学部）、研究大学院、法科大学院の 3 つの機関がある。研究大学院は研究者養成を目的とし、法科大学院は法曹養成を目的とする。大学は、大学により多少の違いはあるかもしれないが、多くは、特定の職業に直結した資質や能力の養成が目的ではなく、どのような職業においても役立ち得る法的資質（legal literacy）や法的思考（legal competency）の取得を目的としている。「憲法」「民法」「刑法」等の法学科目の講義及び演習において、法的問題点を発見・抽出し、適用法令を探し、解釈を展開し、合理的解決を導き出すというプロセスを積み重ねることを通して、法的資質や法的思考の獲得を目指す。実際のカリキュラムにおいては、下位年次では入門的、基本的科目が配置され、上位年次に移行するにつれ発展的あるいは各論的科目が配置されている。段階的に法的資質や法的思考能力が習得できるよう配慮されたカリキュラム構造が一般である。

　では、法学部では、職業の意識化、社会の変化への対応がなされているの

であろうか。

公務員を目指す学生への配慮

　公務員試験科目には「憲法」「民法」「行政法」等の法学科目がかなりの部分を占めているため、法学部の学生は公務員試験を受験するには有利である。そのため、現在の法学教育が目的とすることを確実に修得できれば、公務員試験への特段の配慮をせずとも、公務員試験への対応としては十分といえるかもしれない。しかし、法学部は伝統的に公務員志望学生が多く、現在でもそのニーズが高いこと、より多くの法学部受験生・入学生を獲得したい大学側の事情などから、公務員志望学生への特別の対応をより明確に打ち出す大学も多くなっている。以下、法学部が、公務員志望学生へどのような対応や措置を講じているのかという点について紹介する。なお、この点を明らかにするために、各大学の法学部が公開しているホームページの記述を素材とした[9]。

　第一のタイプとして、授業科目（正規科目）として公務員試験対策を行うものである。たとえば、「公務員養成のための専門科目やその他の関連講座の開講」（中央学院大学）、「専門選択科目として『公務員教養』の配置」（亜細亜大学）、「公務員試験対策として『企業・公務員基礎教養』（1年次選択科目）、『公務員教養』（2年次選択科目）の配置」（帝京大学）、「公務員として活躍するためにふさわしい資質や見識を養うための特別授業」（愛知大学）、「『公務行政学演習』及び『公務行政法演習』を開講」（立命館大学）、「公務員に求められる倫理観や使命感を育てる『公務員特別演習』」（大阪経済法科大学）、「国家公務員や地方公務員上級職を目指す学生のための『実定法特別講義Ⅰ』『法政キャリア特別講義Ⅰ』などの講義」（摂南大学）がある。

　第二のタイプとしては、公務員を目指す学生のためのコース制、課程あるいはクラスを設けるというものがある。たとえば、「『法職・公務員コース』の設置」（駿河台大学）、「県庁・市役所職員を目指す『Pクラス（選抜制）』の設置」（平成国際大学）、「『警察官・公務員特進クラス』の設置」（清和大学）、「『公共』を担う人材育成のための『公共政策コース』の設置」（青山学院大学）、

第Ⅰ部　行政の中の法の担い手の養成

「公共政策コース（各種公務員など）の設置」（成城大学）、「公共法務コースの設置」（専修大学）、「国家公務員や地方公務員を希望する学生を対象とする『公共コース』の設置」（日本文化大学）、「国家公務員（総合職等）を目指す学生を対象とする国家公務員育成プログラム」（武蔵野大学）、「国家公務員、国会職員、裁判所職員、及び地方公務員その他の法律関連専門職に就職を希望する学生のための『公共法務コース』」（明治大学）、「国家公務員、地方公務員、裁判所職員あるいは行政書士などを希望する学生のための公務員・行政書士プログラム」（立正大学）、「公務員養成プログラム」（神奈川大学）、「『地方公務員プログラム』」（桐蔭横浜大学）、「地域行政サービスの担い手養成のための『公共政策コース』」（高岡法科大学）、「『公務員コース』の設置」（朝日大学）、「国家公務員、地方公務員としての貢献を志す学生向けの『行政専門コース』」（名城大学）、「法曹や国家公務員Ⅰ・Ⅱ種、司法書士などの分野に進みたい人のための司法コース」（龍谷大学）、「国や地方自治体の公務員として貢献する人材を育成するための行政コース」（大阪学院大学）、「公務員を目指す学生のための『公務員コース』」（大阪経済法科大学）、「公務員希望の人が法律科目と共に行政関係科目を学び政策立案能力を身につける『行政コース』」（大阪市立大学）、「国家公務員採用試験・地方公務員上級採用試験などの合格を目指す『行政コース』」（近畿大学）、「国家公務員一般職、地方公務員上級職、司法書士・行政書士、法科大学院進学を目指す法律学特修コース、地方公務員一般職や警察官等を目指す地域政策コース」（摂南大学）、「公務員向けの公共政策コース、国際法政コース、政治システムコース」（関西学院大学）、「警察官と公務員を目指す『行政コース』」（神戸学院大学）、「警察官や消防官、地方公務員を目指す学生のための公務員コース」（帝塚山大学）、「一般行政職の公務員、警察官・消防官などの公務員を目指す学生向けの公務員コース」（岡山商科大学）、「公務員やNGO・NPOの職員を目指す人のための『公共政策コース』」（香川大学）、「公務員（行政職）を志望する人を対象とした公共政策コース」（松山大学）、「司法試験等の各種国家試験や公務員試験等を目指す学生のための『法務・行政』コース」（北九州市立大学）、「公務員試験に向けた基本学習と課題解決力を身に付けるための『リスクマネジメントコース』」

(九州国際大学)、「公務員や外交官として活躍したい人のための『公共法務コース』」(福岡大学)等である。

　第三のタイプは、課外講座等として公務員試験対策を行うものである。例として、「公務員試験などを目指す学生向けの『法学研究所』を設置し、外部の専門家による講義を行う」(大東文化大)、「課外講座として『公務員講座』『公務員試験対策講座』『法職講座』の開講」(日本大学、駿河台大学、清和大学、亜細亜大学、国士舘大学、帝京大学、東洋大学、武蔵野大学、明治学院大学、立正大学、神奈川大学、関東学院大学、常葉大学、愛知大学、京都産業大学、近畿大学、神戸学院大学、帝塚山大学、岡山商科大学、福岡大学、熊本大学)がある。さらに、これらの課外講座を受講する学生に対して「各種試験に合格した学生に対し、受講料割引」(立正大学)、「受講料は無料」(神奈川大学、大阪経済法科大学)、また、学外で開講される「難関国家試験合格対策講座に参加する学生は無料で参加可能」(武蔵野大学)等、経済的支援をしている大学も見受けられる。

公務員就職率

　法学部学生は実際どの程度公務員になっているのであろうか。法学部学生の公務員就職率が学部のホームページ上で明らかにされている大学のデータによれば、4.6％〜80.5％となっている。ただし、公表されている場合でも、「公務員」として教員や警察官を含めている大学もあれば、実数のみの記載で就職率の記載がない大学もある。また、就職率についても、新卒と既卒者と含めて就職率を算出している大学があることも考えられることから、数字をそのまま統一性の確保された、比較可能な数値として単純に比較することはできない。この点を留保した上で、公務員への就職状況(就職率)を概観する。

　就職率は、10％〜20％(札幌学院大学、獨協大学、日本大学、大東文化大学、広島修道大学、久留米大学、白鴎大学、駿河台大学、青山学院大学、亜細亜大学、国士舘大学、専修大学、東洋大学、一橋大学、明治学院大学、明治大学、立教大学、立正大学、早稲田大学、神奈川大学、高岡法科大学、朝日大学、常葉大学、南山大学、京都産業大学、京都女子大学、同志社大学、龍谷大学、大阪学院大学、大阪大学、近

畿大学、桃山学院大学、関西学院大学、福岡大学）が、ボリュームゾーンを形成している。40％を超える大学は、法学部生の約半分が公務員になるのであるから相当高い比率といえよう。このゾーンにある大学は、北海学園大学（80.5％）、東北大学（44.8％）、新潟大学（43.4％）、大阪市立大学（43.7％）、岡山大学（50.5％）、広島大学（48.2％）、香川大学（46.8％）、熊本大学（48.6％）である。逆に、就職率が1％〜10％と比較的低い大学には、成蹊大学（8.5％）、上智大学（8.7％）、東京経済大学（8.9％）、慶應義塾大学（8％）、創価大学（9.2％）、関東学院大学（9.6％）、駒澤大学（5.8％）、甲南大学（4.6％）がある。

　公務員就職率が高い大学は地方の大学であり、低い大学は東京といった大都市部にある大学である。大都市には公的機関以外の民間企業などが多くあり、就職先の選択の幅が広いのに対して、地方では地元に多種多彩な民間企業が数多く存在しているわけではなく、どうしても就職先が限定されてくるため、有力な就職先として公務部門が浮かび上がってくるものと考えられる。公務員就職率の高低は、大学の立地や学生の出身などの要因が影響しているものといえよう。したがって、大学のカリキュラム等における公務員試験への取り組みの実施や充実度が、必ずしも就職率に直結しているわけではない。

実務教育

　ここで実務教育というのは、大学内において座学で行われる「講義」「演習」ではなく、学外に赴いて行われる実習・研修を示すものとする。

　第一のタイプは、企業や裁判所等への訪問・見学を行うというものである。たとえば、「法廷傍聴、裁判傍聴、職場見学」（獨協大学、広島修道大学、駿河台大学、亜細亜大学、武蔵野大学、摂南大学、九州国際大学）である。

　第二のタイプは、第一のタイプよりも長い期間行われるインターンシップやワークショップの類である。たとえば、「自治体や各省庁、弁護士事務所及び企業等でのインターンシップ」（札幌学院大学、東京経済大学、日本大学、北海学園大学、中央学院大学、創価大学、中央大学、帝京大学、東洋大学、武蔵野大学、

明治大学、桐蔭横浜大学、高岡法科大学、常葉大学、名古屋学院大学、名古屋大学、京都女子大学、同志社大学、立命館大学、龍谷大学、大阪経済法科大学、岡山大学、熊本大学、沖縄国際大学）がある。この中には、インターンシップを単位化しているものも見受けられる。ユニークなインターンシップの実施例として、「法務省と連携し、保護観察官による生活指導、少年院仮退院者等を対象とする自立支援の実体体験」（青山学院大学）、「国際インターンシップとして国連訓練調査研究所（UNITAR）への学生派遣」（東洋大学）、「『海外インターンシップ』として学生をオーストラリア・中国・台湾等への派遣」（神奈川大学）、「企業の法務部門に特化したインターンシップである『リーガル・フィールドワーク』」（同志社大学）、「夏季休業中の約3週間のインターンシップ」（沖縄国際大学）が挙げられよう。

グローバル化への取り組み

第一のタイプとして、グローバル化・国際化に対応する授業科目を設置しているものがある。「語学力の向上のための『国際コミュニケーション科目』」（成蹊大学）、「国際化に対応した外国法関連科目、法学部独自の語学教育、アメリカのロースクールからの教授による集中講義」（青山学院大学）、「英語による授業」（上智大学、創価大学、新潟大学、大阪大学）、「英米法、ラテン・アメリカ法、EU法などの外国法の重視」（成城大学）、「英語で学ぶ日本の法と法制度」（明治大学）、「ネイティブ教員による英語での講義」（立教大学、大阪経済法科大学、神戸大学、西南学院大学）、「海外研修を行う『国際コミュニケーション』科目」（福岡大学）が挙げられる。

第二のタイプとして、主に交流提携を結んでいる海外大学との連携を基に学生を海外の大学等に派遣する「留学」「海外研修」など行うものがある。従来から、交流提携先への短期あるいは長期の留学制度は存在していたため、比較的多くの大学が海外の大学への留学や研修を実施している。近年では、より積極的に留学先で習得した単位の帰国後における単位化、ダブル・ディグリーの導入、留学を推進するための経済的支援等が見受けられるようになっている。たとえば、「留学先での取得単位を最大60単位まで振り替え

可能とする」(久留米大学)、「大学が留学に必要な費用や授業料を負担する」(大東文化大学)、「ダブル・ディグリー制度の導入」(創価大学)、「海外語学研修における渡航費・滞在費を全額大学が負担する」(朝日大学)、「留学先・研修先の成績について単位認定も可能」(青山学院大学、慶應義塾大学、関東学院大学、朝日大学、名古屋大学、近畿大学、福岡大学)等がある。国際的視点に立って、法学的実践能力を定着、発展させることを目指す意欲的かつ先進的取り組みとして「グローバル・ロイヤーの育成を目的として、英語による教育と重視し、『各国の法律家に互して、英語で交渉し、契約書を起草し、各国での法適合性を調査し、国際ルールの策定に参加する』国際ビジネスプログラムの設置」(九州大学)を挙げておく。

4 おわりに

　ドイツでは、法曹養成を目的とした法学部教育を行い、法曹としての能力と公務員としての能力とがほぼ同視されているが、日本の法学教育は、特定の職業を意識したものではなく、大学生のニーズ及び卒業後の進路も法曹、公務員から民間企業まで幅広く多様である。教育目的はドイツと日本とで異なるのはある意味当然であるが、それぞれの設定した目的に応じた教育の展開、目標の達成がなされているのか、なされていないならばどこに課題があるのか、課題を解決するためにどのような取り組みが必要なのかについての検証が必要である。

　日本の法学部の多くは、「法的資質」(legal literacy) や「法的思考」(legal competency) の修得を目的としている。社会の中で生起する具体的事象の解決のため、法学の知識を獲得し、活用し、合理的解決方法を発見、提示すること、その際、法の背景や基礎にある理念や法原理を発見し、応用するというプロセスの反復により、法的資質や法的思考が醸成されると考えられる。加えて、法学は社会科学であるから、普遍的価値を維持しつつも、社会の変化に無関係ではなく、変化していかねばならない。社会の動態の中で、大学で学ぶ法的知識がどのように活用されているのかという点を学生が理解する

には、「講義」や「演習」だけでは不十分で、インターンシップや学外施設の訪問見学等により、体得されていくものと考えられ、日本の多くの大学でも実施されるようになった。学生の職業意識を醸成するとともに、法の役割と機能を実感するためにも、学外における実習の一層の深化と発展が望まれる。ドイツの法学教育では、最低で3カ月以上の実習が必須とされている点と比較すると、日本の法学部における実習は、まだまだ寂しい限りである。

　また、グローバル化や国際化への対応について、日本においても、海外への留学制度の推進ないし充実が徐々に図られてきている。しかし、グローバル化に対応した法学教育の提供と充実という点については、学生のほとんどが日本人であることや教員サイドの言語能力に限界があることから、陸続きで多国籍の学生が行き交うドイツに比べると相当遅れている。日本といえども、国際間でのやり取り、国際会議等でのプレゼンテーション、国際的なルール作り、各国の法律制度への理解、それを可能にする言語能力は、グローバル社会の中にあって不可欠である。グローバル化についての対応と深化を早急に図っていかなければならないであろう[10]。

　さらに、ローカルな場面において、ナショナルな場面において、グローバルな場面において、価値の多様化が進む中、一層複雑に絡む利益を解きほぐし調整する能力を持ち、活用していく実践的技能の習得、さらに、硬直的に前例を踏襲するのではなく、現在のシステムの問題点を発見し、改善していこうとする視点と柔軟性・創造性が求められる。特に、これらの場面において、法を活かし市民や国民に奉仕する第一線で活躍する公務員にあっては、コミュニケーション能力、言語能力、調整力、創造力、外面的思考力を獲得することが強く求められる。

　最後に指摘しておきたい。日本にせよドイツにせよ、法治主義国家の行政は法律に基づき、公正・公平に執行されなければならず、公務員にあっては、法的資質や能力を習得するとともに、グローバル化に代表される現代社会の変容や要請にも応えていかなければならない。大学が仮に法学部生の公務員志向に応じた教育を展開するにしても、ただ試験の合格技法にのみ注力するということはあってはならない。現代社会の変化と特徴を把握し、高度の知

識を基盤として、複雑かつ複層的な事象を多面的視点で捉えながら、問題点を明確化し、自己の主張を構築し、相手方の主張と比較検討し、解決点を見出していくことが一層必要となってこよう。

注

1) ラウフバーンは、同一の学歴と修習を要件とする官職の集まりのことをいう。適切な訳語を当てるのが難しいため、一般的に「ラウフバーン」と表される。
2) 単純、中級、上級、高級の4つのラウフバーンの割合は、連邦の公務員の場合では、2009年時点で、単純が1.9％、中級が47.2％、上級が33.4％、高級が14.1％、2013時点で、単純が1.7％、中級が45.7％、上級が37.7％、高級が14.9％となっており、中級と上級で公務員の多数が占められている。2009年統計については、ドイツ内務省の「連邦の公務―人的組織のデータ2011」（Bundesministerium des Innern, Der öffentliche Dienst des Bundes–Daten zur Personalstruktur 2011）28頁、2013年統計については、同省の「連邦の公務―魅力的で現代的な雇用者2014」（Bundesministerium des Innern, Der öffentliche Dienst des Bundes –Ein attraktiver und moderner Arbeitgeber 2014）を参照。なお、この両統計における「高級」ラウフバーンは、「高級」公務員と裁判官とを合わせた数値であるが、各ラウフバーンの全体構成を把握するという点では、裁判官が含まれていても大差はないと考える。
3) 村松岐夫『公務員制度改革―米・英・独・仏の動向を踏まえて』（学陽書房、2008年）によれば、連邦内務省の高級ラウフバーン採用について、「採用試験では、1日に5～6人ずつ、討論、発表、ロールプレイ、語学試験、面接等を実施し、社会的能力、管理能力、コミュニケーション能力、協調性、紛争への対処力といった能力・適性を判定している。法曹資格試験の『優』以上の者は、学術的には極めて優秀だが、そのことと行政官に求められる能力等は別であることから、成績だけでなく人物をよくみることに重点が置かれている」（173頁）。
4) ハンブルク大学法学部のHPのStudienablauf（学修課程、2018年2月時点）の箇所を参照。
https://www.jura-uni-hamburg.de/studium/studiengang-rechtswissenschaft/studienablauf.html
5) ハンブルク法曹養成法（Hamburgisches Juristenausbildungsgesetz, HmbJAG）5条1項及び2項では、「学生は、合計で3カ月以上の国内あるいは国外での実習に参加し、そのうち最低1カ月はハンブルク市で研修をしなければならない」「裁判所、検察、行政庁、弁護士、公証人、企業等で研修することができるが、その際には、実際の法適用方法を発見し、法律家による指導が行われなければならない」「実習は、少なくとも2カ月間は、民法、刑法、公法に関するものでなければならない」とされている。

6) 本書巻末付録の表1（2015年時点の重点領域科目）を参照。
www.lto.de/jura/schwerpunktbereiche
7) 2002年に法曹養成改革に関する法律が制定（施行は2003年）され、これにより、重点領域科目制度が新設されるとともに、大学がこの科目の設置、試験の実施・採点を行うこととなった。
8) ドイツの法曹では、裁判官、検察官数はほとんど増加していないが、弁護士数は著しく増加している。藤田尚子「ドイツの法曹養成制度」法曹養成対策室報 No. 5 [2011年] の10頁を参照。
9) 各大学の詳細については、本書巻末付録の表2を参照。本節の「公務員を目指す学生への配慮」、「公務員就職率」、「実務教育」、「グローバル化への取り組み」の記述はこの表による。表は、2017年8月時点において公表されている記述を基に筆者が作成した。本書が公的部門における法の担い手の養成と役割を共通テーマとしていること、本節が日独の大学法学部の教育の比較検討をテーマとしていることから、法学部を有する大学を素材として取り上げた。また、大学全体としての取り組みではなく、法学部の学部独自の意識的取り組みに焦点を当て、法学部のホームページのみを参考としたため、法学部を有する全大学を取り上げているものではない。これらの点につき留意されたい。
10) 高山佳奈子「グローバル化社会における法学教育」（法律時報88巻8号52頁以下）[2016年] では、わが国は、国際的学術交流に消極的であり、国際的な学術交流のダイナミズムに欠けていることが指摘されている。筆者も全く同感である。

2　近代日本における行政官任用資格試験と法的専門性

三阪　佳弘

1　はじめに[1]

　現代日本の公務員制度は、本書プロローグ（高橋明男）にあるように、公務員採用資格試験と法曹資格試験が分けられ、法曹資格を持つ者が公務員になることは稀である。そして、法の担い手としての公務員に必要な法的知識・素養は、法学部を含む大学学部卒の者が公務員に採用され、職務を果たす中でOJTにより獲得することで培われてきた。法の担い手として、行政法をはじめとする法的専門性が求められる公務員に、法曹資格付与もしくはそれに準じる高度な法律解釈の訓練を受けていない者が就任することは、「言葉の真の意味で法治主義が本当に実現されているのか、という疑問」（プロローグ、本書10頁）を生じさせるともいえる。

　これに対して、明治憲法制定を展望しながら、それを支える官僚機構を整備するために、1885年に導入された日本の行政官任用資格制度は、当時のドイツをモデルとして、「法学部」における法学教育課程の修了とその後の実務修習をセットにして構築された。現在とは異なり、「法学部」教育課程において法的専門知識を修得し、法律解釈の訓練を受けた者が、実務修習を経て、行政官として採用されたのである。その背景には、社会・経済の近代化を政府主導で強力に推進する際に、法が行政権による政策展開のための手段としての性格を強く持ったことがある[2]。「法学部」で修得した知識は、近代国家の運営に携わる行政官に必須の能力とみなされ、帝国大学法科大学はそうした人材の給源として整備されたのである。

　しかしながら、実務修習制度はすぐに廃され、「法的専門知識」を測る国家試験に合格した者が任官後のOJTによって育成されることとなった。そこで求められる法的専門知識・能力は、必ずしも法律専門職として備えるべ

き専門知識・能力を意味せず[3]、「官吏」＝ジェネラリストとしての基礎的素養・能力とみなされた。それは、後述するように「いかなる事務にもたちまち適当し処理しうる能力、多岐にわたる実務の諸部門を統括する能力[4]」を証明するものとされたのである。

　20世紀に入り行政が複雑化し専門分化すると、次第にそのような試験によって測られた「法的専門知識」の有無よりも、それにかわって「教養」によって陶冶された「人格」を備えていることが求められるようになった。行政官任用試験科目も、法律科目を核にしつつも、「教養」とともに、技術系・理科系も含めた多様な分野に拡大していった。行政官の能力・素養として、法的専門知識・能力の比重が相対的に低下していくこととなった。実は司法官任用と養成においてさえ、同じような傾向がみられたのである。

　以下では、こうした点を念頭に置きながら、戦前の法学教育機関としての「法学部」と官吏資格任用制度の展開を追っていくこととしたい。

2　日本における法学教育機関の整備と官吏資格任用制度の構築

　法学教育機関としての「法学部」は、法律専門職に連なる理論・体系的な学問的知識の存在を前提とし、それを修得させることを通じて、法律専門職として重大な仕事を任せられるだけの能力を付与するものである。大学法学部のこうした役割を前提に、近代国家は、その機能を担う官僚の養成機関としての役割を同時に付与した。

　このような法学部が、近代日本において制度的かつ体系的に整備されたのは、1886年の帝国大学法科大学の設立による[5]。帝国大学は「国家須要ニ応スル学問技芸ヲ教授スル」と定められ、法科大学は、そうした学問の体系としての法学識を付与することを通じて、国家官僚の資格任用ないしは法律専門職資格付与を認めることとなった。さらに、帝国大学法科大学に、私立法律学校の法学教育の内容と質の管理をさせた（同年8月私立法律学校特別監督条規）。この一連の措置によって、法律専門職の資格要件・国家官僚の任用資格、養成機関としての法律教育課程を行う「学校」群、その教育内容の質

の管理が整備され、帝国大学法科大学と私立法律学校群は、体系的な法学識を伝授することによって、国家官僚を含む法律専門職に連なる、高等教育機関としての「法学部」として整備されることになった。私立法律学校は、その後1888年特別認可学校規則[6]、さらには1891年司法省指定学校制度[7]により、3年間のカリキュラム、試験、成績認定に対する規制を通じて、そこで付与される法学識の質を保つことが求められた。こうして、中等教育修了後、「法学部」（指定私立法律学校、あるいは、高等学校修了後帝国大学法科大学）において体系的な法学識を修得した者に対して、国家官僚・法律専門職への進路を認めることとなった。

　行政官・司法官の任用資格については、1885年内閣制度の採用以後、ドイツ・プロイセンの官吏任用制度を参考にして、試験制度と試補制度を組み合わせたものが構想され[8]、1887年文官試験試補及見習規則が制定された。これにより体系的な法学識を修得したことを前提に文官高等試験を免除された帝国大学法科大学卒業生、高等試験を合格した私立法律学校卒業生が、試補修習を経て任用される制度が構築された。しかしながら試補修習を行う余裕がないなどの理由により、1893年文官任用令と文官試験規則が定められ、体系的な法学識を問う試験科目による本試験を経て任用資格が与えられることになった。このときの試験科目としては必須科目として「憲法、刑法、民法、行政法、経済学、国際法」、選択科目として「財政学、商法、刑事訴訟法、民事訴訟法」が設定された。なお、同令からは、帝国大学法科大学卒業者といえども、予備試験のみが免除されるに留まり、本試験の受験が義務付けられた。

　なお、司法官（判事・検事）任用資格については、1890年裁判所構成法により、帝国大学法科大学法律学科（99年に京都帝国大学法科大学が加わる）の卒業生については、判事検事登用試験が免除され、直ちに司法官試補に任用される資格が付与された。司法省指定の私立法律学校卒業生については、判事検事登用試験受験資格が認められた。これに対して、弁護士資格に関しては、「法学部」における体系的な法学識の修得は求められず、義務教育を修了していれば直ちに国家試験としての弁護士試験受験が認められた。弁護士

については、国家試験のみによって資格が判定されるという特殊なあり方が採られた。

　以上の法学専門教育と官吏任用資格試験の組み合わせに表れているように、そこでは「法学識」が強く求められた。その背景には、1887年文官試験規則及見習規則の構想自体が、伊藤博文がシュタインを媒介に学んだ「行政国家」を支える人的基盤としての専門官僚制に由来する[9]。この時期の高等試験委員の言葉として「行政官吏は学識と経験とに富まざる可らず、而して其最も要する所の学科は法律学に過ぎず、既に法科の学識を備へ兼て実務を勤勉するものは行政官吏たる資格に於て一も欠けたる所なし」と表されていた[10]。もっとも、ここで重視されている実務能力については任用に当たっては不問とされた。その理由は、3年間の修習制度を設けることが、近代国家草創期の行政官庁にとっては困難であったことがあるが、さらに重要なのは、1889年憲法（大日本帝国憲法）のもとでの旧来の官僚勢力（藩閥官僚）を中心とした寡頭制的な権力構造を維持することが強く求められたからでもある。1890年に開設された議会を基盤として新たに権力構造に参加しようとする政党勢力にとって、国家試験に基づく官吏任用制度は、高い参入障壁となった。なおかつ、修習制度を廃止して、一律に国家試験のみに任用方法を限定することは、任用に関する一切の政治上の情実を排することにもつながった。

3　法学専門教育と官吏任用：「法科偏重の時代」

　国家的事業として整備された帝国大学法科大学とは異なり、私立法律学校は、法律専門職任用と資格制度の整備と表裏の関係にある前述の特別認可制度や司法省指定校制度などを通じて、「法学部」課程にふさわしい「質」を認定され、実態において体系的な法学識を求める時代の需要に合致することで、国家官僚を含む法律専門職の養成において大きな役割を果たすこととなった。

　他方、このことは、日本における近代法学のあり方に「官僚法学的統合」

第Ⅰ部　行政の中の法の担い手の養成

ともいうべき結果をもたらした。草創期の私立法律学校には、代言人試験などの受験向けの法技術だけではなく、市民的権利の確保と擁護に奉仕する近代法学への期待がみられたが、私立法律学校の官吏任用資格制度への包摂は、そのような法学の発展を阻害することとなった。そのことは帝国大学法科大学で供される法学教育も同様であり、高等文官試験の出題委員を独占する帝国大学教授の講義科目を頂点とする「パンのための学問」の階層秩序が誕生し、官僚養成制度に対して、高等教育機関における法学専門教育の従属が深まったと評されている[11]。明治国家の集権的な官僚機構（「藩閥官僚」）は、行政権力優位の下で、上からの近代化を強行に推進し、法はそのための重要な手段となった。その点で「法治」的な様相を示すが、市民的代表機関としての議会や司法機関の整備は遅れ、政府に対する法的コントロールは弱かった。「法治」とはいっても、そこで依拠された「法」観念は、市民的権利の確保とその擁護のため、というよりも、国家事務処理のための命令、官僚的支配の道具という色彩が強かった。

　このような「官僚法学的統合」を基盤として、国家官僚（行政官）の資質として「法科偏重」と称されるような傾向が顕著となった。他方、議会を介した政党勢力の影響力を削ぐことを目指した藩閥政府にとって、政党の猟官制を招く自由任用ではなく、「国家試験」に基づく資格任用は不可欠とされた。と同時に「法令既に頗る詳密にして官吏に自由専断の余地少く行政は漸く一の専門技術たらんとするの期に達」した当時[12]において、法学識は、近代国家の運営に携わる国家官僚に必須の能力とされた。文官高等試験においては、編纂された新法典を専門科目として受験することが求められ、それに関わる「法学識」の獲得の有無が試されることとなった。そうした法学識こそが、「官吏」としての素養とみなされ「いかなる事務にもたちまち適当し処理しうる能力、多岐にわたる実務の諸部門を統括する能力」を証明するものとみなされたからである。帝国大学法科大学が輩出する「学士官僚」が、大蔵省や内務省に採用され、各省間を往来しながらキャリア形成することが一般的となったのである[13]。

4 1920～30年代における「法科偏重」批判と制度改革

　行政官任用に関する法学識偏重に対して、1920年代以降批判が加えられるようになった。その背景には第1次世界大戦後の社会・経済構造の変化とそれに伴う新しい政策諸課題が登場したこと、それに応じて行政省庁が専門分化せざるをえなくなったことがある[14]。こうした状況は、法学識こそ行政官に不可欠である、という考え方を排することにつながった。むしろ、その政策課題に必要とされる専門性こそが重視されなければならないとする考え方を強めることとなった。その結果、行政官任用の国家試験において、法律学の知識のみを問うようなあり方を改めようとする改革案が議論されることとなった。そして、それぞれの省庁で必要とされる専門性に対する適性をどのように採用過程で判断するのか、が課題となった。

　帝国大学と私立法律専門学校との間の格差是正について、1914年に裁判所構成法と弁護士法の改正が行われ、帝国大学法科大学卒業生に対して判事検事登用試験ないしは弁護士試験を経ずして直ちに司法官試補任用資格・弁護士資格を付与する規定が削除された。これと連動して1918年行政官任用も含めた高等試験令が制定され、高等試験のもとで、行政官を任用する行政科試験と、司法官任用資格と弁護士資格の試験とを統一して行う高等試験司法科試験が導入された。これらの法改正は、従前の制度に内在する帝国大学と私立専門学校との間の格差構造に対する批判に対応するものであった。

　同令制定以前においても、「法学部」での体系的な法学識修得を事実上前提としながら、行政官任用資格、弁護士資格付与において、資格試験の域を超えた厳しい競争試験的な国家試験を課す制度が採られていたが、上記の高等試験令においては、この方向をいっそう推し進め、司法官任用資格も含めて法律専門職任用・資格と、「法学部」における法学識修得との連動を制度上明確に否定するに至った。

　この改革議論でみられた当初の構想（1914年6月文官任用令改正案）においては、そうした任用・資格付与の前提となる帝国大学と私立法律専門学校との間の法学教育の質の差は無くなりつつあること（あるいは無くすべきこと）

が強く意識された。また、行政官の資質として「法科偏重」に過ぎることに対する批判が高まった。そこで、帝国大学あるいは私立法律専門学校を問わず、「法学部」で体系的な法学識を修得し、それに関して「法学部」が行う最終の学科試験に合格すれば、国家官僚を含む法律専門職としての資格任用・資格付与を行うことが構想された[15]。行政各部局で必要とされる専門性は「法学部」で学びうるものではないという判断の下に、各部局で必要とされる専門性を修得する試補修習課程を経た後に、各省庁で定めた基準によって本官採用を行う制度案が示されたのである。

この案では、司法官については、帝国大学法科大学卒業生のように、修得した法学識を前提に、試補段階での修習を経て本官採用となる点で従前と大差は無い。しかし、行政官については、「法学部」における法学識の修得を前提にしつつも、各省が求める専門性に応じた採用が可能となり、法学識を問う従前の国家試験偏重の採用が抜本的に変わることとなる。しかし、この構想は、枢密院において「高等行政官ハソノ学才人物ヲ精選シ其ノ任用ヲ慎重ニシ苟モ情実縁故ニ依テ公職ヲ専断セシメサル」ことが文官任用令の目的なので、統一的な任用資格試験を受験させることが不可欠であるという批判を受けて挫折した[16]。

「行政各部局で必要とされる専門性は「法学部」で学びうるものではない」という認識のもとで、試験による採用後の修習での実務修習を経た後に本採用とする、という上記の改革案は、「法科偏重」＝法学識が行政官にふさわしい能力であるとすることへの鋭い批判となった。この論点は、1917（大正6）年9月設置の臨時教育会議においても激しい議論となった[17]。

臨時教育会議に対する諮問第3号「大学教育及専門教育ニ関スル件　大学教育及専門教育ニ関シ改善ヲ施スヘキモノナキカ若シ之アリトセハ其ノ要点及方法如何」に対して、同会議は1918年5月3日に、6月21・22日の総会で答申とそれに付随する希望事項を答申した[18]。行政官任用の際における「法科偏重」の是非が議論となったのは、本件の審査・答申案を作成した審査委員会が、答申に付随する希望事項として「大学各分科ノ均等ナル発達ヲ期シ文官任用ノ如キモ従来ノ方針ヲ改メテ法科偏重ノ弊ヲ矯正セムコトヲ望

ム」を提起することに端を発した。

　本件審査委員長の小松原英太郎の説明によれば、帝国大学の各分科大学進学者に不均等が生じているが、その背景には法制経済を偏重する文官任用令の影響があり、受験者は将来の官吏の進路にとって有利な法科大学に偏る傾向があるとして、次のように述べる。「近世科学ノ進歩ト共ニ国家行政モ亦独リ法制経済等ヲ要スルノミデナクシテ行政ノ種類ニ依ッテハ各種科学ノ知識ヲ必要トスルモノガアルノデアリマス、故ニ是等行政ノ局ニ当ル元来ノ如キ或ハ行政ノ性質ニ依リマシテハ専門科学ノ知識ヲ有スル者ヲ任用スルコトガ必要デアルノデアリマス、然ルニ現在ニアッテハ高等文官ノ任用ニ法制経済ノ知識アル者ヲ主トスルニ於テ或ハ一方ニ偏シテ居リハシナイカ」、こうした現状を改めるために「法科以外ノ人材ヲ適所ニ之ヲ任用シテ法科偏重ノ弊ヲ矯正セムコトヲ望ム」とする[19]。

　これに対して、法科出身者を重視すべきとする上山満之進は提案には賛成できないとして「抑モ法科ノ学問ト申セバ（中略――三阪注）国ノ制度社会ノ状態ト云フコトニ直接ノ関係ヲ持ッタ学問デゴザイマスカラ行政ノ局ニ当ル者ガ国ノ制度社会ノ状態ニ付テ学ンダ者ガ這入ルコトハ当然」であるとし、むしろ「（法学以外の――三阪注）兎角専門ノ方面ノ人ハ専門ニ偏スルノガ寧ロ当然デアリマス、行政官ハ専門ニ偏シテハ事実ニ於テ其職務ヲ完ウスルコトガ出来ヌ」とする[20]。さらに、法科偏重に同調する江木千之は、教育行政を例にとって、その担当者は教育学を修めた方が都合が良かろうとし、「其他法律問題ニ付テ専門ノ知識ヲ要スルトスレバ書記官ニモ、参事官ニモ法科出身ノ人ヲ十分ニ混ゼテ宜イ訳デアル」と指摘する[21]。

　この議論を整理した若月剛史によれば、両者の違いは「法律・経済の知識を、幅広い視野で行政事務を統轄するのに必要な能力として捉えるか、他と同様の単なる1つの専門知識として捉えるかの相違によって生じたもの」と整理している[22]。結局明治後半期の法学専門教育課程の修了と資格任用試験を組み合わせ、法学識こそがジェネラリストたる行政官の資質とするあり方が批判の俎上に載せられたというべきであろう。ここでは、法学識は他の様々な分野の専門知識の一つにすぎないもとして相対化され、むしろ法学識

を含めた諸々の専門知識を統轄しうるのは、「教養」であり教養に陶冶された「人格」であるとされたことが重要である[23]。

こうした認識は、その後の高等試験の改革においても影響を与えることとなる。すなわち、帝国大学法科大学の無試験「特権」の廃止とそれによる私立法律学校との格差是正という論理のみが突出し、改革案が組み立てられることになった。つまり、中学校を卒業していれば誰でも予備試験を経て高等試験本試験を受験できるという極めて開放的な国家試験による資格任用・資格付与という制度改正に単純化されてしまった。これにより、「法学部」課程は、事実上そこで学んだことが資格任用・資格獲得において有用であったとしても、行政官任用の前提としても、また法律専門職の準備課程としてさえも、その制度上の意義を喪失することとなった。ただし、1919年の高等試験令における行政科試験科目においては、法律科目重視の「法科偏重」は維持された。その改革がさらに試みられたのは、後述する1929年の同令改正過程である。

5 「法学部」課程の相対的な比重の低下と行政官任用試験

上記改正の過程でもたびたび言及された、帝国大学と私立法律専門学校との間の質を高等教育機関として同等なものとする（しなければならない）時期に到達している、という主張を現実化したのが、1918年大学令である。これにより、正規の大学として認可する基準を満たす高等教育機関を限定してきたこれまでの政策を大きく転換し高等教育機関を拡大させることとなった。その背景には、社会の一握りの指導層や伝統的な専門的職業人の育成を目的とした「大学」における「エリート教育」中心の19世紀から、教育機会の均等化と市民的な人間形成、それに産業化の求める実務的（ボケーショナル）な職業人（企業で働く技術職や事務職員）養成を重視する20世紀への転換、という世界的な潮流があったとされる。前述した日本における専門学校令以降の「専門学校」「実業専門学校」の急速な展開は、まさに急上昇する学習要求や人材需要を満たす必要から、帝国大学よりも教育年限の短い高等

教育機関の展開であり、それが1918年の大学令制定を準備したのである[24]。大学令により、1918年以前には、国内には5つの帝国大学、在学生は8,000名弱であったが、1935年には、6つの帝国大学、12の官立大学、2つの公立大学、25の私立大学、在学生48,000名弱に拡大することになる。当然それに応じて、「法学部」についても一定の量的拡大をもたらした[25]。

しかしながら、「法学部」の卒業生が量的に拡大したとはいえ、日本社会における「小さな司法」、すなわち、制度的な対応を求めて表面に現れた限りでは、法的サービス需要（事件数）が相対的に少なくみえる「小さな司法」のもとでは[26]、「法学部」卒業生が「法律専門職という進路」の中で吸収されることはなかった。むしろ、高等教育機関卒業者に対する社会の需要の変化とともに、専門職モデルとしての「法学部」もまた、次第に民間企業などにおけるジェネラリスト的人材の輩出へ比重を移していくこととなった。こうした状況において、上述の制度的にもたらされた「法学部」教育の目的の曖昧化は、「法科偏重」批判とあいまって、大正期以降の高等教育機関の量的な拡大にもかかわらず、「法学部」の比重の相対的な低下を以下のようにもたらした。

1905年段階では、帝国大学法科大学入学者数530名と私立法律専門学校正科入学者2,623名、計3,153名であった。大戦期の停滞期をはさんで、大学令が制定された後1925年には、それぞれ1,449名、3,856名、計5,305名に増加している。他方で、この間の高等教育機関全体の増加は、進学率、入学生数いずれにおいても、「法学部」の増加をはるかに上回るものであった。高等教育機関入学者のなかに占める「法学部」入学者も1905年段階の45％から1925年以降には15％を割り込むこととなり、その比重は低下した。

上述したように、大学令制定の背景には、産業化の求める実務的（ボケーショナル）な職業人（企業で働く技術職や事務職員）養成を重視する20世紀への転換があるとされる。この点で「法学部」は1920年代の不況期を経て、1930年代には、帝国大学法学部・法文学部卒業者で官公吏・弁護士は15％に止まり、銀行会社員が32％を占めるようになってきている[27]。ただし、帝国大学の中でも東京帝国大学は京都帝国大学に比して、旧来型の専門職モ

デルとしての傾向を維持しているとはいえ、それでも銀行員・会社員といった進路が50％以上を占めるようになっている。

結局この時期においては、高等教育機関の拡大は、「学校」歴による卒業生の選別・スクリーニングが徹底的に行われることを前提に、それ以上のボケーショナルな教育＝職業教育機関としての役割を高等教育に求めることなく、企業の側では、長期勤続雇用・年功賃金制度の徹底・企業内OJTの強化が進められることになったのである。それは戦後の高度経済成長期を支える新制大学と企業との関係の原型でもあった。むしろ高等教育機関に対しては、専門的知識・技能の修得よりも、ジェネラリストとしての基礎となる高度で幅広い教養のよりいっそうの充実した修得が求められた。

そうした傾向は、国家官僚の資格任用に関わる高等試験行政科試験、さらには法曹三者に関わる司法科試験においてすらみられ、専門的知識よりも幅広い教養と人格の陶冶の重要性が求められた。1929年3月の高等試験令改正においては、法律専門科目以外の隣接人文社会科学分野の選択科目を大幅に拡大する施策として具体化された。すなわち、必修科目は従来の「憲法、刑法、民法、行政法、経済学、国際法」から「憲法、行政法、民法、経済学」に減じられ、選択科目については、哲学概論、倫理学、論理学、心理学、社会学、政治学、国史、政治史、経済史、国文及漢文、商法、刑法、民事訴訟法、刑事訴訟法、財政学、農業政策、商業政策、工業政策、社会政策を設定して、幅を大きく拡大し、その中から3科目を選択することとされたのである[28]。

これらの科目の多様化と法律学系科目の縮小に至るプロセスにおいては、2つの考え方の対立が存在したとされる。例として1925年6月20日に作成された行政調査会の高等試験行政科本試験科目に関する以下の改正案[29]をめぐる議論を紹介しておこう（表を参照）。

この案は、必須科目として法律経済の基本科目を置き、選択科目群を5類に分け、3科目（1つの類からの選択は1科目を上限とする）を選択させるものであり、「行政各種ノ方面ニ向キ得ルヤウニ、又成ルベク種々ノ科目ニ付テ造詣アル人ヲ採用スルコトガデキルヤウニ致シタイ[30]」という意図が込めら

必須・選択の別		科目名
必須科目		憲法・行政法・民法・経済原論
選択科目 ※ 1〜5類から合計 3科目選択 各類からの選択は 1科目のみ	第1類	哲学概論、倫理学、心理学、社会学、政治学
	第2類	政治史、経済史、法制史
	第3類	財政学、社会政策、経済政策（農業政策、商業政策及工業政策ヲ合シタルモノトス）
	第4類	商法、刑法、国際公法
	第5類	民事訴訟法、刑事訴訟法

れていた。

　しかしこれに対しては、次のような批判が加えられた。つまり結局選択科目の「選ビ方ニ依ツテハ矢張従来ノヤウニ法律バカリノ学科ヲ選ブト云フコトモ出来得ル」のであり「法律偏重ト云フ弊ガ徹底的ニハ救ハレテハ居ナイ」、「総テノ人ニ対シテ必須ノ科目トシテ課セラルルト云フコトナラバ、所謂従来ノ法律偏重ノ弊ヲ避ケテ、サウ云フ「ゼネラルカルチュア」ニ属スルヤウナ科目ヲ（必須科目に――三阪注）加ヘルト云フコトデ、大ニ意味ヲ為スノデアリマスガ、今回ノ案ハ是ガ選択科目トナツテ居」る[31]。また「農科ニモ理科ニモ工科ニモ同ジヤウニ矢張自分ノ学問ノ若干必須科目サヘヤレバ高等官ニナレル」という門戸を開きたいという観点からは、さらに選択科目の幅を拡げることが求められた[32]。

　この議論について若月剛史は次のように整理している。同案は、「法科偏重」に対して、行政の各方面に幅広く知識を持っていることを問う選択科目案を提示した。しかしながら、それに対する上記批判にみられるように、現実には「法科偏重」の是正を骨抜きにするものでもあった。これに対する批判者は、「法科偏重」に対して「ゼネラルカルチュア」によって培われた幅広い教養と人格の陶冶を備えつつ、特定の専門知識にも通暁している行政官像を描くものであった[33]。

　1929年3月の高等試験令改正は、上記改正案段階でみられた「類」による選択科目の限定を外し、法律経済の基本科目から成る必須科目を準備し、

第 I 部　行政の中の法の担い手の養成

選択科目を法律科目以外の自身が通暁する専門の科目で固めれば、「法学部」出身者以外の者でも、行政官への任官を制度上は容易にすることとなった。もちろん法律科目のみを選択することも可能であるという「法科偏重」批判は依然として免れないが、高等試験の関係においても「法学部」の比重を制度上低下させることにつながった。

6　おわりに

　以上のように、19 世紀末日本において定着した、行政官の資質として法律学の知識を不可欠とする、という考え方は、第 1 次世界大戦以後見直され、行政官任用の国家試験における法律学の比重もさがった。改革の方向性としては、法律学の知識を問う学術試験よりも、むしろ行政官としての実務能力の適性を問うことが課題とされた。しかしながら、1918 年及び 1929 年の高等試験令改正の過程においては、そうした課題に応える実務修習制度は復活することはなかった。その代わりに、学術試験における法律学の知識の比重を下げるとともに、採用予定者以上の合格者を出し（国家試験合格者は、1918 年以前は 100 名程度であったが、20 年代は 300 名に増加）、面接等を通じて適性をみながらふるいにかけ、採用を決めることが慣例となった。その上で、各省庁へ入省後に OJT によって修得される専門性を重視しながら行政官の養成が行われることが一般的となった。その点で制度としての実務修習は根付くことはなかった。

　最後に、司法部門、法曹との関係について付言すれば、行政官の任用は、司法官任用資格と弁護士資格に関わる国家試験とは区別され、法曹資格を得たものが行政部門でほとんど役割を果たすことはなかった。

注
1)　本節は、本書の前提となったシンポジウム原稿と三阪佳弘「日本における『法学部』の歴史的展開」法の科学 47（2016 年）を下敷きに、行政官任用の面から整理したものである。同上論文と内容に重複があることをお断りしておく。

2) 近代日本において社会・経済の近代化において西欧から継受した法が果たした役割の大きさについては利谷信義「近代法体系の成立」『岩波講座日本歴史 16』（岩波書店、1976 年）108 頁以下参照。
3) 「彼ら（明治後半期高等文官試験合格者で内務省任官者――三阪注）は専門的教育をうけ、専門知識に関する試験に合格した官僚である。しかし専門官僚といってよいであろうか。邏卒や巡査からたたき上げた官僚にくらべれば、専門知識の素養があったといえるけれども、大学教育や高等試験は行政の専門技術に関するものではない。それは就官してから身につけねばならぬ技術である。彼らは就職してからそれを学んだ」升味準之輔『日本政党史論第 4 巻』（東京大学出版会、1968 年）208-209 頁。
4) 升味同上 209 頁。
5) 以下詳細については三阪佳弘『近代日本の司法省と裁判官』（大阪大学出版会、2014 年）第 2 部第 2 章参照。
6) 特別認可学校規則は、文部大臣が私立学校の教育内容、学科試験、入学試験を監督するものとした。東京専門学校、専修学校、英吉利法律学校、東京法学校、明治法律学校、独逸学協会学校、東京仏学校が認可された。
7) 1893 年司法省令第 16 号。この司法省指定学校は、同年司法省告示第 91 号により、関西法律学校、日本法律学校、東京法学院、独逸学協会学校、東京専門学校、明治法律学校、慶應義塾、専修学校、和仏法律学校が指定された。
8) 坂本一登「井上毅と官吏任用制度」国学院法学 40-4（2003 年）参照。
9) 坂本同上 345 頁以下。
10) 若月剛史『戦前日本の政党内閣と官僚制』（東京大学出版会、2014 年）19 頁。
11) 日本の近代法学のあり方を「官僚法学的統合」として特徴付ける点については、小沢隆司「近代法学の形成と展開」山中永之佑編『新・日本近代法論』（法律文化社、2002 年）338 頁以下を参照。
12) 若月・前掲注 10)21 頁。
13) そうした官僚を当時は「牧民派」官僚と称された。こうした法科偏重の風潮を背景にした「牧民派」官僚の形成過程については若月同上 18-27 頁参照。
14) 若月同上第Ⅱ部第 3 章「『法科偏重』批判の本格化と政党内閣」を参照。
15) 司法官については三阪・前掲注 5)243 頁以下参照。行政官については若月同上 28 頁以下参照。
16) 若月同上 33 頁以下、三阪同上 281 頁。
17) 若月同上 86 頁以下。
18) なお、本件の答申と希望事項については文部省『資料　臨時教育会議　第 1 集』107 頁以下、同会議の議事録については同上『第 4 集』所収「臨時教育会議（総会）速記録第 17〜18 号」。
19) 「臨時教育会議（総会）速記録第 17 号」文部省同上『第 4 集』120-121 頁。
20) 同上「速記録第 17 号」145-146 頁。

21) 同上「速記録第 17 号」175-176 頁。
22) 若月・前掲注 10) 87-88 頁。
23) 若月同上 88-89 頁。
24) 天野郁夫『高等教育の時代（上）』（中央公論新社、2013 年）23 頁以下参照。同『大学の誕生（下）』中公新書（2009）141 頁以下参照。
25) 「法学部」入学者数変遷は以下のとおりである。私立法律専門学校は正科のみである。各年度の『文部省年報』をもとに作成した。

	1905	1910	1915	1920	1925	1930	1935	(年)
高等教育機関	6960	9369	11966	29113	35107	47383	56185	(名)
帝国大学法政系	530	587	305	648	1449	1886	1706	(名)
私立法律専門学校	2623	2319	1471	3038	3856	4571	4017	(名)
「法学部」占有率	45.3	31.8	14.8	12.7	15.1	13.6	10.2	(％)

26) 訴訟件数や弁護士数等の司法統計上の数値のみによって、日本社会の法的サービス需要を推し測る場合、「小さな司法」で十分であったかのようにみえるが、現実には人々の法的サービス需要に応える多様な層が紛争解決に介在しており、むしろ制度的な「小さな司法」と社会の現実の法的需要充足のあり方との不整合とみるべきだろう。この点について三阪佳弘「近代日本の地域社会と弁護士」法と政治 62-1（2011）、同「明治末・大正期京滋地域における弁護士と非弁護士」阪大法学 63-2（2013）参照。
27) これらの統計は前掲『文部省年報』によるが、同統計上第 1 次世界大戦期からその後の不況期については進路不明分が卒業生の 60～70％を占めており、一定の限界があり、おおむねの傾向を示すものと考える必要がある。
28) 高等試験制度改革及び選択科目における多様な分野の科目追加については若月・前掲注 10) 第 3 章を参照。
29) 国立公文書館所蔵『（第一号）行政調査会幹事会議事録』（2A-36-委 452）中の「高等試験制度改善ニ関スル小幹事会調査案」では第 4 類までしかなく、最終的に幹事会で 1925 年 6 月 20 日に決定されたものには、第 5 類（訴訟法科目）が追加された。同上『行政調査会書類七、議案（大正十四年、十五年）』（2A-36-委 443）中の「高等試験制度ノ改善ニ関スル件」。訴訟法科目を加えることで「法科偏重」を維持しようとする配慮がみられるが、そのように変更された議論経過は史料上明らかにできなかった。
30) 国立公文書館所蔵『大正十四年九月十一日　第二回委員会速記録』（2A-36-委 487）。行政調査会における山川端夫幹事長発言。行政調査会は 1925 年 5 月第 1 次加藤高明内閣のもとで設置された。ここでは高等試験制度の改善問題の調査検討が行われ、行政官任用における「法科偏重」の改善を前提に、高等試験科目の調

査検討が行われた。同調査会とそのもとでの審議については若月・前掲注 10) 96 頁以下を参照。
31) 同上『第二回委員会速記録』中、松浦鎮次郎文部次官発言。若月同上 97 頁を参照。
32) 同上『第二回委員会速記録』中、若槻礼次郎内務大臣発言。若月同上 99 頁を参照。
33) 若月同上 100 頁を参照。

3 地方公共団体と法科大学院の協働
―岡山大学における実践―

南川　和宣

1　はじめに

　行政における法の担い手の養成に、大学はどのように関わることができるのであろうか。本節では、教育・研究機関としての大学サイドの視点から、地方自治体における法律専門家の役割はどうあるべきか、地方自治体における法律専門家の養成に大学はどのような関わりを持てるのかなどについて、筆者が勤務する岡山大学における実践的な取り組みを紹介するとともに、現状における課題を指摘する。

　なお、筆者は岡山大学ロースクールに所属し行政法を専攻する研究者教員であり、下記に示したOATCの運営委員会委員を務め、岡山行政法実務研究会を主宰する者であるが、本節において示された見解は、筆者個人の見解であり、岡山大学ロースクール及び岡山行政法実務研究会の組織としての見解を代表するものではない。また、引用した研究会報告者の肩書はすべて当時のものである。

2　地方公共団体における法の担い手の養成と大学の関わり

大学教育と地方公務員の養成

　わが国における事務系公務員の養成については、周知のとおり、大学の学部教育、とりわけ法学部における教育が中心的な役割を果たしてきた。そして、学部学生が公務員採用試験による選抜を経て地方公共団体に入庁し、行政現場で仕事を覚え（いわゆるOJT（On-the-Job Training）である）、庁内の様々な部署で経験を積みながら幹部へと登用されるモデルの中で、一部の職員が法務部門を担当する法律専門家として庁内で自家養成されている。このモデ

ルにおいては、法学部の教育プログラムやカリキュラム編成がどの程度公務員の専門職としての仕事に役立っているのかという問題、公務員志望の学部学生の多くが予備校で公務員試験対策の講座を受講し、試験対策を行わなければならない現状における公務員試験と大学教育の関係性の問題、複雑に専門化した現代社会において専門職の養成をもはや庁内において自前で行うことが可能であるのかなどの問題点を指摘できるが、さしあたり、これまで大学側が、法律専門家の養成に関して必ずしも十分な意識を払ってこなかったという点に最も問題があると思われる。そこで、法曹養成の専門機関であるロースクールが、地方公共団体内における法律専門家の養成にも何らかの関与・貢献を行うことができないか、というのがわれわれの取り組みの出発点である。

理想的な「行政における法の担い手」のイメージ

われわれは、地方公共団体における法律専門家の理想像として、①庁内各部署からもたらされる行政法令の解釈適用に関する疑問及び民法などの私法が関わる法律問題などについて、判例や通知類、関連法制度などの法情報を的確に検索した上で、外部顧問弁護士と同レベルの回答をなすことができる法的思考力、②条例制定などの法制度設計の場面において、法律と条例の抵触問題や行政上の強制執行にかかる条例の限界などを踏まえつつ、地域の実情にマッチした政策を実現するための過不足のない条例案を的確に立案できる企画力を有し、③職場における各種ハラスメントやコンプライアンスなどの問題について先頭にたって環境改善を図ったり、庁内の研修の講師を務めるなど人権や法令順守についての高い意識を備え、④訴訟実務にも精通し、場合によっては自ら法廷に立ったり、国などと法律論を戦わせることのできる能力を有する人材を思い描いている。そして、彼らのキャリア形成の過程としては、医学部、教育学部及び文学部の考古学分野のように、行政法務の現場と大学での研究を往来すること、具体的には、たとえば、法務課の課長がロースクールの教授を務めたのち再び役所に戻るといったルートでキャリアアップを図るような制度を構築していきたいと考えている。大学と地方公

共団体との協働によるこのようなシステムの構築が、行政における法の担い手を養成するための取り組みにとって、ゴールの情景となる。

3 岡山大学ロースクールの現状と法曹の職域拡大

　岡山大学のロースクールは全国の他のロースクールと同様、司法制度改革がスタートした 2002 年 4 月、「地域に奉仕し、地域に根差した法曹養成」を理念に設立された。設立当初は一学年の定員が 60 名であったが、全国的なロースクールの人気低迷のあおりを受けて[1]、2017 年 4 月現在、定員を 24 名にまで削減しているが、なお定員を充足できない状況が続いている。また、岡山大学では、以前から優秀な学部学生が、関東・関西のトップ校へと進学する状況が続いており、彼らに対し岡山大学のロースクールにも目を向けてもらうためにどのような手を打つべきかについて、比較的初期の頃から検討がなされてきた。このような状況のもと、岡山大学は、いかにしてロースクールの付加価値を高めるか、他のロースクールと差別化を図るかという観点から、ロースクール修了生の就職支援と継続教育に力を入れてきた。特に就職支援は希望の多い地元岡山の弁護士事務所への就職を中心にロースクールの実務家教員が手分けてして支援を行い、年によっては 20 名を超える合格者の就職に対応してきた。このように岡山大学のロースクールは、もともと学生ないし修了生に対する面倒見の良さを特徴としていたところ、国及び日弁連の新たな方針として法曹の職域拡大が謳われるようになった。そこで、岡山大学としても、法曹の職域拡大に取り組み、具体的には、企業内弁護士、病院内弁護士及び自治体内弁護士を 3 つの柱とする組織内弁護士を養成し、彼らに対してロースクールが責任を持って継続教育を行う活動に取り組み始めた[2]。

4 OATC の設立

組織の概要

　岡山大学は、組織内弁護士の養成と継続教育を目的に、2012年12月にOATC（岡山大学法科大学院弁護士研修センター、Okayama University Attorney Training Center）を設立した[3]。OATCの主な事業内容は、①キャリアセンター事業、②研修事業、③シンクタンク事業である。OATCが地域社会において果たす役割については、図1を、中四国地域の法曹養成・継続教育におけるOATCの位置付けについては図2をそれぞれ参照されたい。

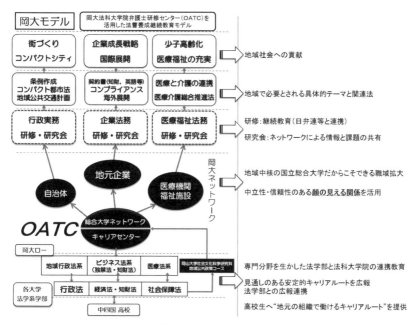

図1　地域社会における OATC 構想の役割
出典：佐藤吾郎（2014）、7頁[2]

第 I 部　行政の中の法の担い手の養成

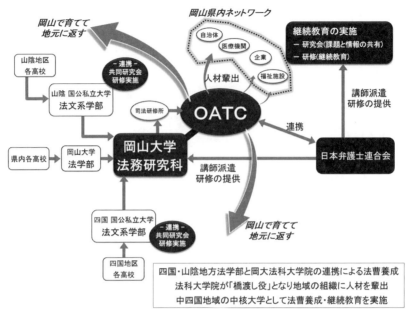

図2　中四国地方における法曹養成・継続教育
出典：佐藤吾郎（2014）、11 頁[2]

キャリアセンター事業

　OATC は、組織内弁護士を求める企業などと、岡山大学ロースクールの修了生の間に入り、両者の橋渡しやマッチングを行うことで、企業及び病院等に組織内弁護士の採用を促している。組織内弁護士については、OATC が斡旋した者だけで 12 名以上が、企業や病院内で活躍しており、一定の実績を上げている[4]。また、近年では、企業サイドから、法務部門の専門職員として、法曹資格を有しないロースクール修了生に対する求人もなされるようになり、その需要にも対応している。

研修事業

　OATC が行う研修事業は、送り出した組織内弁護士が企業内で孤立しない

よう、また十分なスキルを身に付け期待される業務を行えることを目的として行われており、企業等に対しては、いわばロースクールによるアフターケアであると位置付けられる。組織内弁護士基礎研修や組織内弁護士応用研修など各種の研修プログラムは、岡山大学ロースクール出身の組織内弁護士の連携と交流を図る場にもなっている。そして、この事業は、ロースクールが行う修了生に対する継続教育としても位置付けられる[5]。また、最近では、企業の法務担当者に対する研修（法務担当者養成基礎研修や企業法務担当者研修）も行っている。

シンクタンク事業

OATC は、シンクタンク事業として、医療・福祉の分野において権利擁護研究会を、行政法分野において、岡山行政法実務研究会を創設した。企業法分野の研究会も現在準備中である。

5 岡山行政法実務研究会

組織の概要

岡山行政法実務研究会は、ロースクールの教育理念である「実務と理論の架橋」を行政法分野において実践し、地域社会に貢献することを目的に、OATC のシンクタンク事業の一環として 2013 年 5 月に設立された研究会である[6]。この研究会は、自治体職員が行政現場で直面する種々の法的な課題について、自治体職員、弁護士、研究者及びロースクールの現役学生など様々な立場の会員が集まり、広く知恵を出し議論することで、岡山ないし中四国地域における行政法理論と自治体実務の架橋の場としての役割を果たしている[7]。

研究会のテーマ

岡山行政法実務研究会は、テーマの選定を重視している[8]。自治体職員が日々の業務において直面する問題で、判例も学説もなく行政実務も確立して

いない新しい問題や、判例や学説はあるが現場感覚からすればおかしいといった問題は数多く存在していることから、テーマには事欠かず、現在まで、20回の研究会を開催している[9]。以下では、これまでに取り上げたテーマの概要を紹介する。

(1) 地方公共団体による取り組みが先行し、国による法整備が後から追いついた分野にかかるテーマ設定

(ア) 空き家対策問題

2013年当時、地方自治の現場では空き家対策条例の制定が全国的なブームになっていた[10]。しかしながら、岡山県内の地方自治体に目を向ければ、条例を定めているのはわずかに3自治体にとどまっていた。これは、県内自治体において空き家対策条例を制定するニーズがないことを意味するものではなかった。岡山県は、岡山市や倉敷市といった都市化された市街地を含む自治体においても郊外のニュータウンにおける空き家問題が深刻化しており、その他の自治体は概ねかなりのスピードで高齢化・過疎化が進行している。そして、県北には豪雪地帯が含まれ、雪害との関係で空き家の放置が問題となるほか、南部の自治体は、瀬戸内の離島を多く抱えるなど、まさに空き家問題に関して全国の縮図ともいえる状況にあり、同問題への関心は高いはずであった。ところが、県内自治体の多くは、国の法令がない中での自主条例の制定には及び腰であった。

そこで、岡山行政法実務研究会は、空き家対策問題をテーマとして取り上げた。そもそも空き家対策条例の嚆矢としては、全国に先駆けて埼玉県の所沢市が2010年に制定した所沢市空き家等の適正管理に関する条例があった。ただ、空き家対策条例に関して特徴的な点は、後発の自治体が制定した条例の中には、かなりユニークな内容や規制手法を持つ条例も見受けられた点である。つまり、当時は「空き家対策」を素材に、地方分権化時代における条例制定の可能性を探る実験場ともいえる状況が生じていると指摘されていた。このように、自治体が条例制定に正面から向き合い、試行錯誤を繰り返しながら、政策法務のスキルをアップさせていくことは、地方自治の充実という観点から大いに評価されるべきことである。そこで、研究会において

は、研究者教員が、空き家対策問題の第一人者である北村喜宣教授の研究内容を紹介し[11]、自治体職員等が空き家対策の実務及び課題を紹介した[12]。また、空き家対策問題については、その後、国のレベルで2014年に議員立法により空家対策特別措置法が制定された。そこで、岡山行政法実務研究会では、同法の制定に当たり中心的な役割を果たした国会議員に講演を依頼し、同法制定の経緯や同法制定後の空き家問題を巡る状況について検討を行った[13]。

　（イ）　地域公共交通の維持活性化にかかる問題

　岡山行政法実務研究会は、地域公共交通の問題をたびたび取り上げている[14]。これは、地域公共交通の分野が比較的最近になって自治体行政の守備範囲に入ったものであり、生活環境やまちづくりといった従来からの行政の守備範囲と比べると、法的ノウハウの蓄積や自治体職員の政策感覚が必ずしも十分ではないようにも見受けられる分野であるからである。そもそも、地域公共交通の維持発展については、専らその課題を民間の公共交通事業者に任せ、行政は赤字補填補助金の供給元としての役割を果たしていたに過ぎない時代から、2002年、2006年の道路運送法改正、2007年の地域公共交通活性化再生法の制定と同法の2014年改正などの法制度の改正を経て、現在では、地域公共交通の維持発展に地域の自治体が責任をもって先頭にたって取り組むことが法律上求められるようになり、行政計画手法などを用いることで、地域公共交通ネットワークを構築する司令塔としての役割も果たさなければならなくなっている[15]。

　このような状況のもと、意欲的な自治体はすでに様々な取り組みを始めている。コミュニティーバスなどのコミュニティー交通の導入は、上記の法改正に先駆ける自治体発信の取り組みであるし、法制度との関係でいえば、さしあたり、地域公共交通活性化再生法のもとでの地域公共交通網形成計画や必要に応じて再編実施計画の策定に取り組んでいる自治体もある。このような政策実現の裏には、自治体内部の地域公共交通担当者の奮闘がある訳であるが、政策をスムーズに実現するには、自治体内部の公共交通担当者だけでなく、法務総務部門をはじめとした他部局や執行部の理解が欠かせない。こ

れがなければ、地域公共交通にかかる事務について、単に法改正により国が一方的に地方に対して煩雑な事務を押し付けてきたから仕方なく行うとか、国が提示したメニューにつき、国庫補助の有無と割合のみで自治体の政策優先順位を決めてしまうといった態度につながりかねない。また、現在では、県内のどの自治体でも、民間交通事業者の事業撤退や破綻といった事態がいつ起きてもおかしくない状況にあり[16]、仮にそのような場合が発生すれば庁内挙げての対応が必要になるが、その際、自治体と事業者間での無用な感情的対立や誤解による相互不信を惹起する可能性もある。そこで、生活環境問題やまちづくりなど従来から行政の守備範囲であった分野ではない、地域公共交通という新しい分野について、なぜこの事務を行政が取り扱う必要があるのか、そして、そもそも、地域公共交通を維持発展させることはなぜ必要なのか、誰のどのような利益に資するのかといった、政策の目的にあたる部分の意義をしっかりと認識することが重要になる。岡山行政法実務研究会では、以上のような問題意識に基づき、理工系の研究者[17]、民間の公共交通経営者[18]、及び県内における先進的な自治体の公共交通担当者[19]に講演を依頼して、研究会を開催した。

(2) 国の法制度改正にいち早く対応するためのテーマ設定

　(ア)　行政不服審査法の改正問題

　行政不服審査法は、2014年に全面的に改正された。そこで、改正法について、研究者と立法関係者に講演を依頼した。前者の講演では、行政法研究者の視点から、現行の行政不服審査のメリット・デメリットを分析した上で、今般の法改正が現行制度のデメリットに対してどのような改善を行っているのかという問題意識のもと、改正法の詳細な分析と検討が行われた[20]。後者の立法関係者の講演[21]では、同法の改正の経緯、改正法の詳細な内容が紹介された上、自治体に対して、改正法の施行に向けた工程表等が示された。

　さらに、シンポジウムのパネルディスカッションでは、①改正法の施行前の準備について（とりわけ、自治体は、どのような準備作業を行わなければならないか）、②審理員制度の具体的制度設計の自由度と限界について（とりわけ、どのような者を審理員に登用できるのか）、③行政不服審査会の制度設計（とりわ

け、審査会のメンバー構成のあり方について)、④審査会事務局の位置付けとあり方、⑤審理員及び行政不服審査会の審査権限の範囲とその限界、等の問題について議論を行った[22]。

（イ）　住民訴訟制度及び監査制度の改正問題

　地方自治法は2017年の改正により、監査制度が強化充実されるとともに、住民訴訟制度も見直された。そこで、この地方自治法2017年改正を主導した政府の第31次地方制度調査会の委員でもあり、かつ「住民訴訟制度の見直しに関する懇談会」のメンバーでもある弁護士を講師に迎え、調査会の答申から懇談会のとりまとめ、そして法案へと至る過程での議論などを紹介していただいた[23]。また、改正が見送られた議会による損害賠償請求権等の放棄議決の問題[24]と住民訴訟の弁護士報酬の問題[25]についてもテーマとして取り上げた。

(3)　自治体の法務体制を強化するためのテーマ設定

　岡山行政法実務研究会は、自治体の法務体制の強化に資することを目的としたテーマ設定も行っている[26]。1999年の地方分権改革から約20年が経過したが、この間、自治体法務の果たす役割は、制度設計の面と制度運用の面の両面において、ますます重要になってきている。まず、制度設計の面についてみると、いわゆる分権対応型の法律が登場し、これに対応して、自主条例と委任条例のハイブリッドタイプの条例を制定する場面が増えているが、このような条例の制定は自治体法務部門にとって腕の見せ所であるといえる。分権時代においては、多様な行政分野における条例改正ないし制度設計が求められるが、それらの作業において、先行自治体が制定した条例の単なる模倣ではなく、各自治体の地域特性や現場でのニーズに対応した的確な条例案を作成するには、高度な法務能力が求められるとされる。また、制度の運営面においても、わが国の社会全般に関わる問題であるが、近年では組織のコンプライアンスが強調される時代になってきている。

　岡山行政法実務研究会では、以上のような問題意識に基づき、長年にわたり地方公共団体において法務担当であった職員[27]、任期制のもと自治体内弁護士として勤務している法曹有資格者[28]、元裁判官の弁護士[29]及び行政訴訟

の専門家である弁護士[30]など様々な立場の者に自治体法務強化に資する講演を依頼した。

　また、具体的な裁判例[31]を素材に、総務・法務部門の担当者は自治体の意思形成過程においてどのような役割を担い、首長や議会との関係はどうあるべきか、また、自治体の外部から意思形成過程に関与する顧問弁護士や外部学識経験者はそれぞれどのような役割を果たすことができるのかについて、事件を検証する形で、様々な立場の会員と議論を行った[32]。

(4) その他

　その他のテーマとしては、行政の活動行為形式別に、行政契約に関する問題及び行政調査に関する問題、行政の活動領域別に、廃棄物処理を巡る問題、災害対策の問題、地方教育行政の問題及び税務行政の問題を取り扱った[33]。さらに、学問的水準を高めるためのテーマ設定として、憲法学との連携[34]や行政法理論の問題[35]を扱うこともある。

会員

　岡山行政法実務研究会は、岡山大学が主宰する研究会であるが、研究会の水準を高めるため、会員の資格に関して岡山大学にゆかりがあることを求めていない。したがって、様々な大学やロースクール出身の公務員や弁護士、近隣大学の研究者等、地域において行政法実務に関心のある方々を広く会員として受け入れている。会員数は、2017年8月現在、76名である[36]。

　公務員の会員については、総務法務部門に所属している職員の方のほか、その他の部局に所属している方々もスキルアップ等を目的として参加している。なお、公務員の会員が研究会で報告した場合には、研究者の助言のもと、報告内容を論文や判例評釈にまとめることを推奨しており、研究成果が岡山大学法科大学院の紀要である『臨床法務研究』に掲載される制度を設けている。この制度は、社会人大学院生のように、学術論文を執筆できる公務員の養成を目的とするとともに、自治体－ロースクール間の将来の人事交流を睨んだ業績づくりの側面も有する。また、会員には、岡山大学のロースクールを中退ないし修了した後、進路変更して公務員試験を受験し公務員になった

者もいる。これらの者との関係においては、岡山行政実務研究会は、ロースクールによる行政法分野の継続教育と位置付けることが可能である[37]。

弁護士の会員については、現に自治体の顧問をしているベテランの弁護士から、自治体をクライアントとするために行政法実務を学びに来た若手弁護士など様々である。若手の弁護士には岡山大学ロースクールの修了生も多いが、彼らとの関係では、上記と同じく、ロースクールによる継続教育と位置付けることが可能である。

研究者の会員は、岡山大学ロースクールの教員の他、岡山大学法学部の教員も会員となっている。法学部の教員が研究会に加わることで、ロースクールと学部との連携の一形態とみることも可能であると思われる。また、大学研究者にとって実務にかかる研究会に参加するメリットは、行政実務の考え方や行政現場での課題を知ることができる点にある。

最後に、現役のロースクール生については、授業の予習・復習や司法試験の準備が忙しく、ごく少数が出席するにとどまっている。しかし、学生時代から行政法実務の問題に触れることで、将来、何らかの形で自治体法務に携わるためのきっかけになることを願っている。

将来構想

現在、岡山行政法実務研究会は、自治体法務に関心のある地域の自治体職員、法曹、行政法研究者が連携するサロンないしフォーラムとして機能しているといえる。そして、われわれは、この研究会活動が、自治体内弁護士を養成・輩出し、普及させるプラットホームの役割を果たすことも期待している。

このような構想は、岡山行政法実務研究会の設立時から考えてきたことである。研究会の設立の趣旨には、将来的な目標として、「会員である自治体職員を岡山大学法科大学院の実務家教員として迎え入れ、あるいは、逆に会員である弁護士やロースクールの学生を自治体に送り出したりといった、人事交流を含めた会員相互の交流を図ることにより、岡山を自治体法務研究の学都として発展させていくこと」[38]が謳われている。

6　地方公共団体内の法律専門家養成の現状と課題

自治体内弁護士の普及と任期制

　全国的にみて、自治体内弁護士制度の存在は一定程度普及しているといえる[39]。しかし、募集の大半においては任期制が採用されている[40]。任期制については、労働市場が確立し、人材の流動性が確保される状況になれば、デメリットは多少改善されるかもしれないが、それでも昇級、年金及びキャリア形成の観点からは依然として大きなマイナスであり、現状において、任期制の自治体内弁護士になるには著しいリスクがあるといえよう。この点については、是非、早急な改善を求めたい[41]。

　また、自治体内弁護士については、弁護士登録の問題も難問である。登録を行う場合には、弁護士会の会費の負担問題があり、登録を行わない場合には、活動の制約の問題がある[42]。

岡山大学の取り組みと課題

　これまでみたように、岡山大学では、自治体内弁護士の養成、継続教育及び普及につながる体制を整備してきた。しかしながら、現在までのところ、OATCが橋渡しをする形では、自治体内弁護士を誕生させるに至っていない。その最大の理由は、岡山県内においても自治体内弁護士の募集が任期付きである場合がほとんどであるからである。任期制にかかる上記問題に鑑みると、ロースクールの修了生で組織内弁護士に興味のある学生に対しては、終身雇用が原則となっている企業内弁護士や病院内弁護士を勧めざるを得ない。

　次に、視点を、法曹資格を有しないロースクールの修了生に広げると、公務員試験の受験の問題がある。この点について、ロースクールの修了生は、仮に司法試験に合格していない者であっても、従来の学部教育と比較して、非常に高度で専門的な教育を受けた学生であるといえる。彼らの登用の可能性が従来型の公務員試験に阻まれることがないよう、公務員採用方法の多様化・柔軟化が求められるべきであると考える。

最後に、大学と自治体との人事交流については、法科大学院における裁判官や検察官の派遣という形に倣い、自治体職員の出向という形で制度上は実現できるのではないかと考えられるが、法科大学院を巡る予算や人員の削減に関する厳しい状況に鑑みると、現状においてその実現は厳しい。

7 おわりに

以上みたように、地方公共団体内における法律専門家の養成について大学ができることは現状、限られている状況にあるが、われわれは、将来的な環境整備をにらみながら、今後とも上記の活動を続けていきたいと考えている。

〔付記〕 本節の執筆にあたり協力を得たOATC事務局の苗加和香さんに感謝を表する。

注

1) 中四国地域においては、島根大学法科大学院、四国法科大学院及び広島修道大学法科大学院がすでに学生募集を停止しており、2017年現在のところ募集を続けているのは広島大学法科大学院と岡山大学法科大学院の2校だけになっている。
2) 佐藤吾郎「地方における組織内弁護士養成・継続教育―岡山大学法科大学院弁護士研修センター（OATC）構想―」岡山大学法科大学院臨床法務研究（以下、「臨床法務研究」という。）13号〔2014〕1頁は、「なぜ地方の国立大学の法科大学院が、組織内弁護士の養成を目的とし、さらに、法曹養成教育のみならず継続教育を実施するための組織を立ち上げたのか」について、地域貢献の観点から考察する。
3) OATCの組織、機能及び事業内容の詳細については、佐藤・前掲5頁以下参照。
4) また、2014年の調査によれば、東京、横浜、大阪についで岡山が全国で4番目に組織内弁護士が多い地域になっている。
5) なお、OATCは、開設当初、弁護士登録後の修了生を対象に、OATCに付設する学内の弁護士事務所において実務経験を積ませ、企業内弁護士や自治体内弁護士の育成を図るための研修事業を行っていたが、司法修習修了後、実務経験を経ずにただちに就職することを望む企業が多いことなどの理由により、現在では行っていない。
6) 会長は岡田雅夫岡山大学名誉教授が務め、幹事を吉野夏己岡山大学副学長（弁護士・大学院法務研究科教授）と筆者が務めている。事務局は、OATC内に置かれ、

会員名簿の管理や研究会の準備などの業務を担当している。
7) 研究会の案内状は、岡山県内の自治体だけでなく、香川、島根及び広島など近県の自治体にも送付することで、岡山を中心に広く中四国地域から会員を募っている。
8) 会員の自治体職員から自治体行政の現場で問題となるテーマを募集し、事務局がテーマに沿った報告者を選定することで、比較法研究や判例研究が主の研究者主体の従来型の研究会との差別化を図っている。
9) なお、第1回から第17回までの研究会の記録については、臨床法務研究18号[2017]107頁以下に掲載されている。
10) 国土交通省の調査によると、2013年1月現在、138の自治体が空き家対策条例を制定していた。
11) 南川「空き家対策条例の制定にかかる行政法上の問題点」（第2回「空き家に関する諸問題―空き家対策の政策法務―」。同講演は、空き家問題にかかる先行研究を紹介し、各地の自治体がアイデアを凝らして様々なタイプの空き家条例を制定していること、ただその中には、法律と条例の抵触問題や行政代執行法との関係から違法条例と評価されかねないものも存在していることなどを指摘することで、今後条例制定を検討している自治体にとって、どのような観点に注意して条例を制定すべきかについて参考となる情報を提供した。なお、同講演は、臨床法務研究13号79頁以下に掲載されている。)
12) 矢吹龍直郎氏（瀬戸内市職員）「空き家問題を巡る自治体の対応」（なお、同講演は、臨床法務研究第13号61頁以下に掲載されている。以下同じ。)、坂本純平氏（岡山大学総務企画部法務コンプライアンス対策室・弁護士）「空き家対策条例に基づく執行方法―所有者不明の場合を中心に―」（臨床法務研究13号71頁以下)、及び髙原成明氏（津山市職員）「空き家対策に係る誘導的手法の検討―税制面でのディスインセンティブを中心に―」（臨床法務研究13号97頁以下)。
13) 山下貴司氏（衆議院議員・弁護士）「議員立法のつくり方～空家対策特別法とストーカー規制法を題材に～」（第17回「議員立法～空家対策特別措置法を中心に～」。同講演では、自らが成立に深く関わった議員立法である同法等を例に、議員立法の制定過程が具体的に紹介された。また、同法の自治体ごとの施行状況や、同法に基づく計画の策定などの自治体の取り組みの状況、空家対策推進にかかる予算概算要求・税制要望の概要などの紹介、及び同法について、立法者の立場から、条例と法律の抵触にかかる具体的な条文についての解釈も示された。なお、同講演は、臨床法務研究第19号51頁以下に掲載されている。また、同講演の後、研究会事務局から、同法の施行後における全国の空き家対策条例の制定・改廃の状況が報告された。)
14) 第4回「交通政策基本法と公設民営」、第5回「地域公共交通の諸問題について」、第10回「地域公共交通の諸問題について」、第16回「地域公共交通」及び第19回「データが変える交通政策・経営・観光 ビッグデータ、オープンデータ駆使し

15) 以上につき、拙稿「地域公共交通の再生にかかる行政手法について」曽和俊文ほか編『行政法理論の探究―芝池義一先生古稀記念―』[2016] 339 頁以下参照。
16) 実際に岡山県内では、2012 年には井笠鉄道（バス会社）が破綻している。
17) 加藤博和氏（名古屋大学大学院環境学研究科准教授）「激動する地域公共交通関連法制度」（第5回。なお、同講演は、臨床法務研究14号25頁以下に掲載されている。）、橋本成仁氏（岡山大学大学院環境生命科学研究科准教授）「地域公共交通とまちづくり」（第10回）、土井勉氏（大阪大学コミュニケーションデザイン・センター特任教授）「総交通量減少時代における生活と交通を支える仕組みを考える～人々の心に火を灯す交通政策～」（第16回）、伊藤昌毅氏（東京大学生産技術研究所助教）「情報提供サービスとオープンデータから視た交通」（第19回）及び太田恒平氏（㈱トラフィックブレイン代表取締役）「ビッグデータで視た岡山の交通の実態」（第19回）がある。
18) 小嶋光信氏（一般財団法人地域公共交通総合研究所代表理事（理事長）・両備グループ代表・CEO）「交通政策基本法と公設民営」（第4回。なお、同講演では、地域公共交通の民間事業者の立場から、高齢化やモータリゼーションなどの要因により全国の地域公共交通の経営環境が厳しくなっている現状について分析した上で、地域公共交通を維持し、活性化するために自らが行ってきた実践的な様々な取り組みについての紹介がなされた。とりわけ、公設民営方式によるローカル線・バス路線の再生について、和歌山鐵道貴志川線や井笠鉄道（バス）などで蓄積された再生のノウハウが、全国の地域公共交通再生のモデルとなりうることが紹介された。）
19) 新仁司氏（玉野市財政部契約管理課長）「玉野市の地域交通計画について」（第5回。なお、同講演は、臨床法務研究14号[2014] 45頁以下に掲載されている。）及び別府直樹氏（総社市交通政策課主査）「総社市における地域公共交通の取組み」（第10回。臨床法務研究16号[2016] 71頁以下）がある。
20) 伊藤治彦氏（岡山商科大学教授）「改正行政不服審査法について」（第6回「行政不服審査法の改正と自治体の対応」。なお、同講演は、臨床法務研究15号[2015] 31頁以下に掲載されている。）
21) 添田徹郎氏（総務省行政管理局行政手続室室長）「行政不服審査法改正と自治体の対応」（第6回。なお、同講演は、臨床法務研究15号39頁以下に掲載されている。）
22) 本シンポジウムのパネルディスカッションは、臨床法務研究15号51頁以下に掲載されている。
23) 小林裕彦氏（弁護士）「住民訴訟と監査制度の改正の動向について」（第20回「平成29年地方自治法改正～住民訴訟と監査制度の見直しについて～」）。
24) 東原良樹氏（神戸大学大学院法学研究科博士後期課程）「議会による損害賠償請求権等の放棄議決にかかる最高裁三判決（平成24年4月20日及び同23日判決）」

第Ⅰ部　行政の中の法の担い手の養成

（第 20 回）。
25) 南川「住民訴訟における弁護士報酬と改正法〜熊取町談合住民訴訟弁護士報酬請求事件（大阪地判平成 27 年 9 月 3 日）〜」（第 20 回）。
26) 第 7 回「自治体法務の課題」、第 8 回「自治体内部における適法性統制機能について〜総務・法務部門の役割を中心に〜」及び第 9 回「自治体法務〜内的視点と外的視点〜」がある。
27) 坂本正文（福山市役所企画総務局総務部総務課主査）「基礎自治体における現場としての法務部門を担当して」（第 9 回）。
28) 大山亮氏（福山市企画総務局総務部総務課調整員（政策担当）・元岡山弁護士会所属）「任期付公務員として 1 年を過ごして—自治体の内部から見た法務」（第 7 回。同講演では、自治体に勤務する組織内弁護士の立場から、自治体内の法務体制の状況、庁内の法律相談の状況、要綱案の審査、訴訟対応、職員研修などの具体的な業務内容の紹介と、これから想定される業務などについての見通しが示された。なお、同講演は、臨床法務研究 17 号［2017］31 頁以下に掲載されている。）
29) 金馬健二氏（元裁判官・弁護士）「元裁判官の目から見た自治体のコンプライアンス」（第 7 回。同講演では、元裁判官の視点から、自治体におけるコンプライアンスに関し、職員個人の責任や懲戒処分の概要、自治体職員のよるべき規範について説明したうえで、自治体がコンプライアンスを遵守するとはどのようなことかについて、自らがかかわった行政訴訟や国家賠償訴訟を例に、具体的に説明された。）
30) 湯川二朗氏（湯川法律事務所弁護士・京都産業大学法務研究科教授）「弁護士から見た自治体法務〜最三小判 H26.1.28 の舞台裏—一般廃棄物処理業の許可の取消を求める競業者の原告適格が認められた事例—」（第 9 回。なお、同講演は、臨床法務研究 16 号 71 頁以下に掲載されている。）
31) 東京地判平成 25 年 7 月 19 日判例地方自治 386 号 46 頁。パチンコ店の出店を妨害する目的でなされた市立図書館の設置行為が違法であるとして自治体に対し多額の損害賠償が命じられた事案である。
32) 南川「判例評釈：パチンコ店の出店を妨害する目的でなされた市立図書館の設置が違法であるとされた事例（東京地判平成 25 年 7 月 19 日）」（第 8 回）。
33) 紙幅の都合上、詳細については、臨床法務研究 18 号 107 頁以下に譲る。
34) 第 18 回は「条例制定権の限界〜憲法学・行政法学の視点から〜」をテーマとした。
35) 岡田雅夫氏（日本公法学会理事・岡山大学名誉教授）「行政法学における理論と実務の架橋」（第 1 回。なお、同講演は、臨床法務研究 12 号［2013］15 頁以下に掲載されている。）
36) 内訳は、自治体職員 28 名、弁護士 27 名、研究者その他 21 名となっている。なお、会員登録をしなくても研究会への参加は可能である。
37) このような観点に関し、筆者はこの活動がロースクールに対する社会的信頼の回復につながることを強く願っている。

38) 研究会の設立の趣旨については、臨床法務研究 12 号 25 頁以下を参照されたい。
39) 自治体内弁護士については、さしあたり岡本正編『公務員弁護士のすべて』〔2016〕及び日弁連地方自治のあり方と弁護士の役割に関する検討ワーキンググループ編『自治体と弁護士の連携術』〔2012〕参照。
40) それゆえ現在のところ自治体内弁護士としての勤務は、法律事務所に勤務する弁護士が、行政実務を学ぶためのいわば異文化交流ないしある種の研修のような経験の場となっているように思われる。岡本・前掲書においても、任期を終えた弁護士の多くがこのような観点からの感想を語っている。筆者は、このような経験も、もちろん重要な意義があると考えているが、自治体の法務能力を高めるためには、生涯を行政内で過ごす弁護士を輩出するためにどのような制度が望ましいかとの観点も重要であると考える。
41) 自治体内弁護士の採用については、公立病院における医師の採用条件や方法が参考になるのではないかと思われる。
42) これに加えて、以前は、再登録の際の登録番号の若返り問題があったが、改善されたようである。

4 イギリス法曹養成における大学・法科大学院の位置付けとその役割

田中　孝和

1　はじめに

　イギリスにおいて省庁などで法の担い手としての業務に就く方法としては、法曹資格（ここでは弁護士の資格をさす。イギリスにはバリスター〔barrister〕・ソリシター〔solicitor〕の2種の弁護士が存在し[1]、それぞれにそれらを代表する機関〔バリスター——General Council of Bar: Bar Council とも呼ばれる[2]、ソリシター——Law Society[3]〕、これらの機関に基づき各弁護士を監督、規制する機関〔バリスター、Bar Standards Board: 以下 BSB と示す[4]、ソリシター、Solicitors Regulation Authority: 以下 SRA[5]と示す〕が設置されている[6]。）を取得して公務員（civil servant）として採用されることが考えられよう[7]。主に政府法務局（Government Legal Department）の政府法務サービス（Government Legal Services）などにて採用された弁護士が、法律問題に関する助言や訴訟等の対応として、各省庁に出向いたり、各省が直接に弁護士の雇用をしたりして業務をしている[8]。では、イギリスでは弁護士になるために、どのような方法をとる必要があるのであろうか。典型的方法としては、法学の学位を授与する大学を卒業（ただし、単に法学学位授与機関であれば可能というわけではない）し、実務教育を行うことを目的に設立された法科大学院[9]を経て職業訓練に入るというルートが挙げられる（ただし、わが国の法学部卒業生と同じく、イギリスにおいても皆が法曹を志望するわけではなく、卒業後の進路は様々である）。

　したがって、政府における法の担い手の現状を確認するに際して、一つの側面として、大学の法学部並びに法学専攻（以下、まとめて法学部と記す）及び法科大学院が法曹養成に果たす役割をみることによって理解できる点があると思われる。すでにわが国においても近年の司法制度改革やそれに伴う法

科大学院の設立に係り諸外国の法曹養成制度について調査された結果、イギリスについても十分な先行研究があり新たな知見を示すことはほとんどできないが、本節では、イギリスの法曹養成制度における法曹養成をつかさどる機関としての大学法学部と法科大学院制度がどのようになっているかを中心にみていくこととしたい[10]。

なお、本節でいうイギリスとはイングランド及びウェールズをさしている。また、ここでの法曹養成システムは、大学にて法学の学位の授与された者を前提とし、他にもいくつかの道筋が挙げられるが本節での対象とはしない。

2 法曹養成の歴史的経緯

イギリスにおける法曹養成の歴史についてまず概観する。歴史的に「法曹養成」と「大学」における教育とは別のものとして扱われていた。法曹養成は「インズ・オブ・コート（Inns of Court：法曹学院と訳される。現在はインナー・テンプル、リンカーンズ・イン、グレイズ・イン、ミドル・テンプルの4つからなる）」にて、インの構成員が弁護士志望者に対して、いわゆる模擬裁判（moot）やリーディング（reading 法令に関する議論）などに基づき実務家教育を行っていた[11]。法学教育を行う「大学」としての機能を担っていたという[12]。

しかし、その後法曹学院による教育手法が廃れた。William Holdsworth によれば、16世紀から17世紀にかけての法曹学院における教育衰退の主な理由として、「印刷の導入、学生たちの嫌気、彼らの教師たちの嫌気」を挙げている[13]が、Holdsworth の記述によると、印刷により書籍ができ多くの文献を入手可能となった結果、学生らは書籍で知識獲得を行い、法曹学院での教育を重視しなくなったという[14]。また、この頃の大反乱（the Great Rebelion）の間に「法学教育の古いシステムは崩壊した」[15]とされ、17世紀後半には、法曹学院の教育機能は衰退した[16]という。

その後、19世紀に法学教育に関する特別委員会は、「大学は将来の実務家だけではなく、将来の立法者、行政官、裁判官に法学に関する教育を提供す

る主導的部分を果たすべきであ」るが、大学がそのように位置付けられていないとして、実務家養成の「特別の機関」の設置を必要と指摘し、また、「より厳格な資格試験制度が重要である」[17]とした。

そのため大学法学部強化策としての大学教授の職の増強（国際法、比較法、行政法を純増、イギリス法を追加）、学位授与のための適切な試験の実施、「特別の機関」として法曹学院による実務家養成機関の設置などが勧告された[18]（ソリシターについては、19世紀に講義及び試験の制度が出来上がった[19]）。しかし、インが法学教育カウンシル（Council of Legal Education）を設置して授業を導入しても、報告書で勧告された実務家養成機関の設置については、ほとんど進展しなかったとされる[20]。

20世紀前半、法曹学院の一つミドル・テンプルでの生活を経験した英米法学者高柳賢三は、当時のバリスター試験を紹介した上で、「試験に及第するには講義に出る必要は少しも無いのであつて（中略：筆者）書物を熟読すれば宜しい[21]」と述べておりこの当時の法曹学院の様子が垣間見える。

バリスター養成のため、法学教育カウンシルは設置されていたが、Inns of Court School of Law（法曹学院法学校）が設置されたのは1967年であり、1846年の勧告以来100年以上も経過している。この法学校は2001年以降、City, University of London（旧London City University）の法科大学院のコースの一つになっている[22]。またソリシター養成施設として、Law Society College of Law（ソリシター協会法学校）（1962年、原型は1903年）が設置され[23]、これも現在はUniversity of Lawという大学（法学学位の授与機関）及び法科大学院を有する学校となっている[24]。

3　大学における法学教育

一方で大学における法の担い手の養成はどのようになっていたのか。これについて大学は法曹をはじめ法の担い手そのものを養成する機関ではなく、かつては大学において法学の授業はローマ法（Civil law）やカノン（canon）法が教授されていたとされる[25]。コモン・ローについては、18世紀中頃に

4　イギリス法曹養成における大学・法科大学院の位置付けとその役割

Oxfordで初めて導入され、その後、19世紀になってCambridgeや、University College Londonなどでも導入された[26]。しかし、大学における法学学位の取得者は少なく、大学での法学教育が、法曹志望者にとってほとんどメリットがなかった[27]とされる。高柳はアメリカの大学と比較してイギリスの大学で教える法学の内容に言及しており、それは初歩的なもので、あくまでも、「Liberal educationを主眼とするもの」であり「イギリスの諸大學の法學教育はイギリスの法學教育を代表するものではない」との認識を示していた[28]。

　法学を扱う大学は19世紀後半から20世紀初頭に増加し、第2次世界大戦後にも増加したとされる[29]。1950-60年代においては、「多くの論者が、大学における法律家が最初に一般教養教育あるいは実務家教育のいずれを提供するかというジレンマが解決していないと感じていた」とされる[30]。

　そのような状況で、1971年、政府による法学教育に関する委員会（委員長の名前をとってオームロッド（Ormrod）報告書）は、大学における法曹養成について言及し、様々な勧告を行った。

　報告書では、医学教育が大学と実務の結びつきを重視している点と対比して、大学における法学教育の実務とのかい離を指摘し、法曹養成において、「大学及び職業教育の資源の統合」の必要性を説いた[31]。提案された改革として法曹養成を3つの段階「アカデミック段階（academic stage）」、「職業教育段階（professional stage）」、「継続教育又は訓練（continuing education or training）」に分類し、まずアカデミック段階において主として大学などにおいて法学教育を行うことを位置付け、勧告した[32]。この提案は、現在の法曹養成制度のモデルを示した[33]とされる。

　その後、様々な経緯を経て現在、法曹資格取得過程における教育及び訓練ついて、BSB、SRAによる様々なルールが存在し、第1段階としてこれらの機関により認定された大学の法学部（基本的に3年）にて法学の学位を取得する必要がある[34]。これに関してはLaw Society及びGeneral Council of the Barが「アカデミック段階の訓練に関する合同の声明[35]」を作成し様々な取り決めを行っている。

第Ⅰ部　行政の中の法の担い手の養成

　たとえば、単位の取得に関して「学習の課程は、3年あるいは4年の学習の課程（たとえば、学生は360あるいは480単位の学位取得プログラムのうち法律科目の勉強で、240単位を獲得しなければならない）のうち少なくとも2年に相当する法律科目の勉強が含まれる[36]」とされ、また「基礎的な法律知識（foundations of legal knowledge）」における法律科目につき最低1年半の勉強を要するとされ、その際当該領域は最低180単位になり、残りの半年あるいは60単位分については法律科目による単位取得の必要性[37]が取り決められるなどしている。他にもいくつかの科目における最終年度受講の要求[38]や、「知識及び全般的に転用可能なスキル」の獲得の要求（後述）[39]などが挙げられる。

　また、現在、7つの基礎的な法律知識に指定されている、「憲法、行政法及び人権を含む公法、ヨーロッパ連合法、刑法、債権法（契約、不当利得、不法行為）財産法、衡平法及び信託法」を修得しなければならないことが設定されている[40]。

　なお、Law Society 及び General Council of the Bar がアカデミック段階で要求するレベルの「知識及び転用可能なスキル」は以下のようになっている。

　まず、知識の獲得について、学生は「ⅰ基礎的な法律知識において特にイングランド及びウェールズを支えている根本的な教義と原理の知識と理解」、「ⅱ法源の基礎的知識及びどのようにしてそれが作られ、発展したか、その法が運営される制度、法を実践する職員の基本的知識」、「ⅲイギリス法の様々な法概念、価値、原理、ルールの知識及び理解を明らかにし、たくさんの特定の範囲のそれらとの関係を説明するための能力」、「ⅳ知力を要する又は実務的なスキルは特定の問題に関する第1次の資源から法を検索し分析する必要があり、法的問題の解決のためのそのような作業の調査結果を適用すること」、「ⅴ口頭又は筆記の両方で様々な顧客のニーズに適切にコミュニケーションをとる能力」[41]を修得すべきとされる。

　転用可能なスキルとして学生は、「ⅰ複雑な状況に対して知識を適用すること」、「ⅱ特定の状況に対して他に可能な解決を認識し、それらを支持する理由を提供すること」、「ⅲリサーチのために主要な関連する問題を選択しそ

れらを明確にまとめること」、「iv 最新情報を提示するために標準的な新聞又は電子リソースを利用すること」、「v 問題となる法の領域において標準的な議論の知識のある理解に基づいて自身で又は合理的な判断をすること」、「vi 英語及び法律用語を注意して正確に用いること」、「vii 関係する情報を発見するためのウェブサイトの効率的検索を実行すること及び電子メールにより文書を交換し、電子メールにより交換した情報を管理すること」、「viii ワードプロセッサーで文章を作成すること及び適切な形式でそれを提出すること」[42]が求められる。

　法学部の教育について、実際にはどのように行われているのか。田中英夫によれば、イギリスの法学部では、「教育の方法は、講義形態が中心」であるが、「tutorial その他の方法での少人数教育の伝統があり、それが講義形態では充されないものを補っていることに注意する必要がある[43]」としている。一方、法学教育につき、詰込み型教育の問題点が指摘されている[44]。

　また法学学位の取得と法曹資格取得が直結していないことについて「明らかに金儲けのタネにならないけれど学問としては望ましい学術科目（たとえば法制史など）をカリキュラムに含めて、教育プログラムを設計することができる点に」意義がある[45]という主張もある。

4　法科大学院における職業教育段階及び実務研修

　大学卒業後には、職業教育段階として法科大学院に入学する必要がある。ただしこれは、上述のように日本の法科大学院とは異なり実務研修を主とする機関であることに注意すべきである。法科大学院は弁護士の養成機関として上述の BSB や SRA の監督のもとに様々な取り決めが置かれる。

　これらの法科大学院につき、田中正弘によれば 1980 年代まで法曹養成施設としては上述のバリスター養成の Inns of Court School of Law とソリシター養成の College of Law の 2 校であったが、1990 年代以降、法曹需要の拡大に伴い、2 校のみでの対応が困難であったことから両団体による法科大学院設置の認可の方向へシフトし、バリスター及びソリシター養成コースを提供す

る法科大学院が増えた[46]という。

　これらの法科大学院について、たとえば、世界の大学の順位付けをするTimes Higher Education[47]の世界大学ランキング50位以内に入る大学で法学部を有するOxford、Cambridge、University College London、London School of Economics and Political Science、Edinburgh、Kings College Londonのような大学は、一部を除き法科大学院を設置していない。田中（正）によれば法科大学院設置機関は「旧ポリテクニック」（polytechnic 1992年大学に統一）、「ウェールズ旧大学」、「営利機関」であり、その理由として、かつて法曹志望の学生の進学先はInns of Court School of Law及びCollege of Lawという「エリートコースが確立されていたため、自前のコースを作る必要がなかった」こと、教員が基本的に実務家で構成される法科大学院では、研究者教員のポスト増とならず、法科大学院を設立するメリットに欠けていたこと、法科大学院が「修士や博士などの学位を授与するコースではない」ことを理由として挙げている[48]。

　この法科大学院において、バリスター志望者とソリシター志望者で法科大学院の受講するコースが異なることに注意しなければならない。

　まず、バリスター志望者は、法科大学院にて原則1年間（休暇を除き30週）のバリスター養成コース（Bar Professional Training Course：BPTC）を受講する[49]。受講前に法学学位の取得のほかに、「法曹学院の会員になること」、「英語を堪能」にすること、「バリスターコース適性試験（Bar Course Aptitude Test）に合格しておくこと」などの要件がある[50]。入学後、学生は原則、「すべての授業及び予定された活動への出席が期待され、またBPTCでの合格を達成するため学期の授業出席率最低90％以上を求められ」、授業準備不足、遅刻が10分以上、完全に授業不参加の場合、欠席とみなされる[51]とされる。主要科目として、弁論（Advocacy）、意見書（opinion writing）、起案（Drafting）、相談の技術（Conference skills）、裁判外紛争解決（Resolution of Disputes Out of Court）、民事訴訟法及び証拠（Civil litigation and evidence）、刑事訴訟法、証拠及び量刑（Criminal litigation, evidence and sentencing）、法曹倫理（Professional Ethics）及び選択2科目を取得しなければならない[52]。

法科大学院終了後についても簡単に触れておきたい。一定回数イン主催のセッション（ここには講義や会食が含まれる）に参加（かつては一定の期間内に一定の回数の夕食を共にすることが要件であった）[53]して、インにてバリスター資格（call to the bar）を取得[54]し、ピューピレッジ（見習い）を1年する必要がある[55]。前半6カ月（the first six）は、監督者（pupil supervisor）のバリスターにつき、たとえば「監督者の業務を引きうけ」、「リーガルリサーチや法廷文書草案の作成」、「監督者と裁判所同行、依頼人との相談業務」などの訓練を行い、後半（the second six）は監督者のもと事件を受任する適格を得て、「自身で連絡」をし、「顧客基盤を構築」する[56]。問題なく終了すれば tenancy として事務所に入所する[57]。

　中網栄美子によれば、毎年バリスター養成コース修了者の約3割ほどしかピューピレッジを確保できない[58]と指摘される。また2011-12年の前半6カ月の見習い参加者の出身大学をみてみると、オックスブリッジをはじめ、両校以外のラッセルグループ大学[59]で6割を超える[60]。

　ただし、仮にピューピレッジを確保できなかったとしても、就職に困らないとの指摘[61]もある。

　次に、ソリシター志望者は、1年間のソリシター養成コース（Legal Practice Course：LPC）に通う必要がある。科目につき、第一段階のコア実務領域に法曹倫理適合行為と規制（professional conduct and regulation）、ビジネス法及びその実務（Business Law and Practice）、財産法及びその実務（Property Law and Practice）、訴訟、遺言及び遺産管理（will and administration of estates）、税制度（taxation）、コース技術として実務リーガルリサーチ（practical legal research）、書面作成、起案、面談と助言、弁論などについて修得する必要があり、第二段階として選択科目でたとえば、労働法、家族法、商事財産法（commercial property law）などの3科目修得が求められる[62]。法科大学院終了後についても簡単に触れておくと2年の職業訓練及プロフェッショナル技術コースへの参加が必要となり、これらの完了後ソリシター登録により通常、活動が可能となる[63]。

　中網によれば、大学在学中に法律事務所の職業訓練の面接があり、大手の

第Ⅰ部　行政の中の法の担い手の養成

研修先を獲得できれば、ソリシター養成コースの授業料が事務所負担となるとのことである。また、これらは、「ラッセル・グループに所属する上位成績者に与えられることが多いため、大学を選択する段階及び学部成績段階からキャリア・パスを熟考しておくことが重要となる[64]」とされ、一方で毎年職業訓練先を確保できないものが多くいるという[65]。さらに田中（正）はいくつかの文献を参考にオックスブリッジをはじめとする大学卒業生が弁護士事務所の奨学生採用等に有利に働く点を記している[66]。

学費に言及すると法科大学院の一つ City, University of London の City Law School における 2018-19 年のバリスター養成コースの費用は 18,500 ポンド（予定）[67]、ソリシター養成コース費用は 14,500 ポンド（予定）[68]、University of Law（ロンドン校）における 2018-19 年のバリスター養成コースの費用は 18,150 ポンド[69]、ソリシター養成コース費用は 15,685 ポンド[70]となっている。

5　政府による法律家の採用

ここでは、法曹志望者（資格取得済みを含む）の進路先の一つとして、公務員の採用について扱うが公務員法律家の詳細については、すでにドゥルーリーの論文[71]にて紹介されているので、簡単にみておくにとどめる。

まずは、公務員の採用に関して、幹部公務員候補生採用試験に触れておく。幹部公務員候補生においては、区分にジェネラリストや外交、商業、財政、政府経済サービス、政府社会調査サービスなどの職種はあるが、「法律」職はない[72]。また、幹部公務員候補生志願者は、様々な大学の出身者で構成されている[73]。採用に関して 2015 年は、ジェネラリスト幹部候補生につき、全志願者 9,971 人中 365 人が採用され、うち Oxford の志願者は 733 人、採用された人数は 67 人、Cambridge は 553 人中、46 人となっている[74]。ちなみに幹部公務員候補生志願者は、様々な学位の取得者で構成されている[75]。

これとは別に法に関する担い手は、上述のように、公務員として主としてバリスター、ソリシターの有資格者（及びその研修の状況にある者）から採用

される。これらの弁護士の採用先の一つとして政府法務サービスがある。勤務する弁護士は約2,000人以上おり、様々な省庁で業務を行っている[76]。

採用に関して、長谷部由起子の論考によれば、法曹資格を有する者には新規資格取得者のみならず、中途採用も含まれ「開業弁護士の業務に魅力を感じなくなった」者、出産・育児を経た後の再就職希望者などが転職理由の例として挙げられている[77]。政府法務サービスのウェブサイトによれば、実務研修として見習いや職業訓練を受け入れているだけでなくこれから法科大学院に通う者に対して約5,400〜7,600ポンドの学費を支弁する、と提示されている[78]。また、見習いの1年目給与については約28,000ポンド[79]であるという。

長谷部は、「研修生制度は、能力がありながら、経済的な理由から」法科大学院のコースを受講できない者や「出身階層などの理由から修習先を見つけることが困難な若者にも、等しく法曹資格を取得する機会を与える機能を果たしている[80]」と述べている。

上述の中網のとおり、バリスター及びソリシター志望者は、法科大学院終了後の研修先の確保は狭き門となっているが、政府は研修先の一つとなっている。

なお、Bar Councilによる政府法務サービスを含むEmployed Lawyerを対象に行ったアンケート調査において、雇用されることの魅力として、「財政的な安心」が主な理由としてあがり、その他共通するものとして「雇用の安心」、「年金」、「ワークライフバランス」などがあがっている[81]。Law Societyが行ったアンケート調査に344人のソリシターが回答した結果をまとめた「キャリア満足報告書」において、公共セクター(自治体を含む)に勤務する者と個人開業者とを比較すると総合的な満足度は低くなっている(ちなみに、給料、個人の発展と成長の項目が低く、公共セクターはワークライフバランスなどが上回っている)[82]。またBar Councilによる上述の調査によれば、回答者からの平均で見積もった給与(gloss salary)は企業内弁護士で約91,000ポンド、政府法務サービスで約65,000ポンドほどであるという[83]。政府の機関で働くことにおいて重視されるべき点は給与の高さ以外の部分だ

第 I 部　行政の中の法の担い手の養成

ともいえそうである。

6　継続職業研修

　最後に法曹資格取得後の職業研修についてみておく[84]。現在、各団体とも継続職業研修（Continuing Professional Development, 以下 CPD と示す）をルール化している[85]。ここ数年では、たとえばバリスター用の CPD に関するガイドによれば、バリスター資格を取得して 3 年間は新実務家プログラム（New Practitioners' Programme＝NPP）として「少なくとも 9 時間の弁論訓練、3 時間の倫理訓練を含む 45 時間の CPD を完成させる必要があ」り、全時間を BSB による認証を要する[86]。これが完了したのち、バリスターは設置された実務家プログラム（Established Practitioners' Programme）として「毎カレンダー年ごとに最低限 12 時間の CPD を受け入れることを求められ」、そしてうち 4 時間が「BSB によって認証されている活動でなければならない」としていた[87]。

　CPD の時間は BSB「認証、未認証いずれかのセミナー、講義で時間を用い、30 分（the nearest half an hour）は加算か切り捨て」[88]とされ、また「バリスターは CPD 時間の請求のためにコースの終わりに提供者が提供する登録書類に署名しなければならない」[89]。オンラインコース、DVD などによる受講（BSB 承認提供者などから得た物）も可能とされる[90]。未認証のコース受講についてはバリスターの実務への直接関連性が求められる[91]。BSB が定めた期間に CPD を達成できない場合は期間延長の申請を義務付けられる[92]。ソリシターについても、全ソリシターを対象に毎年 16 時間の研修を要し、受講する項目の選択はソリシターに委ねられるが対象と認められるものは限定される[93]。この CPD に関しては問題点や改善点が指摘されていたが[94]、その後、バリスターは 2017 年 1 月 1 日より[95]、ソリシターは 2016 年 11 月 1 日[96]より研修条件を変更した。

　この CPD の提供者に関しては、様々な法律事務所以外にも数は多くはないが大学もその一翼を担う[97]。たとえば、上述の The City Law School[98]や

University of Law[99]をはじめ様々な大学で、CPD のコースを提供している。このように、わずかではあるが資格取得後も研修という形で大学は関わりを持っている。

7　おわりに

　近年では大学の法学部は法曹養成の段階に組み込まれ、バリスター及びソリシター団体における様々な取り決めのもと基礎的知識の提供を行い、法科大学院を設置して、コースを提供する大学も存在している。

　法学部の教育は実務家養成に特化して行われてはいないが、法曹養成の第一段階として、各団体は単位取得の方法や身に付けるべきスキルなど様々な点を要求している。またその後のルートとして法科大学院が実務家の養成のための機関となっている。法曹志望者にとって一つの問題は、法科大学院卒業後の研修先の確保が難しいことである。上述の中網の指摘のように法曹志望の場合、大学選択段階で「キャリア・パスを熟考しておく」ことの必要性もあろう。また、法曹資格保持者に対する継続教育にもわずかながら大学は関わりを持っている。イギリスにおける法曹養成について現在では大学は法曹養成過程及びその後の教育の一端を担っており、重要な役割を果たしている。

注

1) かつてわが国で認識されていたバリスター＝法廷弁護士、ソリシター＝事務弁護士という分類は、現在ではほぼできないことにつき様々な文献に基づき説明している例として、吉川精一『英国の弁護士制度』(日本評論社、2011 年) 129-136 頁、また、田中英夫編『英米法辞典』の Solicitor の項及び住吉博『学生はいかにして法律家となるか──日本の法曹とイギリスのロイヤー』(中央大学出版部、1998 年) 61 頁も参照。
2) About us, The Bar Council website, 〈http://www.barcouncil.org.uk/about-us/〉 (2018 年 1 月 25 日アクセス)
3) About us, Law Society website, 〈https://www.lawsociety.org.uk/about-us/〉 (2018 年 1 月 25 日アクセス)

第Ⅰ部　行政の中の法の担い手の養成

4)　責務の一つに「バリスターになるために必要な教育及び訓練の設定」を挙げている。What we do, Bar Standards Board website, 〈https://www.barstandardsboard.org.uk/about-bar-standards-board/what-we-do/〉（2018年1月25日アクセス）

5)　「ソリシターとしての質に対する基準の設定」、「リーガルトレーニングを提供する組織の遂行の監視」などを挙げげている。What we do, Solicitor Regulation Authority Website, 〈https://www.sra.org.uk/sra/how-we-work/what-we-do.page〉（2018年1月25日アクセス）

6)　なお Bar Council 及び Law Society などを監督する機関として Legal Services Act 2007, に基づく the Legal Service Board がある。See, e.g.James Torne and Iain Miller ed., Guide to the Legal Services Act 2007, Lexis Nexis, 2009, para.2.2, 2.11.

7)　ガーヴィン・ドゥルーリー「イギリス中央政府における法律家—ジェネラリストの官僚文化における主要専門家」本書第Ⅱ部第2節130頁以下、幡新大実『イギリスの司法制度』（東信堂、2009年）79頁では、バリスターの「資格だけとって、公務員（略：筆者）になって活躍する人も非常に多い」と記述するが、これが、公務員法律家をいうのか、単に幹部公務員候補生などをさしているのかは明確ではない。

8)　例、ドゥルーリー・前掲注7)148頁，About us, Government Legal Service website https://www.gov.uk/government/organisations/civil-service-government-legal-service/about（2018年1月25日アクセス）、長谷部由起子「政府内法律専門家の可能性—イングランドの GLS を手がかりとして」学習院大学法学会雑誌36巻1号（2000年）18頁。

9)　日本とイギリスの法科大学院の違いにつき、田中正弘「イギリスにおける法曹主体の法曹養成—法科大学院の発展経緯に着目して—」筑波ロージャーナル19号（2015年）2頁。

10)　イギリスにおける法曹養成制度を紹介した文献は枚挙にいとまがないが紙幅の関係上、長谷部由起子「イギリスの法曹制度と法曹養成の実情」ジュリ1038号（1994年）118-121頁、益田洋介「イギリスの弁護士制度」ジュリ1040号（1994年）106-108頁、ナイジェル・A・バスティン（住吉博訳）「イングランド及びウェールズのバリスタ養成のための教育及び訓練」自由と正義50巻2号（1999年）31-43頁、フィリップ・サイカモア（住吉博訳）「イングランド及びウェールズのソリシタ養成のための教育及び訓練」自由と正義50巻2号（1999年）44-49頁、齋藤彰「日本における法学教育改革の課題と展望—イングランド・モデルの法曹養成教育に学ぶ—」ノモス11号（2000年）59-81頁、馬場健一「法曹養成制度（イギリス）」法セミ562号（2001年）34頁、長谷部由起子「イギリス（イングランド）の法曹制度」広渡清吾編『法曹の比較法社会学』（2003年、東京大学出版会）126-133頁、鯰越溢弘「イギリスの法曹養成制度」法律時報78巻2号（2006年）71-73頁、中網栄美子「英国の法曹養成制度」法曹養成対策室報5号（2012年）57-71頁、クレア・ミスキン（伊藤壽英訳）「イギリスにおける法曹養成と法学教育」

中央ロー・ジャーナル 9 巻 1 号（2012 年）121-128 頁，を挙げるにとどめたい。
11) William Holdsworth, A History of English Law, vol. 2, 4th ed., 1936, Methuen, Sweet and Maxwell, pp. 506-508．また法曹養成の歴史に言及している文献として、e.g., Andrew Boon and Julian Webb, Legal Education and training in England and Wales: *Back to the Future?*, Journal of Legal Education, vol. 58, no. 1 (2008) pp. 82-83, 吉川・前掲注 1) 11-14 頁、ただし、当時はバリスター、ソリシターという現在の弁護士の区分ではない。詳細につき例、吉川・前掲注 1) 9-11 頁。
12) 例、高柳賢三『英米法の基礎（再版）』(1958 年、有斐閣) 50 頁、吉川・前掲注 1) 12 頁。
13) William Holdsworth, A History of English Law, vol. 6, 2nd ed., 1937, Sweet & Maxwell, p. 482．また、例、深田三徳「イギリス近代法学教育の形成（一）」同志社法学 21 巻 2 号 (1969 年) 36-37 頁、吉川・前掲注 1) 22-23 頁も参照。
14) *Ibid.*, pp. 482-483.
15) *Ibid.*, pp. 486-487.
16) *Ibid.*, pp. 487-490, 例、吉川・前掲注 1) 22-23 頁。
17) Report of the Committee on Legal Education, 1971, Cmnd4595（以下 Cmnd4595 と示す), para. 16．なおここで本報告書は Report from the Select Committee on Legal Education, 1846, C.686 を引き記述されているが、筆者は原典未確認のため、本報告書の記述に基づく（注 18 の記述も同様）。また本報告書（Cmnd 4595）につき紹介したものとして田中英夫『英米の司法—裁判所・法律家—』(東京大学出版会、1973 年) 460 頁。
18) *Ibid.*, para.18, 田中（英）・前掲注 17) 460 頁。
19) *Ibid.*, para.13, 28, 田中（英）・前掲注 17) 461 頁。
20) *Ibid.*, para.22, また、1872 年にバリスターの弁護士資格試験合格が必要となった (para.27)、田中（英）・前掲注 17) 461 頁。また深田・前掲注 13) 52-53 頁も参照。
21) 高柳賢三「人間味のあるイギリスの法学教育（下）」中央法律新報 1 年 9 号 (1921 年) 6 頁。ただし高柳は講義にも出席した旨述べている。
22) 吉川・前掲注 1) 98 頁、The City Law School website, 〈https://www.city.ac.uk/law/courses/professional〉 (2018 年 1 月 25 日アクセス)。
23) 吉川・前掲注 1) 95-99 頁。
24) 田中（正）・前掲注 9) 16-17 頁。
25) E.g. Boon and Webb, *op. cit.*, n.11, p. 85, 深田三徳「イギリス近代法学教育の形成（二）」同志社法学 21 巻 4 号 (1970 年) 1 頁以下。
26) Cmnd4595, *op. cit.*, n.17, para.12, また佐々木信「イギリスの大学法学教育」駒澤大學法學部研究紀要 31 号 (1973 年) 108 頁、吉川・前掲注 1) 31-32 頁、Boon & Webb, *op. cit.*, n.11, p. 85.
27) Richard L. Abel, The Legal Profession in England and Wales, Basil Blackwell, 1988, p. 264.

28) 高柳賢三「人間味のあるイギリスの法學教育（上）」中央法律新報1年8号（1921年）11頁。
29) E.g. Abel, *op. cit.*, n.27, pp. 264-266.
30) E.g., Brian Abel-Smith and Robert Stevens, Lawyers and the Courts, Heinemann, 1967, p. 368.
31) Cmnd4595, *op. cit.*, n.17, para.85, 田中（英）・前掲注17)466-467頁。
32) *Ibid.*, para.100, 185(4), また185(5)では「法の基本知識である『コア』科目をカバーしていること、法の基本原理の十分な理解の獲得、実務の初年度で対処するために求められるであろうすべての科目で自身で法を発見するための能力」、「それを運営する法と社会及び経済環境の関係の理解」、「事実を扱い、それらに抽象的な概念を適用することができるための知的な訓練の必要性」を「アカデミック段階にて学生に提供されるべき」と示している。田中（英）・前掲注17)468頁、佐々木・前掲注26)136-142頁、吉川・前掲注1)99-100頁。
33) 例、住吉・前掲注1)40頁。
34) たとえば、両団体はそれぞれに手引きを作成している。バリスターにつき、Bar Standards Board Handbook（以下BSB Handbookと示す）、BSB website〈https://www.barstandardsboard.org.uk/media/1901336/bsb_handbook_version_3.1_november_2017.pdf〉（2018年1月25日アクセス）、ソリシターにつき、Solicitors Regulation Authority Handbook（以下SRA Handbookと示す）、SRA Website http://www.sra.org.uk/solicitors/handbook/pdfcentre.page（2018年1月25日アクセス）、法学学位取得に関して、See, BSB Handbook, Part4 SectionB3 rQ21, rQ22, SRA Hanbook, Glossary Rule2.
35) Joint Statement on the academic stage of training, SRA website 〈https://www.sra.org.uk/students/academic-stage-joint-statement-bsb-law-society.page〉（2018年1月25日アクセス）
36) *Ibid.*, iv.
37) *Ibid.*, v.
38) *Ibid.*, vi.
39) *Ibid.*, vii.
40) *Ibid.*, Schedule two, 文書は学生に「リーガルリサーチの訓練を受けることを期待される」と記している。BSB Handbook, *op. cit.*, n.34, Part4 Section B3, rQ26.
41) *Ibid.*, Schedule One A.
42) *Ibid.*, Schedule One B.
43) 田中英夫『英米法総論（下）』（東京大学出版会、1980年）436-437頁。また、山田幸男「イギリスの法学教育」日本公法学会、日本私法学会編『法学教育』（有斐閣、1959年）6-7頁も参照。
44) 長谷部・前掲注10)121頁、一方同頁にてそのような教育の反省として「法の社会的機能の把握を教育理念に掲げる」大学の出現も示されている。

45) ミスキン（伊藤訳）・前掲注 10) 122 頁。
46) 田中（正）・前掲注 9) 16-17 頁。
47) Times Higher Education, World University Rankings website, 〈https://www.timeshighereducation.com〉（2018 年 1 月 25 日アクセス），田中（正）・前掲注 9) 1-2 頁。
48) 田中（正）・前掲注 9) 20 頁。
49) Bar Professional Training Course Handbook 2016-17, pp. 6-7, BSB website 〈https://www.barstandardsboard.org.uk/media/1791359/bptc_handbook_2016-17.pdf〉（2018 年 1 月 25 日アクセス），BSB Handbook, *op. cit*., n.34, Part4 Section B4, rQ27.
50) *Ibid*., pp. 9-11, BSB Handbook, *op. cit*., n.34, Part4 Section B4, rQ28.
51) *Ibid*., p. 12.
52) *Ibid*., pp. 6, 13-15, ただし最終成績（final mark）に入らない科目がある。
53) The Bar Council, Becoming a barrister, p. 20, Bar Council website, 〈http://live.barcouncil.netxtra.net/media/574418/3516676_web.pdf〉（2018 年 1 月 25 日アクセス），中網・前掲注 10) 62 頁、インでの会食について e.g., Richard L. Abel, *op. cit*., n.27, p. 38, ロンドンに居住していない学生にとって移動の不便があったとされる。
54) *Ibid*., p. 14, 中網・前掲注 10) 62 頁。
55) *Ibid*., p. 16, BSB Handbook, *op. cit*., n.34, Part4 Section B5, rQ33, rQ35. 中網・前掲注 10) 62 頁。
56) The Bar Council, Pupillage Handbook, *about pupillage*, Bar Council website 〈http://www.barcouncil.org.uk/media/340400/final_handbook.pdf〉（2018 年 1 月 25 日アクセス）、中網・前掲注 10) 63 頁。
57) *Ibid*., The Bar Council, *op. cit*., n.53, pp. 16-17, 中網・前掲注 10) 63-64 頁。
58) 例、中網・前掲注 10) 62 頁。
59) イギリス 24 大学の連合―Oxford, Cambridge, University College London, Birmingham, Manchester などを指す、Russel Group website 〈http://russellgroup.ac.uk/〉（2017 年 10 月 25 日アクセス）、中網・前掲注 10) 58 頁、また秦由美子『イギリスの大学―対位線の転位による質的転換』（東信堂、2014 年）375 頁も参照。
60) The General Council of the Bar of England and Wales, Bar Barometer, *Trends in the profile of the Bar*, 2014, p. 89, The Bar Council website, 〈http://www.barcouncil.org.uk/media/287767/bar_barometer_report__updated_-_june_2014_.pdf〉（2018 年 1 月 25 日アクセス）
61) バスティン（住吉訳）前掲注 10) 38 頁及び同頁注 23) によれば、パラリーガルとなる場合や各養成コースにおいて「取得される技能は、他の雇用分野でもかなり有用である」という。
62) Solicitors Regulation Authority, Legal Practice Course Outcomes 2011, 2011, pp. 4-27, SRA Website, 〈https://www.sra.org.uk/documents/students/lpc/

LPC-Outcomes-Sept2011. pdf〉（2018 年 1 月 25 日アクセス）、The Law Society, Becoming a Solicitor, *Start planning your future today*, 2016, p. 9, Law Society Website, 〈http: //www. lawsociety. org. uk/Law-careers/Becoming-a-solicitor/ documents/Becoming-a-solicitor-January-2016/〉（2018 年 1 月 25 日アクセス），中網・前掲注 10) 64-66 頁。

63） The Law Society, *op. cit.*, n.62, pp. 9-10, 中網・前掲注 10) 66-67 頁。
64） 中網・前掲注 10) 58-59，64 頁。また、サイカモア（住吉訳）・前掲注 10) 46 頁。
65） 中網・前掲注 10) 66 頁。2016-17 年のデータにつき Law Society Website 〈https://www.lawsociety.org.uk/law-careers/becoming-a-solicitor/entry-trends/〉（2018 年 1 月 25 日アクセス）
66） 田中（正）・前掲注 9) 8 頁。
67） City, University of London website 〈https://www.city.ac.uk/courses/postgraduate/bar-professional-training-course〉（2018 年 1 月 25 日アクセス）
68） Legal Practical Course, City University of London website 〈https: //www. city. ac. uk/courses/postgraduate/legal-practice-course〉（2018 年 1 月 25 日アクセス）
69） Bar Professional Training Course, University of Law Website, 〈http://www.law.ac.uk/postgraduate/bptc/〉（2018 年 1 月 25 日アクセス）
70） Our Legal Practical Course, University of Law Website, 〈http://www.law.ac.uk/postgraduate/lpc/〉（2018 年 1 月 25 日アクセス）
71） ドゥルーリー・前掲注 7) 130 頁以下。
72） E.g., Civil Service Fast Stream website 〈https://www.faststream.gov.uk/〉（2018 年 1 月 25 日アクセス）
73） Civil Service Fast Stream & Early Talent, Civil Service Fast Stream and Fast Track: Annual Report 2015, 2016, pp. 31-32, Civil Service Fast Stream website, 〈https://www. gov. uk/government/uploads/system/uploads/attachment_data/file/581053/Fast_Stream _Annual_Report_2015_Publication.pdf〉（2018 年 1 月 25 日アクセス）
74） *Ibid.*
75） *Ibid.*, p.37, 法学学位については示されておらず、社会科学の項目がある。
76） Working for GLS, Government Legal Service website, 〈https: //www. gov. uk/government/organisations/civil-service-government-legal-service/about/recruitment〉（2018 年 1 月 25 日アクセス）
77） 長谷部・前掲注 8) 21 頁。
78） legal trainee scheme, Government Legal Service website, 〈https://www. gov. uk/guidance/government-legal-service-gls-legal-trainee-scheme-how-to-apply〉（2018 年 1 月 25 日アクセス），長谷部・前掲注 8) 22 頁。
79） *Ibid.*
80） 長谷部・前掲注 8) 22 頁。

81) The Bar Council, Snapshot Report: The Experience of Employed Barristers at the Bar, 2016（以下 The Bar Council 2016 と示す）, p. 16, The Bar Council website, 〈http://www.barcouncil.org.uk/media/500035/snapshot_report_the_experience_of_employed_barristers_at_the_bar_pdf.pdf〉（2018年1月25日アクセス）
82) The Law Society, Rethinking legal career development: *How to enhance returns on talent,* 2015, p. 2, pp. 6-7, Law Society website, 〈http://www.lawsociety.org.uk/support-services/research-trends/documents/career-satisfaction-report-2015/〉（2018年1月25日現在）
83) The Bar Council 2016, *op. cit.*, n.81, p. 19, アンケートの対象者のうち、政府法務サービスに勤務しているのは 19.1％である（p. 11）。
84) cmnd4595, *op. cit.*, n.17, para.185(39)では、たとえば当該報告書の結論では、「法学教育における大きな成長可能性の場面は、初期及び職業上のキャリアを継続中の両方における資格取得後の継続教育である」としている。
85) 邦語文献として「英国における弁護士継続研修制度～弁護士研修センター運営委員会 視察報告～」LIBRA Vol. 13 No. 7（2013年）34-35頁。
86) Bar Standards Board, Compliance with CPD Regulations, "A General Guide to CPD", 2016, p. 3, BSB website, 〈https://www.barstandardsboard.org.uk/media/1751041/a_general_guide_to_cpd_2016.pdf〉（2018年1月25日アクセス）
87) *Ibid.*
88) *Ibid.*
89) *Ibid.*, p. 4.
90) *Ibid.*, p. 6.
91) *Ibid.*, p. 7.
92) *Ibid.*, p. 10.
93) SRA, Training for Tomorrow, - A new approach to continuing competence, A consultation paper, 2014, para. 7, SRA website 〈https://www.sra.org.uk/documents/SRA/consultations/t4t-continuing-competence-consultation-paper.doc〉（2018年1月25日アクセス）、詳細につき See, Melissa Hardee, Legal Training Handbook, Law Society, 2015, Chapter20.
94) *Ibid.*, para.7, e.g. Legal Education Training Review, Setting Standards: *The future of legal services education and training regulation in England and Wales,* 2013, para.7.38, Recommendation 16-19, LETR website 〈http://letr.org.uk/wp-content/uploads/LETR-Report.pdf〉（2018年1月25日アクセス）。
95) たとえば、バリスターについて、NPP に変更はないが、EPP についての必要最低受講時間や認証時間の完了要求が撤廃されるなどしている。See, Bar Standards Board, Continuing Professional Development(CPD)Guidance for barristers, pp. 2-3, BSB Website 〈https://www.barstandardsboard.org.uk/media/1800835/cpd_guidance_for_barristers.pdf〉（2018年1月25日アクセス）, See. BSB Handbook, *op. cit.*, n.34,

Part4, Section C.

96) SRA website,〈http://www.sra.org.uk/solicitors/cpd/tool-kit/continuing-competence-toolkit.page〉（2018 年 1 月 25 日アクセス）。ソリシターについては名称が Continuing Competence となっている。また Hordee, *op. cit.*, n.93, 20. 12.

97) Bar Standard Board, Review of Continuing Professional Development, Consultation Paper on the proposed new system for CPD, 2011, p. 24, Table3, BSB website〈https://www. barstandardsboard. org. uk/media/938837/cpd_consultation_-_31_may_2011_final.pdf〉（2018 年 1 月 25 日アクセス），ただし，圧倒的に多いのは，外部（external）、バリスターの事務所（Chambers）である。2010 年の大学による認証イベントにつき Table.3 を合計すると 117 件であり、外部、2,116 件、弁護士事務所 1,832 件であった。

98) E.g. Continuing Professional Development , The City Law School website,〈https://www.city.ac.uk/law/courses/continuing-professional-development〉（2018 年 1 月 25 日アクセス）

99) E.g. Professional Development, The University of Law website〈http://www.law.ac.uk/professional-development/cpd-requirements-for-solicitors-and-barristers/〉（2018 年 1 月 25 日アクセス）

5　ロシアの公的部門と法律専門家

竹中　浩

1　はじめに

　弁護士資格を有する人が、これまでのように司法の場だけではなく、立法行政機関で活躍する条件について探求するのが本書の課題である。そのためには、同様の可能性を外国について検討し比較することも大きな意味を持つ。ただし比較に際しては、その国に特徴的な公的部門及び法律家のあり方に十分注意しなければならない。このことは特にロシア連邦（以下、「ロシア」）の場合重要である。ロシアは過去に幾度かの体制転換を経験し、それぞれの時代が今日の制度に痕跡をとどめており、その結果としてロシアの公的部門や法律家の機能は、日本とはかなり異なったものになっているからである。

　ロシアの公的部門の一般的特徴としては、権力分立と地方自治の考え方が弱い点を挙げることができる。これはソ連時代から継承されている特徴でもある。ソ連邦には権力分立の考え方がなく、ソ連邦最高会議が立法・執行・司法を統合するという、権力統合の原則が支配していた。現在のロシアでも、国家元首にして憲法と人権の保証人である連邦大統領が三権とは別の位置を占め、大きな権限を持っている。大統領は連邦首相を任命し、連邦下院（国家ドゥーマ）の解散権を持ち、連邦憲法裁判所長官、連邦最高裁判所長官、連邦検事総長の任免を連邦上院（連邦会議）に提案する。執行権と緊密な関係にあるが、執行権を代表してはおらず、三権の調和のとれた作用を保障する存在である[1]。

　またソ連邦では、すべての公的機関が垂直的なシステムの中に位置付けられ、地方自治（特に団体自治）の考え方は存在しなかった。現在のロシアにおいては地方自治が制度化され、日本と同様、国の機関（国家機関には連邦の

機関と連邦構成主体の機関がある）とは別に地方自治機関があるが、地方自治機関は革命前のゼムストヴォ機関と同様、基本的に地域の問題を処理するための管理機関である。国家機関と地方自治機関の間には依然として権力的関係があり、団体自治の考え方が定着しているとは言い難い状況にある[2]。

　また、ロシアでは、公的機関に限らず社会団体等においても、役職者должностное лицоとそのスタッフとの間に明確な区別があり、決定権限が役職者に集中している。広範な公務員によって裁量が分かち持たれ、年功序列の昇進システムが確立している日本の公的部門とはかなり事情が異なるといわなければならない。公的部門と法律家の関係を問おうとするときには、このようなロシアの公的部門の特徴を踏まえておくことが必要になる。

2　高等法学教育と法律家

大学における法学教育

　1940年代の半ば以降、今日に至るまで、ロシアにおける大学の法学教育課程は基本的に5年制で[3]、この課程を修了したのち、高等法学教育の修了のために必要な国家試験に合格することが、法律の専門家全体に共通した資格要件になっている。従来はこれに合格すると「法律家юрист」の資格が与えられた[4]。ロシア連邦が成立した1990年代初頭、4年の学士課程と2年の修士課程という、ヨーロッパの高等教育制度に合わせようという動きが現れ、法的知識への需要の高まりもあって、様々な新しいタイプの法学部が誕生した。農業大学や工業大学にも法学部が設けられ、新しい学士課程の教育を行う4年制私立大学（学士課程のみ）も増加する[5]。

　2003年9月、ロシアもボローニャ協定に調印し、ボローニャ・プロセスへの参加が認められた。これに伴って、高等専門教育のための新しい連邦国家教育基準が定められ、高等教育機関修了のためにはマギストルの学位取得が必要になった。法学分野については、2010年12月に、そのための新しい連邦国家教育基準が示された[6]。従来型の法学教育を守る大学法学部は、5年制の教育課程そのものは変えることなく、最初の3年を学士課程、続く2

年をマギストル課程とすることで対応しており、5年の課程を修了することでマギストルの資格（学位）が与えられる。このようなやり方は、学部教育と大学院教育を分けるボローニャ・プロセスの基本的な理念とは必ずしも合致しない。

　それぞれのカリキュラムについては連邦国家教育基準によって厳格に定められており、特に最初の3年間は多くの科目を履修しなければならない。ロシアの法学教育においては、学際的な教養教育に加え、法理論の修得や情報処理技術の獲得が重視されており、弁論技術や比較法に関する教育はどちらかといえば弱い。ソクラティック・メソッドやリーガル・クリニックなど、米国のロースクールで採用されているような教育方法には、ほとんど関心が向けられていないといえよう[7]。

　大部分の学生は、高学年次（マギストル課程）になると、卒業後の採用を見越して公的機関や企業、弁護士事務所等でアルバイトを行う。一種のインターンシップであり、採用を予定している公的機関にとっては実務研修としての機能も果たしている。ちなみに、2016年8月に筆者がペテルブルク国立大学で行った訪問調査では、大学間の学生交換を行うのであれば、カリキュラムの詰まった低学年次の学生ではなく、比較的自由のきく高学年次の学生を対象に、就職の条件をよくするために実施するのがよいという助言を受けた[8]。

卒業後の就職と職業としての法律家
　ソ連時代の初期には、法的業務に従事するために高等法学教育が必須であるとは必ずしも考えられていなかった。プロレタリアートの利益や社会主義の理念など、実体的な目的価値が適正手続に優先したために、法の専門知識に対する評価が低かったのである。高等法学教育が拡大するのは制度の安定性が重視されるようになった1930年代後半以降のことである[9]。就職については、ソ連時代には、国が卒業後の進路を決定しており、学生は成績等に応じてそれぞれのステータスの法律職に配され、3年間その職にとどまれば、その後は転職が許されることになっていた[10]。ソ連邦が解体し、市場経済に

第Ⅰ部　行政の中の法の担い手の養成

移行したのち、そのメカニズムはなくなり、学生は自ら就職活動をすることになった。

　現在、大学での法学教育は職業とは直結していない。優秀な卒業生の多くは、実入りのよい民間に活躍の場を求めており、就職先として公的機関に特に人気があるというわけではない。日本のように毎年統一試験によって法学部の優秀層を選抜し、総合職の国家公務員として採用するといった募集形態も存在しない。当然、大学法学部が公務員の養成を特に重視することもない。

　国家機関は、国家権力のレヴェルによって連邦機関と地域機関（連邦構成主体の機関）に分かれ、部門によって立法、執行、司法、その他に分かれる。いわゆる公的機関としては、他に地方自治機関がある。国家公務員になるためには、18歳以上65歳以下のロシア国民で、ロシア語ができ、必要な職業教育を受けていなければならない。国家公務員の役職は4つのカテゴリーに分かれ、それぞれが三つから四つのグループに分かれている。いちばん下のカテゴリーの下二つのグループについては中等専門教育を受けていればよいが、それ以上のグループの役職については、すべて高等専門教育を受けていることが資格要件になる[11]。連邦機関の職員については、2005年9月の大統領令で、それぞれのグループの役職に就くのに必要な勤続年数（あるいは専門職としての経験年数）が定められている[12]。また、それぞれの役職には対応する官等が定められている[13]。役職ごとの俸給については、大統領令で定められている[14]。

　国家機関の中では、やはり検察庁に優秀な卒業生が集まるようである。ロシアにおいては、帝政期から一貫して、法律家の中では検察官прокурорのステータスが最も高いからである。ソ連時代には、能力と政治的忠誠度の両面において秀でた法学部卒業生が検察庁に配されたとされる。今日でも、検察官の地位と人気は依然として高い。

　憲法裁判所をはじめとする裁判所に行く卒業生もいるが、高等法学教育を修了した後に裁判所に就職する場合には、1998年1月にできた最高裁判所司法行政局[15]のような行政機構に職を得るのであって、日本のように直ちに

裁判官になるのではない。ロシアの場合、最初に裁判官になるためには最下級の裁判所でも 25 歳以上であることと 5 年の実務経験が必要であり[16]、裁判官は高等法学教育を修了してすぐに就く職ではない。もともと裁判官については、ソ連邦が解体する前年の 1989 年 8 月に成立した裁判官地位法まで高等法学教育が資格要件とされていなかった[17]。

ソ連時代には、裁判所の権威は低く、法令の違憲審査を行う権限もなかった。加えて紛争解決のためには種々の制度があり、普通裁判所に当たる人民裁判所は紛争のうちの一部を扱うにすぎなかったのである。権力統合原則が放棄され、司法権が第三の権力として位置付け直されたのはソ連邦解体の前年、1990 年 7 月のことである。今日では、統治機構としての司法の独立、裁判官の身分保障が定められ、裁判所がより重要な役割を果たすことを期待されているが、それでも裁判所は財政的に独立しておらず、汚職による裁判官の身分喪失も少なくない[18]。

弁護士адвокатも転変の歴史を持つ。帝政期において、弁護士は、刑事陪審制を含む、当時としては先進的な司法制度を象徴する存在であり、行政の恣意に対する批判や立憲主義の運動において指導的な役割を果たしていた[19]。これに比べて、ソ連時代には、法律家の中で、弁護士のステータスは相対的に低かったといえよう。弁護士のための統一的な資格認定の制度はなく、身分的自治も個人開業も認められず、公設の法律相談所に属して一般市民にサービスを提供した[20]。その一方で、弁護士には、1939 年 8 月 16 日の弁護士法により、比較的早い時期に高等法学教育が求められた[21]。法律に関する専門知識を有していることが弁護士の存在理由だったのである。

今日では、弁護士は職業上の資格である。2002 年 5 月に制定された弁護士法により、高等法学教育修了に加えて、別個の資格要件が設定されている[22]。すなわち、弁護士になるためには、高等法学教育修了後、2 年の法律業務の修習（その中には国家機関等での法律家としての勤務も含まれる）を経て、各連邦構成主体に設けられる弁護士会の実施する資格試験に合格する必要がある。民刑事手続及び行政罰手続において当事者の代理人になるためには弁護士資格が必要である[23]。これにより、公的機関における法令違反の追及や

行政訴訟において、市民の利益や権利を守るために、弁護士がより積極的な役割を果たす可能性が大きくなった。

法律顧問

ロシアには、日本の司法試験のような、法曹のための統一的な資格試験は存在しない。法曹養成のための統一的な研修制度もない。いわゆる法曹三者のみを本来の法律家とみる発想は弱いというべきである。弁護士でなくとも、高等法学教育を修了していれば、一般市民への法的サービス提供も含め、法律関係の様々な業務に従事できるからである[24]。法曹三者以外の法律家の多くは法律顧問юрисконсультを名乗る。それゆえ法律顧問は法律家のなかで最大の割合を占めるが、独立の身分として組織化はされていない。

ソ連時代、法律顧問は国営企業をはじめ様々な組織の法務部門に配属され、日本の企業内弁護士と法務部員を併せたような業務に従事した。国家仲裁委員会での紛争解決に際しては、法律顧問がそれぞれの企業を代表した[25]。当初、法律顧問は十分な法学教育を受けておらず、しかもその大部分が大都市に集中していた。1970年代には、経済改革の必要から法律家に対する需要が高まるとともに、高等法学教育を行う機関の定員が増やされ[26]、卒業生の多くは法律顧問として企業等に配置された。検察官ほどではないにしても、それなりの成績を収めた学生が法律顧問として就職したといわれる。1972年6月22日には、法務部門及び法律顧問に係る一般規程についての閣僚会議決定が出され[27]、国家機関はそれに基づいて部内規程を定めることとなり、社会団体も、これに準拠して組織内の法的問題を処理するよう勧められた[28]。この規程では、法律顧問には高等法学教育が求められ、他の職員とは異なる一定の身分保障が与えられていた[29]。1971年には2万9千人であった法律顧問が、1976年には5万人まで増えたという[30]。

国家仲裁委員会が存在しない今日では、企業に雇用されている法律顧問の役割もかつてと同じではない。経済活動において生じる法的問題に広く関わり、コンプライアンス維持を図って企業の発展に寄与するのがその職務である。また、現在では法律顧問を名乗る人のすべてが組織や団体に雇用されて

いるわけではなく、個人として法的サービスを提供することもある。外国の企業や法律事務所も含め、法律顧問が活動する場は大きく広がっている。民間で活動する法律顧問については、1972年の閣僚会議決定以外に、新たな立法による規制は受けていない。

3 公的部門における法律家の役割

公的機関における法務

公的機関の法務部門においても、日常的な業務として、コンプライアンス法務や契約法務があるのは民間企業や社会組織の法務部と同様である。加えて、ロシアの公的機関における法務に関しては、以下のような特殊事情がある。第一に、ロシアには規範的性質を持った文書（「規範的法的アクトнормативный правовой акт」と総称される）を出す多様な機関や役職者が存在する。憲法上、多様な機関が連邦議会に法案を提出することができる[31]。また、議会で採択された連邦法律や大統領の発する大統領令以外にも、多種多様な規範的法的アクトが存在する。司法省や大統領府の国家法務部において調整がなされているとはいうものの、そこですべての規範的法的アクトの整合性を確認することはほとんど不可能である。したがって、国家機関や地方自治機関における法務部及びそこに勤務する法律家にとっては、規範的法的アクトの草案作成に際して、既存の規範的法的アクトとの整合性の確保に大きな労力を割かれることになる[32]。

第二は、ロシアの行政の特殊性である。ロシアにおいて行政法とは公的機関の出す多様な規範的法的アクトの集積であるが[33]、そこには行政的違法行為（行政的法違反）に関する規定が多く含まれている。行政的違法行為には自然人の行為だけでなく法人の行為も含まれ、刑事罰とは別の行政罰が科される。その中には行政拘留や権利の剥奪といった重い罰も含まれている[34]。これに対しては、当然処分を科せられた側から不服申立てがなされる可能性がある[35]。

公的機関と市民の間の紛争が司法の場に持ち出されることもある。ソ連時

代には、行政処分の適法性を司法の場で争う行政訴訟が事実上存在しなかった。これが可能になったのはペレストロイカ期以降のことである[36]。現在、行政裁判は二系統の裁判所で行われている。一つは人民裁判所の後身である普通裁判所である。普通裁判所では、かつては民事訴訟法典第3編によって行政裁判が行われていたが、2015年3月8日にロシア連邦行政訴訟手続法典が制定され、これが適用されるようになった[37]。民事事件から行政事件が独立したのである[38]。もう一つは仲裁裁判所である[39]。仲裁裁判所は、ソ連時代に計画経済のもとで企業間の紛争を処理していた国家仲裁委員会が、ロシア連邦成立後の1992年に改組されてできたもので、従来の名前を継承してはいるが、実体は「商事裁判所」「経済裁判所」というべきものである。仲裁裁判所は、仲裁裁判手続法典第29条により、経済活動に伴って生じるものを中心に、行政事件も扱っている[40]。

今日のロシアにおいて、市民が公的機関との間で争う行政訴訟の件数はかなりの数に上っており、行政事件を専管する行政裁判所の創設の必要も論じられている[41]。不服審査や行政訴訟など、市民との間で生じる紛争に対処することが、公的機関に勤務する法律家の重要な仕事となっている。

国家機関に勤務する法律家については、プーチン政権の掲げる「法律の独裁диктатура закона」推進のために重要な役割を果たすべきものとして、その存在に光が当てられることになった[42]。2001年5月8日の大統領令により、国家機関の法務強化のため、法務部門が機関の長直属となり、各機関の中央機構において独立の位置を占め、その責任者は機関の長が任免することになった[43]。また、給与等、法務担当職員の待遇改善が図られるべきこととされた。さらに、翌2002年4月2日の政府決定により、連邦執行機関の法務に関するモデル規程が定められ、高等法学教育を修了した部長のもとで法務部門が担うべき業務が列挙された[44]。

法律の適正な執行に対する監督

ロシアの行政との関わりにおいて法律家が果たす役割について考える際には、このほかに、検察庁に注目する必要がある。司法大臣が検事総長を兼ね

てはいたものの、1864年の司法改革以後、独立した刑事訴追機関として位置付けられていた検察庁は、革命の後、その性格を大きく変えた。ソ連時代には、すべての省庁、企業、地方人民代議員ソヴィエトの執行・処分機関（地方行政機関）及び市民による法律の正確かつ一様な執行に対する監督、いわゆる一般監督が検察官の主要任務であった[45]。もとより実際に公的機関の活動をすべて監督できるわけではなく、ブレジネフ時代には、企業による不正の追及や経済計画の遂行状況の監視に重点が置かれるようになった。検察庁は一貫して共産党の政策遂行に協力したのであり、その意味で、かなり政治的な役割を担ってきたということができる[46]。検察官の党員比率は高く、1961年以降、ソ連邦検事総長は党中央委員に選ばれていた。

ソ連時代には検察官は裁判に対する監督も行っていた。それが廃止された今日でも、検察庁が事実上裁判所と並ぶ（あるいはそれ以上の）存在であるという点は変わらない。検察庁は中央集権的な機構であり、執行権に属する司法省とは別の、単一かつ独立の組織である。大統領の提案に基づき上院（連邦会議）によって任命される連邦検事総長は、検察組織のトップであるだけでなく、実質的に司法のトップでもある。

今日でも、検察庁は依然として「適法性の擁護者」としての役割を期待されている。内務省や連邦保安庁などとともに、法保護機関（法秩序維持機関）としての性格を持ち、法律の適正な執行を監督する。行政に対する一般監督の権限も存続している[47]。検察官は、大統領や政府のメンバー、連邦議会の議員などを監督する権限は持たないが、憲法裁判所をはじめ、すべての裁判所は監督の対象になる[48]。監督に際しては、立入り検査を行い、また文書の提出を求めることができる。違法な行政拘留を受けていると判断された人を釈放する権限も有する。検察官に行政一般に対する監督権限を認めることの適否に関しては、ロシア国内でも長く議論の的となってきた。本来裁判官が持つべき権限を検察官に与えるのは法の支配に関するヨーロッパ的基準に合致しないという批判も当然にある[49]。

こうした批判をも踏まえ、1995年の改正検察庁法では、検事監督を規定する第3編に「人及び市民の権利及び自由の遵守に対する監督」について定

めた第2章が設けられ、公的機関による権利侵害から一般市民を救済することが検察官の任務に付加された[50]。検察官は市民の公的機関に対する苦情を受け付け、不服申立ての方法について助言を与えたり、しかるべき機関あるいは役職者に取り次いだりする。市民による不服申立ての原因となった公的機関の行為が行政的違法行為としての性格を持つ場合は、検察官は、自ら公訴を提起するか、行政的違法行為を審査する権限を有する機関もしくは役職者に通知する[51]。検察庁が公的機関に対する異議申立て権や公訴権を持っているため、権限の上では公的機関による人権侵害を自ら防止することが可能である。

このように、行政との関わりにおける適法性維持のために、公的機関に雇用された法律家（法律顧問）と検察官が極めて重要な役割を果たしている。これがロシアの特徴である。

4 おわりに

法学教育が法曹養成との明確な結びつきを持たず、方向性を模索しているという点では、ロシアもわが国と同様の問題を抱えているようにみえる。公的機関や企業等において、法務部門が他の部門からある程度独立し、専門化していることなど、両国の状況には一定の共通性も認められる。しかし、法曹界や公的部門の制度、法と行政のあり方において、ロシアと日本の間にはかなり大きな違いがある。公的部門に勤務する人たちの地位や職務内容についてもそうである。日本の公務員制度にみられる、省庁ごとの新卒一括採用と定期的な配置転換、年功序列による昇進といった特徴はロシアにはない。ロシアのある研究者は日本の国家公務員の意識の高さや向上心、職務に対する態度を積極的に評価しているが、ここにロシアの公務員の現状に対する反省を読み取ることも可能であろう[52]。

ロシアの制度の特徴は、おそらくソ連時代における司法と行政の関係の遺産と無関係ではないであろう。それを正しく認識することは、公的部門とそこでの法律家の役割という問題についてのわれわれの視野を広げる上で重要

である。ロシア連邦だけでなく、中国を含む社会主義国・旧社会主義国でもソ連邦の遺産が継承され、今なおその影響が残っているからである[53]。1990年代以降、旧社会主義圏の各国は急速に欧米型の法を取り入れているが、公的部門においては欧米流のやり方は簡単には定着しないであろう。公的部門における法律家の役割を問題にするとき、その前提となるべき、公的部門及び法律家のあり方そのものにおける基本的な特徴について、十分に注意を払う必要があると考えられる所以である。

注

1) 小森田秋夫編『現代ロシア法』（東京大学出版会、2003 年）81-82 頁。ロシアの権力分立については、森下敏男「現代ロシアにおける権力分立の構造」『神戸法学年報』第 15 号（1999 年）、1-117 頁を参照。
2) 樹神成「地方公共団体・地方自治体の露語訳とロシアの地方自治」竹中浩編『言葉の壁を越える―東アジアの国際理解と法』（大阪大学出版会、2015 年）240-241 頁。
3) William E. Butler, *Russian Law.* 3rd Ed.（Oxford, U.K., 2009）, p. 148.
4) Федеральный закон от 22 августа 1996 г. N 125-ФЗ«О высшем и послевузовском профессиональном образовании»; Butler, op. cit., p. 150.
5) 高橋一彦「ロシアの法曹制度」広渡清吾編『法曹の比較法社会学』（東京大学出版会、2003 年）306 頁。本稿執筆に際しては、高橋氏から直接様々なご教示をいただいた。
6) Министерство образования и науки Российской Федерации. Приказ от 14 декабря 2010 г. N 1763 «Об утверждении и введении в действие федерального государственного образовательного стандарта высшего профессионального образования по направлению подготовки 030900 Юриспруденция (квалификация (степень) «магистр»)».
7) Butler, op. cit., p. 153. サンクトペテルブルク国立大学法学部の建物には、アレクサンドル 2 世による農奴解放の詔書の一節を記したプレートが貼られており、室内には、同大学において口述試験を受けるレーニンの絵が飾られていた。どの国でも、法学教育は過去の歴史と伝統を重んじる傾向がある。時流に合わせて方向転換をしようとしても、簡単にはいかないであろう。
8) ペテルブルク国立大学の場合、法学юриспруденцияの 2015 年度学士課程修了者は 178 名で、マギストル課程修了者は 203 名とのことであった。日本の標準的な国立大学法学部に近い規模である。調査に当たっては、法学部の副学部長であった A. B. イリイン教授よりひとかたならぬご助力をいただいた。心から感謝したい。

9) Ibid., p. 148.
10) Ibid., p. 155.
11) Граждан В. Д. Государственная гражданская служба. М., 2013. С. 257-259.
12) Указ Президента РФ от 27 сентября 2005 г. N 1131 «О квалификационных требованиях к стажу государственной гражданской службы (государственной службы иных видов) или стажу работы по специальности для федеральных государственных гражданских служащих».
13) 帝政時代は 14 の官等があったが、現在は 15 である。
14) Граждан. Указ. соч. С. 290-291.
15) 髙橋「ロシアの法曹制度」305 頁。
16) 小田博『ロシア法』(東京大学出版会、2015 年) 75 頁。
17) 髙橋「ロシアの法曹制度」299-300 頁。
18) 小田『ロシア法』77 頁。
19) 帝政期の弁護士については、髙橋一彦「帝政ロシアの弁護士法制―弁護士法の起草過程と 1864 年司法改革―」『社会科学研究』第 41 巻第 5・6 号 (1990 年 3 月)、1-185 頁を参照。
20) 髙橋「ロシアの法曹制度」299-300 頁。
21) Butler, op. cit., p. 129; G. M. Razi, "Legal Education and the Role of the Lawyer in the Soviet Union and the Countries of East Europe," *California Law Review*, vol. 48, issue 5 (December 1960), p. 792. 最もステータスの高い検察官について高等法学教育修了が資格要件になるのは 1955 年 5 月 24 日の最高会議幹部会令 (Положение о прокурорском надзоре в СССР) によってである。
22) Федеральный закон от 31 мая 2002 г. N 63- ФЗ «Об адвокатской деятельности и адвокатуре в Российской Федерации». これには邦訳がある。森下敏男「ロシア連邦検察庁法・弁護士法」『神戸法学年報』第 21 号 (2005 年)、66-115 頁。
23) 小田『ロシア法』98-99 頁。弁護士の数は 2002 年当時で 6 万人であった。
24) かつては、1995 年 4 月 15 日の政府決定により、有料の法的サービスを提供するには司法省の許可を必要とした (髙橋「ロシアの法曹制度」325 頁) が、1998 年 9 月に制定された連邦法律 (Федеральный закон от 25 сентября 1998 г. N 158- ФЗ «О лицензировании отдельных видов деятельности») により、事実上許可は不要となった。
25) 小森田『現代ロシア法』42 頁。
26) 高等法学教育を終えて「法律家」の資格を得る者の数は、1970 年には 8,000 人であったが、1975 年には 13,000 人、1976 年には 14,000 人に増えたという。Yuri Liryi, "Jurisconsult in the Soviet Union," Donald B. Barry et al. (eds.), *Soviet Law after Stalin, pt. III: Soviet Institutions and the Administration of Law* (Alphen aan den Rijn, the Netherlands, 1979), p. 199.

27) Постановление Совета Министров СССР от 22 июня 1972 г. N 467 «Об утверждении общего положения о юридическом отделе (бюро), главном (старшем) юрисконсульте, юрисконсульте министерства, ведомства, исполнительном комитете совета депутатов трудящихся, предприятия, организации, учреждения».
28) Butler, op. cit., p. 143.
29) Liryi, op. cit., p. 182.
30) Ibid., p. 197. 当時、司法省は、労働者及び事務員2,000人に対して1名の法律顧問を配するために、これを2倍にする必要があると考えていた。
31) Butler, op. cit., p. 360.
32) Ibid., p. 144.
33) Ibid., pp. 384-385.
34) 行政的違法行為は一つの体系を構成し、2001年にはその法典（«Кодекс Российской Федерации об административных правонарушениях» от 30 декабря 2001 г. N 195-ФЗ）が制定されている。
35) 2006年5月2日には、不服審査に関する連邦法律（Федеральный закон от 2 мая 2006 г. N 59-ФЗ«О порядке рассмотрения обрященений граждан Российской Федерации»）が制定された。
36) もっとも、ペレストロイカ以前から、行政裁判に対する積極的な評価とその範囲を拡大しようというが現れてきていた。これについては市橋克哉「ソ連邦における行政にたいする司法審査(1)(2)—1977年ソ連憲法と行政裁判—」『法政論集』第96号（1983年6月）、305-370頁、第97号（1983年8月）、138-200頁を参照。
37) «Кодекс административного судопроизводства Российской Федерации» от 8 марта 2015 г. N 21-ФЗ. 小田『ロシア法』70頁。
38) 民事訴訟と行政訴訟をめぐる過去の経緯については、小森田『現代ロシア法』144-147頁を参照。
39) 最高仲裁裁判所は2014年に最高裁判所に統合された。
40) 小田『ロシア法』61頁。2013年に仲裁裁判所が扱った行政事件は40万件である（前掲、64頁）。
41) *Граждан*. Указ. соч. С. 346.
42) 欧米の法律家にとって、「法律の独裁」は法の支配とは似て非なるものである。Jeffrey Kahn, "The Law Is a Causeway: Metaphor and the Rule of Law in Russia," in J. R. Silkenat et al. (eds.), *The Legal Doctrines of the Rule of Law and the Legal State (Rechtsstaat)* (Cham, Switzerland, 2014), p. 236.
43) Указ Президента РФ от 8 мая 2001 г. N 528 «О некоторых мерах по укреплению юридических служб государственных органов».
44) Постановление Правительства РФ от 2 апреля 2002 г. N 207 «Об утверждении типового положения о юридической службе федерального органа испол-

нительной власти».
45) 小田『ロシア法』100-101 頁。
46) 今日でも検察官の政治的役割は決して小さくない。クリミアのロシア連邦編入に際し、若い検察官のナタリヤ・ポクロンスカヤが重要な役回りを演じ、注目を集めたことは記憶に新しい。
47) 前掲、102 頁。Butler, op. cit., pp. 198-199.
48) *Граждан.* Указ. соч. C. 391.
49) 高橋「ロシアの法曹制度」321-322 頁。
50) 小田『ロシア法』103 頁。
51) 森下「ロシア連邦検察庁法・弁護士法」35 頁。
52) *Илышев А. В.* Японская государственная служба. М., 2009. C. 71-74.
53) 竹中浩「北東アジアにおける行政制度の整備と『日本の経験』」『阪大法学』第 63 巻第 3/4 号（2013 年 11 月）、33-34, 48 頁を参照。

第Ⅱ部
行政過程における法の担い手

第1章　立法の担い手と法律専門家

1　ドイツ、フランス、EUの省庁レベルの立法過程における法律専門家の役割

ヤン・ツィーコゥ
（訳　高橋　明男）

1　はじめに

　公的部門における法律専門家の役割、特に行政法と行政裁判の発展における役割を国際的に比較することは大変興味深い課題である。それはそれぞれの国の行政文化について根本的な理解を与えてくれる問題である。

　本節は立法に対する法律専門家の影響に焦点を置くので、行政法を執行する任務を有する行政レベルは対象としていない。本節は政府の省庁レベルの公務員に集中し、特にドイツの状況の分析とフランスの状況との比較に焦点を置き、さらにEUの状況に言及することとしたい。

2　省庁の公務員の養成と採用

ドイツの場合

　ドイツにおいては、法律の内容と企画に影響力を持つ省庁のすべての地位が高級公務員によって担われている。そのような地位を獲得するための形式的な前提条件は大学の学位である[1]。例外は候補者が行政内部で昇格する場合である[2]。さらに、養成と採用のルートは学問分野により、すなわち、法曹であるかそれ以外の分野の修了者であるかにより異なる。

　ボローニャ・プロセスの導入は法律学以外の分野の勉学の構造に強い変化をもたらしたが[3]、法律学の教育についてはドイツはいわゆる「完全に有資

格の」法曹、ドイツ語で「Volljurist」のモデルを維持した。このモデルはドイツの大学の法学部における4年間の学習を含む[4]。学習の課程は法律学の第1次国家試験に合格することにより完結する[5]。すなわち、大学のアカデミックな試験ではなく国家試験により終了するのである。それに引き続いて、将来の弁護士は実務の法的な実務修習、いわゆるロークラークの仕事、ドイツ語では「Referendariat」を完了しなければならない。この修習は2年間続き[6]、民事裁判所、刑事裁判所又は検察、行政機関、そして法律事務所と修習生が自ら選んだ修習場所における実習からなる。その後、実務修習は再び国家試験、いわゆる第2次国家試験に至る[7]。アカデミックな大学の試験により終了する大学の勉学と比べて、法律学の国家試験の不合格率は極めて高く[8]、大学の平均的な率のおおよそ6倍から7倍であり[9]、最も不合格率の高い大学の試験と比べても2倍以上である[10]。

　教授内容と試験の内容はドイツを通じてほぼ同一であるので[11]、第2次国家試験の終了後は、すべての法曹が比較可能な理論的実務的知見を有している。このことは新規要員の採用可能性に大きな利点となる。ドイツの憲法によれば、公務員の選任は「最良の原則」に従って行われなければならず[12]、これは行政裁判所によってコントロールされうる。すべての新規の被雇用者が本質的に同じ素材を学んでいるので、採用の主たる基準は最終成績となる。たとえば、社会科学の学習の課程では、大多数の学生が2以上の評点を獲得するが（1が最上で6が最低である）[13]、法律学の試験ではそうではなく、1や2の評点を受けることは極めて稀である。すなわち、評点1を得るのは受験者の0.2％、評点2は2.5％である。評点3、いわゆる選別の最低評点でさえ修了者の約15％が得られるに過ぎない[14]。法律学試験の成績を通じた「最良の原則」による効果的な事前選別のおかげで[15]、行政は公務員の職を求める法曹に対してそれ以外の試験を放棄することが可能になっている。もちろん、被採用者はさらに候補者のプールの中から構造化された手続、典型的には評価センターを通じて選別されるが[16]、狭い意味における試験は行われない。

　いわゆる一元的な法曹というドイツのモデルは、すでに述べたとおり、す

べてのドイツの法曹が同一の養成課程を経験するという事実に由来する。したがって、法曹は、公務員[17]も裁判官[18]も弁護士[19]も比較可能な養成と実務経験のバックグラウンドを有している。このことが持つ意味の一つが、省庁で起草されるすべての法律が法律実務家と執行にとって問題を引き起こさないということである。法曹の比較しうるバックグラウンドのおかげで、法律は省庁の法曹が定式化したとおりに容易に他の法曹によっても理解されるのである。

法曹以外に省庁のスタッフの中に同様にみられる典型的な専門家は主としてエコノミストであるが、経営学、政治学、社会学、自然科学、工学の専門家もいる。省庁の上級職への採用の前提条件は修士の学位である[20]。他の学問分野の課程は国家試験によって完結するわけではないので、これらの分野の学生は大学の試験を受ける。そこで、これらの者から上級職に採用するときは、選考過程は各候補者の内容に関連した能力を厳密に審査することになる。この評価はときには選考試験を通じて行われる。

工学とそのほか類似の分野については、いわゆる技術的インターンシップ[21]が義務となっており、いくぶん法曹の準備業務と似たところがある。この2年間の技術的インターンシップは国家試験により完結する[22]。かつては、経済学と社会学にもまた、国家試験により終了する義務的ないわゆる行政実務修習があった。しかし、これは今では若干の州においてみられるにとどまる[23]。現在では、1年半の実習プログラムがしばしば行政実務修習の代わりとなっている[24]。

フランスの場合

フランスにおいては、法曹の養成はドイツのモデルと相当に異なっており、一元的な法曹になっていない。むしろ、高度の専門化によって特徴付けられている。高等専門職課程（Diplôme d'Enseignement Supérieur Spécialisé, DESS)[25]のような付加的な資格は別とすれば、フランスにおける法律学の学習の課程も同様に4年間続く。これは2つの部分からなり、前半の初級の課程は基礎的な学習であり、後半の課程が主たる学習である[26]。主たる学習課

程の1年目の終わり、つまり3年の学習の後に、法律学の学士（Licence de Droit）が授与される[27]。内容的には、これは民事法、刑事法、公法の法分野全体をカバーしている。4年目の間に学生は特定の法分野を専攻し、法律学の修士（Maîtrise en Droit）を授与される[28]。

学士と修士の両方が修了者にConcoursと呼ばれる競争試験に参加する資格を付与する。これは、たとえば弁護士又は裁判官としての職業に特有の養成課程に入るための入学試験である。Concoursに合格した後、特有の養成課程が続く。民事及び刑事の裁判官になりたい者の場合、これはボルドーにある国立司法学院（E.N.M）[29]において行われる。これは2年間続き[30]、最終の順位を決める試験により完結する[31]。Concoursを受験する資格がある者には、法律学の課程の修了者だけではなく、修士の学位を持つ者も[32]公行政において一定期間働いた上級公務員も[33]含まれることは重要である。

フランスにおける省庁の公務への雇用には、法律学の修了者であるだけでは足らない。他の学問分野の修了者と同様に、法曹も選抜手続の一部としてのConcoursを経なければならない。その期間は試験の成績次第である。最も成績のよい者は国立行政学院（ENA）[34]、すなわちストラスブールにあるフランス行政の格の高いグランゼコールにおける2年間の学習プログラム[35]に入ることができる。国立行政学院に入ることができなかったその他の修了者は5つある地方行政学院（Instituts régionaux d'administration: IRA）[36]の1つで学習を続ける。これはフランスの中央行政のための養成コースとして構想されたものである[37]。もっとも、国立行政学院の修了者だけが、部長のような省庁の上級職になる資格がある[38]。地方行政学院の修了者は顧問として雇用されることになる。彼ら彼女らは数年間成功裡に働いた後、国立行政学院への入学を志望することができる。国立行政学院の定員の約3分の1はすでに行政で働いている志願者のために留保されている[39]。国立行政学院における学習は、分野横断的であり幅広い分野をカバーしている[40]。その目的は、フランスの公務におけるすべての上級職のために同一の養成を行い、入学以前にどのような学問分野を専攻していたかにかかわらず、履修者がフランスの行政文化について同一の理解を持つことを保証することである。したがっ

て、その目的はドイツのものと非常に似ている。すなわち、政府の各部門がその養成が共通で比較しうる公務員により構成されていることである[41]。これにより、採用されたスタッフの行政のための能力について高いレベルの予測可能性が得られるのである。しかしながら、制度上の解決方法は異なっている。ドイツは国内の様々な大学において一元的な法曹を養成するために大学の学習課程を標準化することに依拠するが、フランスは中央集権的な制度としての国立行政学院に依拠するのである。

3 省庁における法曹の役割

ドイツ：法律主義的な行政文化

　ドイツにおいては、批判的な含みを持って、特に連邦省庁におけるいわゆる法曹の独占[42]に言及されることが度々である。この言葉は法的意味における独占が存在することを含意しているのではなく、連邦の公務員では省庁レベルで約60％[43]、州の公務員では省庁レベルで約半数[44]が法曹であるという経験的な事実を反映している。これまで、他の分野の修了者に省庁レベルのキャリアへの門戸を開こうと様々な努力が払われてきているが、顕著な成功は収めていない[45]。

　このような法曹の高い占有率の安定性の理由を考えるとき、まず思い浮かぶのは自己再生産によるのではないかということである。すなわち、法曹は法曹を採用する傾向があるということである。しかしながら、採用方針はその時々に修正される人事コンセプトにより変容されうるから、当たらないように思われる。

　おそらく、より重要なのは行政文化である。国際的に行政文化はいくつかの主要な形態に分類される。これは、シュパイヤーのドイツ公行政研究所が数年間にわたり行った大規模な研究プロジェクトの研究課題であった[46]。たとえば、行政における経営主義（managerialism）の最も重要な例がアメリカ合衆国である。このタイプの行政文化は、主として、行政をビジネスと同様の組織と理解することにより特徴付けられる。行政は、経済学の手法を用い

第Ⅱ部　行政過程における法の担い手

た効率性と実効性の基準に従って最適化されなければならないとされるのである。

　ドイツはいわゆる法律主義的な行政文化の典型例である[47]。それは法がガバナンスとコントロールの中心的な行政の要素であるという見方によって特徴付けられる。この考え方は、国民の代表によって決定された関係する法に従って行為する厳格な義務により、行政の内容に関連した正統性が得られるとする民主主義理論に由来するコンセプトである[48]。もちろん、この合法性の特別の強調は、公行政における法曹に対して経営主義の場合とは異なった役割があることを含意する。しかしながら、これは法曹が省庁においてそれほど強く代表されることの説明にはならない。そうでなければ、代表過剰はすべてのレベルで当てはまることになるであろう。なんとなれば、ドイツにおいては当然、法律は地方のレベルの行政機関をも拘束するからである。しかし、地方のレベルでは、法曹の数ははるかに少なく[49]、主として他の専門部門の合法性をコントロールする法務部門に限定されている。

　しかし、この地方行政との比較はドイツの省庁における法曹の優位の理由を探るポイントになる。それはそれぞれの行政レベルにおける任務の問題への着眼である。ドイツにおいては、省庁はほとんど執行機能を持たない。その任務は主として政治的・戦略的コントロールと法律の準備からなる。法曹はドイツにおいては非常に幅広い知識を持つよう養成されるので、高度の専門性には欠ける。法曹はどの特別の分野についても知識と熟練を容易に獲得できるジェネラリストであるとみなされている[50]。連邦の省庁、たとえば連邦内務省では、主要上級職を含めすべての公務員が[51]定期的に新しい職場にローテーションで回る方針が存在する。このモデルは公務員が過剰に専門化することにより戦略的な視野が狭くなることを避ける意図に立っている。

　同時に、既述のように、省庁の主たる政治的作業は立法を起草することにある。この理由から、ドイツのように高度に複雑な法システムの中の法律案の起草に最も良く関連した知識を有する法曹は、政府の機関における任務を達成する上で広く選好されるのである。

フランス：国立行政学院の教育と省庁任務

フランスの省庁レベルにおける公務員の養成モデルは、法律学の学習があまり重要でない状況につながる。法律学の学習を完結した公務員は省庁では稀である。国立行政学院の競争においては、成功するのはより広い学習課程の修了者であるのが普通である。特にパリにある政治学のエリート大学であるパリ政治学院（Science Po）[52]の修了者がそうである。フランスの省庁における任務を行うのに要求される専門性は単に特定の法律知識ではなく、国立行政学院（又は地方行政学院）で教授される技法のほとんど全体を包括するものである。しかしながら、フランスの省庁の任務はドイツの行政の任務とは異なり、フランスの中央行政は執行機能もドイツよりはるかに多くの役割を担っているのである。

4 省庁における公務員による法律の起案

ドイツの省庁の立法過程と法曹の影響力

省庁における任務と省庁の行政における法曹の役割という観点からは、法の発展と行政法の起案に対する法曹の影響力が重要であることは明白である。よりわかりやすくするために、ドイツにおける典型的な通常のプロセスを描いてみよう。

大多数の法律案、平均するとすべての法律案の3分の2が議会ではなく政府の提案により提出されている[53]。政府提案を生み出す極めて複雑な手続が終局の提案に先立って存在する。最も決定的な段階はいわゆる省庁草案（Referentenentwurf）の作成であり、公に提示される最初の公式草案である。この草案は、草案によりカバーされる政策分野に責任を持つそれぞれの省庁の中の専門家ユニットである部門により作り出される。ドイツの省庁は専門領域に従って総局に分けられ、それがさらに部門に細分される[54]。つまり、省庁の最も下のレベルが草案を生み出すのである。

ドイツの複雑な法システムにおいては、法律学の学習をしていない公務員が法律草案を作成するのはほとんど不可能である。草案を起案するために起

案者は通常用いられる法律用語を心得て法律の内部構造を知っていなければならず、新しい規整アプローチが既存の立法との間に有する関係を決定することができなければならない。

　この要件は、事実問題に責任を有する専門部門が草案を起草するならば、何の問題もない。そのような場合は、1人のスタッフが草案全体を作成する。これは、たとえば内務省におけるルールである。しかしながら、法曹でない者が多くの部門を仕切っている省庁もある。その任に当たっているのは、経済学、自然科学、教育学といった他の学問分野の専門家であり、専門的な内容に関連した問題を評価することができる者である。このような場合、それぞれの総局が共通して1ないしそれ以上の法曹から構成されるいわゆる規整部門を有している。この規整部門の任務は総局で展開された政策を法律草案の適切な法的形式に「翻訳」することである。

　しかしながら、この法曹による法的合理性への「翻訳」は単に技術的なプロセスではなく、簡単な翻訳ボタンがあるわけでもない。草案を起草する法曹たる公務員がその内容に影響を与えることは自明である。このことは法的な観点からは部分的には避けがたいことである。それがなければ、新しい法律草案は法システムに統合され得ないからである。しかしながら、法曹が部門の担当専門家とは異なった意見を内容上の問題について持ち、その結果として規整アプローチが暗礁に乗り上げるという例もある。このような場合、法曹でない者によって占められた部門が法律草案を発出することは大変難しい。縦の組織においてこの問題を解決する唯一の方法は問題を上位の階層である総局の長に回すことである。総局長が行動を起こすことを拒めば―別の理由もある場合もあるかもしれないが―法曹抜きで働く部門は、省庁の外部の法的専門家のサポートにより法律草案を仕上げるしかなくなる。

　逆にいうと、法律草案を準備する法曹は省庁内の他の分野の専門家、他の省庁、あるいは外部の専門家からの専門的な入力なしにはやっていけないということでもある。法曹はたとえば、生命科学や経済的な相関性を分析するよう訓練を受けていない。法曹が現下の問題の内容に関連した解決を見出すことができない場合もある。

このような省庁草案の作成からなる内部的な段階の後初めて、草案は政治的・戦略的な次元に関して徹底的に審査される。その後、大臣又は長官が草案を発表する。

　以上の説明により、省庁の行政における法曹がドイツにおける立法そして行政法の発展に対して有するインパクトが極めて重大であること、さらに他の専門分野のインパクトよりも大きいことが示されたであろう。

　実際上、影響力は前述の構造的な関係以上に及んでいる。若干の領域では、行政法を含む法律が責任ある部門を何年も統括する上級公務員によって形作られてきている。法律に関する註釈からなる文献はもう一つの影響力の道筋である。これらの書籍は法律を詳細に説明し、その結果、法律実務家と裁判所は法律の適用に関してさらにガイダンスを得る。特に、既存の法律の単なる修正にとどまらない新法の場合、最初のそして極めて影響力のある註釈は、多くの場合、新法を起草した公務員によって書かれる。そのようにして、省庁の公務員は法律の適用に対しても重大な程度にまで影響を与えるのである。

フランスの省庁の立法過程と立法学
　フランスにおいては、法律専門家は省庁の行政一般においても法律の起草においても役割を演じていない。ここでは、国立行政学院において提供される教育が中心的な位置にある。国立行政学院の修了者のみが省庁において法律を起草する資格を有するのである。この目的のために、国立行政学院は立法学を教授する[55]。さらに、コンセイユ・デタは法律用語の適切な用い方と法的一貫性との適合性を確保するために法律案を審査する。

5　行政法曹と行政裁判権

ドイツにおける行政裁判権の優越的地位
　ドイツの行政法システムのさらなる特徴は行政裁判権の優越的地位である。これはしばしば立憲国家を完成させる中核的な要素であるとみなされて

いる。ドイツの行政裁判権は民事、刑事といった他の裁判権と分けられている。行政裁判権は通常裁判権の裁判所によって行使されるのではなく、3審級を備えた独立した行政裁判所によって行使される[56]。しかしながら、このことは行政裁判所も裁判所であってそれゆえに司法システムの一部であるという事実を変えるものではない。行政裁判所は行政には属しない[57]。そして行政裁判所は行政をコントロールする。

　ドイツの一元的な法曹の養成モデルのゆえに、行政裁判権の裁判官は省庁の行政の法曹を含む他のすべての法曹と同じ教育を受ける。すべてではなく若干の州（たとえばバイエルン州[58]）では、行政裁判所の裁判官になる前に法曹が数年間行政において働くことが義務である。これは、行政裁判官が決定プロセスがどのように動いているかを知り、行政決定が性急に無効にされないことを確実にするためのものである。

　ドイツにおいては、行政法の発展に対する行政裁判権のインパクトは極めて重大である。ドイツは個人の権利の法的保障のシステムに従っている。このことは、市民が行政行為により自らの主観的権利が影響を受けたと感じるときは行政裁判所に訴えを提起することができることを意味する[59]。しかしながら、行政裁判権は主観的権利の範囲を拡張し、行政裁判所が行政法のほとんど全体について判断しうるようになっている。たとえばフランスにおける評決と比較して、ドイツの行政裁判所はその判決について詳細な理由を述べる。このことの主たる理由は行政裁判権のいわゆるガイドライン機能である。行政も行政裁判所も、行政裁判所の任務が具体的な事件を解決するのみではなく、行政に対してガイドラインを提供しその将来の行動が合法であることを保証することにあることを理解している。行政の法案の発展が単独ではなくても主として省庁の法曹により形作られている場合、行政裁判所の法曹の法律の解釈と適用における役割は絶対的に優越している。ここでの決定的な問題は法律の適用だけでなく行政法のさらなる発展でもある。省庁の法曹は行政裁判権の同僚たる法曹との相互理解がうまく進むと確信しているゆえに、若干の個別的な問題は立法の条文において規定されていないことさえある。そのような場合、法律の理由において、問題の解明は行政裁判（と行

政法学）に委ねられると述べられる。

省庁公務員と行政裁判官の統一性とフランス国立行政学院
　フランスにおいても同様に、省庁の公務員と行政裁判官の法律学の教育の同等性は確保されている。フランスでは、もちろん、この教育の統一性は統一された国立行政学院の教育により保証される。行政法裁判官、特にコンセイユ・デタの裁判官は、ほとんどの場合、国立行政学院の修了者のプールから採用される。

　コンセイユ・デタはフランスの行政裁判所の最上級審であるだけでなく[60]、コ・ン・セ・イ・ユ（conseil）という言葉が含意するように、政府に対する幅広い範囲にわたる助言機能も有している。たとえば、コンセイユ・デタは政府のすべての法律草案[61]及びデクレ[62]のピア・レビューを行うし、それ以外の助言機能も有している[63]。それはまた、自らのイニシアティブで本質的な改革に対して政府の注意を喚起することにも責任を有している[64]。

　国立行政学院における学習を完了した後、修了者の成績ランクが作成される[65]。最上位の修了者は中央政府の公務員の中のトップの地位から選ぶことができ、コンセイユ・デタはその中で最高の名声を持っている。この手続の結果として[66]、コンセイユ・デタの構成員の約80％が国立行政学院の修了者により占められる[67]。そのほかの構成員は政府により選抜された省庁の公務員により占められる。短期の任期の地位は通常裁判権の裁判官のような資格を有する法律学の実務家が当てられるが、当然のことながら、国立行政学院で教育を受けていなければならない。短期の地位にはそのほか、法律学の教授も当てられる[68]。こうして、国立行政学院における養成がフランスの省庁の行政と行政裁判権の相互理解のための中心的な役割を果たしているのである。

第Ⅱ部　行政過程における法の担い手

6　EUの行政に対する加盟国の影響力

ヨーロッパ行政空間

　ヨーロッパ統合のプロジェクトとその現在の具象化であるヨーロッパ連合は歴史的にもグローバルな意味にもユニークな超国家的な法の構造[69]に行き着いている。しかしながら、イギリスの脱退により明らかになったように、EUは加盟国がそれを許す限りで強力であるということは心に留めておかなければならない。ヨーロッパ統合のプロセスの当初から、この事実は、加盟国が自国の行政のコンセプトの制度と規整の考え方を人事にも関連させてEUのレベルに反映させようとする闘争につながっている。このことは、主としてドイツ、フランス[70]、そしてイギリス[71]の影響のブレンドであるEU行政を作り出した。ヨーロッパにおいては、このモデルの全体とその固有の相互依存が「ヨーロッパ行政空間」（European Administrative Space）という言葉で捉えられている[72]。

　国家の行政と比較するならば、ブリュッセルにあるヨーロッパ委員会は個々の国家の省庁に最も比較できるものである。これは包括的な執行機能を果たすとともに、共同体の立法を提案するイニシアティブ権を有しているので[73]、その職務はドイツよりもフランスのモデルに似ている。機能上、委員会は30以上の総局に分けられ[74]、その各々が委員により統括され、ある程度、国家の省庁に比較可能なものである[75]。

EU委員会の人事構造

　フランスのように、公務員の選抜はコンクール（Concours）という一般選抜プロセスにより行われる[76]。候補者は選抜プロセスの成績順に指名される。フランスと違って、志願者の専門的な教育は選抜プロセスに対する公平な参加許可において決定的な役割を演じている。委員会の上級ポストの大多数はキャリア・プロフィールと呼ばれるものにより公示され、その中の一つが「法律」というキャリア・プロフィールである[77]。このプロフィールのポストのための前提条件として、志願者は法律学の学習プログラムの修了者で

なければならない。

　委員会では、法曹はドイツのように法曹として採用される。彼ら彼女らはフランスで国立行政学院の教育を経なければならないような付加的な教育は受けない。法曹は、委員会に対して法的問題について助言する法律業務の部門だけでなく、各専門の総局においても重要な構成員として採用されている[78]。そこにおける核となる活動は法律草案の作成である。

　これらの事実に基づくと、EU 委員会の人事構造はドイツとフランスの両モデルの中間を辿っていると看破できるであろう。

7　おわりに

　結論として、若干の要点をまとめておこう。

　省庁の上級公務員の中で、法曹はドイツでは明らかな優位を占めている。逆にフランスでは、上級公務員の採用は国立行政学院における中央集権的な養成を経るので、法曹は重要な役割を果たしていない。しかしながら、2 つのモデルの基礎には共通するものがある。それは新たに採用された公務員の資格において極めて高度の比較可能性を確保するということである。EU は法曹をドイツのモデルに近い形で、その法律学の資格に基づいて採用している。

　このことから、法律案の起草において法曹が果たす役割も異なっている。ドイツにおいては法曹の役割が中心的なものであるのに対して、フランスではあまり重要ではなく、その代わりに国立行政学院の修了者の影響力が絶大である。EU の委員会では、各総局の法曹はドイツと同様に法律案の作成に大きな影響力を有している。

　フランスでもドイツでも、省庁の上級公務員の養成は行政裁判所の裁判官の養成とほぼ同じである。

注

1) 参照、§17(5) Nr. 1 Federal Civil Service Act (Bundesbeamtengesetz (BBG)); §21 (1) Nr. 2, (2) Federal Regulation on Public Service Careers (Bundeslaufbahnverordnung (BLV)).
2) 参照、§§35-41 Federal Regulation on Public Service Careers. (Bundeslaufbahnverordnung (BLV)).
3) 2015／2016年の冬学期において、全学修プログラム (18,044) のうち約90% (16,397) が学士又は修士の学位で終える (cf. Hochschulrektorenkonferenz (ed.) (2015), Statistische Daten zu Studienangeboten an Hochschulen in Deutschland – Studiengänge, Studierende, Absolventen und Absolventinnen – Wintersemester 2015/ 2016, Bonn, p. 9: „Tabelle 1. 1 Entwicklung der Studienangebote, Wintersemester 2007/ 2008 bis Wintersemester 2015/2016": https://www. hrk. de/uploads/media/HRK_ Statistik_WiSe_2015_16_webseite.pdf)。
4) §§5(1), 5a(1) German Judiciary Act (Deutsches Richtergesetz (DRiG)).
5) §§5(1), 5d(2) German Judiciary Act (Deutsches Richtergesetz (DRiG)).
6) §5b(1) German Judiciary Act (Deutsches Richtergesetz (DRiG)).
7) §§5(1), 5d(3) German Judiciary Act (Deutsches Richtergesetz (DRiG)).
8) 参照、*Bundersamt der Justiz*, Referat III 3, Ausbildungsstatistik 2015 第1次国家試験の州ごとの不合格率 (20.9%～37.9%) については p. 2, „An 1a Staatliche Prüfung neu"、第2次国家試験の不合格率 (4.2%～21.7%) については p. 7, „Anl 2 Ergebnis 2. Staatsprüfung. https://www.bundesjustizamt.de/DE/SharedDocs/ Publikationen/Justizstatistik/Juristenausbildung_2015.pdf;jsessionid=1C0FA10EEA13CE 6178BC1276054C361D.1_cid377?__blob=publicationFile&v=5.
9) 参照、*Wissenschaftsrat* – Geschäftsstelle (2012), Prüfungsnoten an Hochschulen im Prüfungsjahr 2010 (Drs. 2627-12), p. 37, „Übersicht 1: Prüfungsnoten an deutschen Hochschulen 2000 und 2005-2011 (alle Hochschularten und Abschlüsse, ohne Promotionen)" with the average failure rates of all university examinations between 1, 2% (2006) and 3, 1% (2011).
https://www.wissenschaftsrat.de/download/archiv/2627-12.pdf
10) たとえば、化学では12.4%、エネルギー工学では11.8%の不合格率である。
参照、http://www.spiegel.de/lebenundlernen/uni/abschlusspruefung-die-studienfaecher-mit-den-hoechsten-durchfallquoten-a-1054508.html
11) ドイツ裁判官法5 (Deutsches Richtergesetz (DRiG)) a条2項及び3項、5b条2項は全ドイツに統一的に、法学教育の主たる分野 (たとえば、民法、刑法、公法、訴訟法) を規定し、5d条1項2文は試験の統一的な要件と成績評価を定める。
12) 基本法 (Grundgesetz (GG)) 33条2項「すべてのドイツ人は、その適性、資格、専門的業績に従い、等しく公務に携わる権利を有する。」また、たとえば、参照、

連邦憲法裁判所 2011 年 5 月 11 日決定（2 BvR 764/11（paragraph 10））、連邦行政裁判所 1990 年 2 月 15 日決定（1 WB 36/88（paragraph 21））、連邦労働裁判所 2015 年 2 月 10 日判決（9 AZR 554/13（paragraph 12））参照。
13) 参照、*Wissenschaftsrat* − Geschäftsstelle（2012），Prüfungsnoten an Hochschulen im Prüfungsjahr 2010（Drs. 2627-12），p. 58，„Abbildung 7: Notenverteilung in ausgewählten Studengängen der Fächergrupe Rechts-, Wirtschafts- und Sozialwissenschaften 2010"．ここには、様々な分野、中でも社会学と法律学における結果が示されている。（Source：https://www.wissenschaftsrat.de/download/archiv/2627-12.pdf）．
14) 司法省は、2001 年から 2015 年までの全州における国家試験の結果を公表している。
15) 参照、連邦行政裁判所 2011 年 3 月 3 日判決 C 15/10（paragraph 14）；連邦労働裁判所 2013 年 1 月 24 日判決 8 AZR 429/11（paragraph 65-66）；ハム州労働裁判所（ノルトライン・ヴェストファーレン州）2005 年 11 月 17 日判決 89 SA 1213/05（paragraph 24）。
16) *Der Präsident des Bundesrechnungshofes als Bundesbeauftragter für Wirtschaftlichkeit in der Verwaltung*（ed.）（2014），Gutachten zum Verfahren der internen und externen Personalauswahl in der Bundesverwaltung, Kohlhammer, Bonn, 4. 4. 3；連邦憲法裁判所 2011 年 5 月 11 日棄却決定 2 BvR 764/11（paragraph 12）。
17) 参照、連邦公務キャリア令 21 条 2 項（Bundeslaufbahnverordnung（BLV））。同項はドイツ裁判官法 5 条 1 項を参照している。
18) 参照、ドイツ裁判官法 5 条 1 項（Deutsches Richtergesetz（DRiG））。
19) 参照、連邦弁護士法 4 条 1 号（Bundesrechtsanwaltsordnung（BRAO））。同号はドイツ裁判官法 5 条 1 項を参照している。
20) 参照、連邦公務員法 17 条 5 項 1 号（Bundesbeamtengesetz（BBG））。
21) 参照、連邦公務キャリア令 6 条 2 項 2 号。
22) 参照、連邦公務キャリア令 17 条 1 項。
23) たとえば、ノルトライン・ヴェストファーレン州につき、Ausbildungsverordnung höherer allgemeiner Verwaltungsdienst Land（VAPhD）．
24) たとえば、https://www.berlin.de/karrierreport/berlin-als-arbeitgeberin/verwaltung/traineeprogramme/traineeprogramm-fuer-master/．
25) あるいは、新しい学士－修士システムにおける 2 つの修士。
26) 参照、Bernhard *Bergmans*（2016），Juristenausbildung in Frankreich, in：Bernhard *Bergmans*（ed.），Rechtslehre − Jahrbuch der Rechtsdidaktik 2015, Berliner Wissenschaftsverlag, Berlin, pp. 225（227）.
27) 参照、Bernhard *Bergmans*（2016），Juristenausbildung in Frankreich, in：Bernhard *Bergmans*（ed.），Rechtslehre − Jahrbuch der Rechtsdidaktik 2015, Berliner Wissenschaftsverlag, Berlin, pp. 225（227）.
28) 参照、Bernhard *Bergmans*（2016），Juristenausbildung in Frankreich, in：Bernhard *Bergmans*（ed.），Rechtslehre − Jahrbuch der Rechtsdidaktik 2015, Berliner

Wissenschaftsverlag, Berlin, pp. 225 (228). たいていの学生は、修士の学位を取得するために卒業後 2 年間の学習を続ける。

29) Ordonnance n° 58-1270 du 22 décembre 1958 portant loi organique relative au statut de la magistrature under the name „centre national d'etudes judiciaries" の 14 条により創設され、l'École nationale de la Magistrature by Loi organique no 70-642 du 17 juillet 1970 relative au statut des magistrats に名称が変更された。

30) 養成課程全体は 31 カ月続き (Décret n° 72-355 du 4 mai 1972 relatif à l'Ecole nationale de la magistrature 40 条 1 項 2 文)、2 年後に行われる試験、1 カ月の理論学修コースとその他のインターンシップを経て、修了者は裁判官又は検察官に任命される (参照、Programme Pédagogique (Février 2017), p. 32: Calendrier de la formation (Source: http://www.enm.justice.fr/sites/default/files/catalogues/Prog_pedago_2017.pdf))。

31) 参照、Ordonnance n° 58-1270 du 22 décembre 1958 portant loi organique relative au statut de la magistrature21 条及び http://www.enm.justice.fr/formation-initiale-francais.

32) 参照、Ordonnance n° 58-1270 du 22 décembre 1958 portant loi organique relative au statut de la magistrature16 条及び http://www.enm.justice.fr/?q=Devenir-magistrat-etudiants.

33) 専門職の EMA に対するアクセスに関するより詳しい情報について参照、Ordonnance n° 58-1270 du 22 décembre 1958 portant loi organique relative au statut de la magistrature18-1 条及び http://www.enm.justice.fr/?q=Devenir-magistrat-pro.

34) 創設根拠は Ordonnance n° 45-2283 du 9 octobre 1945 relative à la formation, au recrutement et au statut de certaines catégories de fonctionnaires et instituant une direction de la fonction publique et un conseil permanent de l'administration civile 5 条

35) Décret n° 2015-1449 du 9 novembre 2015 relatif aux conditions d'accès et aux formations à l'Ecole nationale d'administration 37 条 2 項

36) 創設根拠は loi n° 66-892 du 3 décembre 1966 d'orientation et de programme sur la formation professionnelle 15 条.

37) 参照、Décret n° 84-588 du 10 juillet 1984 relatif aux instituts régionaux d'administration 2 条及び 7 条 *IRA*.

38) 参照、Décret n° 2015-1449 du 9 novembre 2015 relatif aux conditions d'accès et aux formations à l'Ecole nationale d'administration 37 条 1 項「国立行政学院における教育の目的は学生を…上級公務職の遂行に必要な経営的手法について教育することである。」

39) 参照、Décret n° 2015-1449 du 9 novembre 2015 relatif aux conditions d'accès et aux formations à l'Ecole nationale d'administration formations à l'Ecole nationale d'administration 2 条 1~3 項。

40) 参照、Annexe of the Arrêté du 4 décembre 2015 portant approbation du règlement intérieur de l'Ecole nationale d'administration 7 条「…次に掲げる事項　公行政の経営、

公共政策の企画、実行及び評価、義務論、倫理学及び公共サービスの価値、法的論証及び起案、経済学的論証及び決定、財政学的会計学的分析と経営、中央及び地方の公的活動の役割及び様式、ヨーロッパ及び国際問題及び作業プロセス。…次に掲げる手法及び方法論 チーム形成、人的リソース及び社会的対話の技法、特に情報システムにおけるプロジェクト管理、公的イノベーション及びデジタル技術を含む政府慣行の改革、危機管理、交渉学、コミュニケーション学」

41) 参照、Hellmut Wollmann（2002）, Verwaltungspolitische Reformdiskurse und -verläufe im internationalen Vergleich, in: Klaus König (ed.), Deutsche Verwaltung an der Wende zum 21. Jahrhundert, Nomos, Baden-Baden, 489（507）. フランスのエリートの認識上及び心理的同質性を指摘する。

42) Walter Leisner, Das Juristenmonopol in der öffentlichen Verwaltung, in: Peter Eisenmann/Peter Rill/Peter Badura (eds.)（1987）, Jurist und Staatsbewusstsein: Beiträge der Tagung „Jurist und Staatsbewußtsein" der Akademie für Politik und Zeitgeschehen der Hanns-Seidel-Stiftung, v. Decker and C. F. Müller, Heidelberg, pp. 53-67.

43) Katja Schwanke/Falk Ebinger（2006）, Politisierung und Rollenverständnis der deutschen administrativen Elite 1970 bis 2005, in: Jörg Bogumil/Werner Jann/Frank Nullmeyer (eds.), Politik und Verwaltung, Sonderheft 37 der Politischen Vierteljahresschrift, Springer VS, Wiesbaden, p. 228（233）.

44) 参照、Sylvia Veit（2012）, Zwei getrennte Eliten? Karrieremuster von Exekutivpolitikern und Spitzenbeamten in den deutschen Bundesländern, Gedächtnisband für Hans-Ulrich Derlien, in: Dieter Schimanke/Sylvia Veit/Hans Peter Bull (eds.), Nomos, Baden-Baden, pp. 175（179）.

45) Klaus König（2007）, Verwaltungsstrukturen und Verwaltungswissenschaften, in: Klaus König/Christoph Reichard (eds.), Theoretische Aspekte einer managerialistischen Verwaltungskultur, 1. Symposium des Arbeitskreises „Theoretische Verwaltungskultur", Deutsches Forschungsinstitut für öffentliche Verwaltung, Speyer, p. 1（14）.

46) Klaus König/Sabine Kropp/Sabine Kuhlmann/Christoph Reichard/Karl-Peter Sommermann/Jan Ziekow (eds.)（2014）, Grundmuster der Verwaltungskultur, Nomos, Baden-Baden.

47) たとえば参照、Sabine Kuhlmann/Hellmut Wollmann（2014）, Introduction to Comparative Public Administration, Edward Elgar, Cheltenham (UK), Northampton (US, Mass.), p. 17.

48) 参照、基本法20条3項「立法は憲法的秩序に、執行と司法は法と正義に拘束される。」

49) Ernst Pappermann（1982）, Juristen in der Kommunalverwaltung, Archiv für Kommunalwissenschaften, 21: 1, 1（4 sqq.）.

50) 参照、Christoph Reichard（2014）, Das Personal der legalistischen Verwaltung, in: Klaus König/Sabine Kropp/Sabine Kuhlmann/Christoph Reichard/Karl-Peter

Sommermann/Jan Ziekow (eds.) (2014), Grundmuster der Verwaltungskultur, Nomos, Baden-Baden, p. 47 (55).
51) ドイツの連邦内務省の人事ポリシーは、省内の被用者の多能さと柔軟さを促進することを意図されている。これは、すべての被用者に対して、一定期間たてば、自分の職務を放棄し新しい分野の仕事に取り組む用意があることを求める。
http://www.bmi.bund.de/DE/Ministerium/BMI-als-Arbeitgeber/Personalentwicklung/personalentwicklung_node.html
52) http://www.sciencespo.fr/public/fr/actualites/ena-82-des-nouveaux-admis-viennent-de-sciences-po: „82 % of new admissions come from sciences po".
53) 参照、Datenhandbuch des Deutschen Bundestages, Kapitel 10.1 Statistik zur Gesetzgebung v. 26.09.2014 (https://www.bundestag.de/blob/196202/3aa6ee34b546e9ee58d0759a0cd71338/kapitel_10_01_statistik_zur_gesetzgebung-data.pdf).
54) 参照、連邦省共通執務令 7 条 1 項 (Gemeinsame Geschäftsordnung der Bundesministerien (GGO))「原則として、連邦省は総局と部…に分けられる。」
55) 参照、Charles-Henri Montin (2012), Legistics and the Quality of Legislation in France, pp. 2-3 (Source: http://www.montin.com/documents/legistics.pdf).
56) 参照、行政裁判所法 2 条 (Verwaltungsgerichtsordnung (VwGO))「行政裁判権は、州においては第 1 審行政裁判所と一の上級行政裁判所に置かれ、連邦においては連邦行政裁判所…に置かれる。」
57) 参照、行政裁判所法 1 条「行政裁判権は、行政組織から分離された独立の裁判所により行使される。」
58) 最初の数年間、修習生はバイエルン内務省の業務を習う。後の行政と行政裁判権の間の異動は省の人事ポリシーの一環である。参照、https://www.stmi.bayern.de/assets/stmi/min/ausbildungundkarriere/stmi_juristen_a5.pdf).
59) 参照、行政裁判所法 42 条 2 項「訴えの提起は、原告が自らの権利が行政行為又はその拒否若しくは不作為により侵害されたと主張するときに許される。」
60) 行政裁判法 L111-1 条。
61) Constitution de la République française du 4 octobre 1958 第 38 条 2 項 1 文、Code de justice administrative 第 L112-1 条 1 項 1 文、Constitution de la République française du 4 octobre 1958 第 39 条 2 項、 Code de justice administrativ 第 L112-1 条 1 項 1 文。
62) Constitution de la République française du 4 octobre 1958 第 37 条 2 項、Code de justice administrative 第 L112-1 条 2 項 1 文。
63) Code de justice administrative 第 L112-2 条。参照、Jérôme Pause (2008), Der französische Conseil d'État als höchstes Verwaltungsgericht und oberste Verwaltungsbehörde, Peter Lang, Frankfurt am Main, p. 158.
64) Code de justice administrative 第 L112-3 条。
65) Décret n° 2015-1449 du 9 novembre 2015 relatif aux conditions d'accès et aux formations à l'Ecole nationale d'administration 第 40 条 1 項 1 文。

66）　参照、Code de justice administrative 第 L133-6 条。
67）　Jérôme Pause（2008）, Der französische Conseil d'État als höchstes Verwaltungsgericht und oberste Verwaltungsbehörde, Peter Lang, Frankfurt am Main, p. 142. 1998年のコンセイユ・デタ裁判官90人のうち4人のみが任官前にENAを経由していないという事実を指摘する。
68）　このいわゆる「客員裁判官（tour extérieur）」について参照、Code de justice administrative 第 L133-3 条ないし L133-5 条、L133-7 条。
69）　参照、連邦憲法裁判所1993年12月10日判決-2 BvR 2134/92, 2 BvR 2159/92（paragraph 79）。
70）　Chris Shore（2006）, Building Europe : The Cultural Politics of European Integration, Routledge, London and New York, p. 172（EUの委員会の内部領域に関して）; Klaus H. Goetz（2000）, European Integration and National Executives : A Cause in Search of an Effect ?, West European Politics, 23 : 4, pp. 211-231.
71）　Peter Nedergaard（2007）, European Union Administration : Legitimacy and Efficiency, Martinus Nijhoff, Leiden, p. 2.
72）　たとえば参照、András Torma（2011）, The European Administrative Space（EAS）, European Integration Studies, 9 : 1, p. 149（149）.
73）　委員会の任務の概観について参照、https://europa.eu/european-union/about-eu/institutions-bodies/european-commission_en#what_does_the_commission_do？及びhttp://www.europarl.europa.eu/atyourservice/en/displayFtu.html?ftuId=FTU_1.3.8.html.
74）　総局の全リストにつき参照、https://ec.europa.eu/info/departments.
75）　参照、John Peterson（1999）, The Santer era : the European Commision in normative, historical and theoretical perspective, Journal of European Policy, 6 : 1, 46（49）.
総局の職務範囲は、国内の省庁の場合よりも狭く引かれていると指摘する。
76）　https://epso.europa.eu/how-to-apply_en「正規職員の契約は、…厳格で開かれた競争手続の後に与えられる。」
77）　https://epso.europa.eu/career-profiles/law_en
78）　参照、Antoine Vauchez（2008）, The Force of a Weak Field : Law and Lawyers in the Government of The European Union（For a Renewed Research Agenda）, International Political Sociology, 2 : 2, p. 128（133）.

2 イギリス中央政府における法律専門家
　―ジェネラリストの官僚文化における主要専門家―

ガーヴィン・ドゥルーリー

（訳　田中　孝和）

「この国の公衆は専門家にうんざりしている」
（Michael Gove 議員　2016 年 6 月）[1]

1　はじめに

　本節の焦点は、イギリスの公務員制度における職業上の資格を持った「スペシャリスト（specialist）」としての法律家の役割に関して非法律家である「ジェネラリスト（generalist）」の同僚の役割との関係及び対比を検討することにある。公務員法律家は政府が利用できる法律専門家の唯一の源ではないということを最初に認めなければならない。―しかし彼らは助言を求める大臣又は上級公務員にとって最初のよりどころである。すなわち、彼らは立法の草案に特に重要な役割を果たす。彼らは、裁判所で政府を代表する。また政府の機構を円滑にはたらかせる必要がある様々な別の法律業務を引き受ける。

　本節の前半では、「ジェネラリズム（generalism）」の意味をみることにより、また公務員法律家が提供する様々な種類の法律専門知識が政府の業務に貢献する状況を広くみることにより予備的な説明を行う。本節の後半ではなぜ公務員法律家によって行われる専門的な貢献がここ 50 年ほどで重要さを増してきたのかを説明し、その後、「誰が何をするのか」―主な関係者の概観及び政府の法律家が配置されている政府の機関についてみていく。

　法律及び法律作成に対して法律専門家が寄与することに関する議論はなんであれ、議会―イギリスの国会―へ言及を含まなければむしろ奇妙であり、

また、本節は議会における法律専門知識に関する短い記述を含んでいる。しかしその部分の簡潔さは、政策策定、議会制定法と議会制定法に基づく委任立法（delegated legislation, 命令）の制定を通じて政策決定に法的影響を与える立法過程が実質的に政権幹部により運営されるという事実から説明される。後者は首相及び他の政府の大臣（慣律によって、議院の一院あるいは他の議院の議員であることが要求される）を含む。大臣は政党の政治家であり、政治的に中立な公務員により助言を受ける。そのいくつかの助言は専門的な法律家がするが、後述のように、公務員の主要な助言の役割は法律上の職業上の訓練を受けていないジェネラリストが引き受けている。議会は議会自身で官僚の基盤を有するが、議会の職員がほとんどジェネラリストであり、—給料、年金、身分の保障など—対する公務員と実務上同一の条件で雇われているとしても、公務員ではない。彼らは「議会」に仕え、公務員は「国王」—たとえば政府の行政部門に仕えている。

　厳密にいえばイギリスは連邦国家ではないが、歴史的かつ文化的に異なる4つの国から構成されており、スコットランド、ウェールズ、北アイルランドでは、実質的な権限が準自治的に選挙された立法府と行政府に委ねられている。この論考ではイングランドとウェールズを対象とし、独立した司法及び官僚的な仕組みをもつスコットランドと北アイルランドを直接の対象とはしない。またスコットランドについてはUKの残りの国と多くの重要な点で異なる法システムを持っている。またウェールズは自身で選挙される議会と自身の行政府を有し、実質的に委ねられた権限を行使するが、その法システムはイングランドのそれとかなり統合されており、両国はこの議論のためにひとまとめにされ得る。

　さらに留意点として本節で挙げられる人員数は必然的に概算となっている。最近の政府の緊縮経済政策はイギリス中の公共部門の予算を実質的に縮小し、国家機関に雇用されている人の数はすべての水準で一般的に下向きの軌道になっている。これはとるに足らない不確実さをここであげられる事実の詳細にさしはさむだけではなく、公共部門の管理者が自由に使える人員の顕著な減少にいかに対処するかという直面し続ける難問を考慮している。職

員の数の削減は、国家に雇用される多くの者の労働負担を増加させ、このことはこの議論の主題である公務員法律家にもあてはまる。

2 イギリスの公務員の概観

各々の国の公務員は自国の独自の特徴を有し、実際公務員という用語——翻訳すると多くの言語学上のバリエーションがあるが——は様々な国で様々なことを意味する。多くの国では、その用語（あるいはその国の言語上の等価物）は一般的にすべてあるいはほとんどすべての国家の雇用者に対して適用される。イギリスでは、公務員ははるかに排他的に政治的に中立である中央政府の省庁あるいはエージェンシーの雇用者であると定義される。この狭義の定義は国家の給与支払者名簿にある多くのカテゴリーの職員を対象外にする。特にこの定義では約350万の地方公共団体及び国民健康サービス（National Health Service）の職員を対象外とし、公共セクターの重要部分がこの理由から本節では論ぜられないこととなる。すでに総勢約2,500人の議会職員が公務員として含まれないということを記しているが、これらについては後に何らかの言及をする。

したがってイギリスの約500万人の国家雇用者の約10％のみがこの定義でカバーされる。すなわち、これにより、総数約50万人の公務員（フルタイムに相当）が対象となり、うち27,000人（ほぼすべてが大学を卒業する）は上位の政策に関わる等級であり、4,000人が上位5等級の上級公務員（Senior civil services: SCS）である。上位の等級のうち、約2,000人が職業上の資格を持つ公務員法律家であり、そのうち、約160人が上級公務員である。これらの法律家の組織と配置は本節で後ほど論じられるが、まず「ジェネラリスト」と「専門職（スペシャリスト）」——公務員法律家は後者の重要なサブカテゴリーである——の区別の重要性を説明する必要があろう。

2 イギリス中央政府における法律専門家

3 イギリス公務員のジェネラリストの伝統

　イギリスの行政の主な特徴は、大陸の近隣ヨーロッパを含め他の多くの国とは異なっている点であるが、公務員においてジェネラリストの伝統を長年遵守していることである。この特色は、もともとは政府の科学者の助言的役割に関連して Sir Winston Churchill[2] が述べたことに起因している。専門家が「いつでも使えるべきであるが、トップであるべきではない (on tap but not on top)」という度々繰り返される主張に反映されている。特定の職業上の専門知識を有する公務員は求められたときに意思決定者に利用可能な専門の助言をするべきであるが、彼ら自身が意思決定過程を導くべきではない。

　この伝統の起源の一番の手がかりは 1854 年のノースコート・トレヴェリアン報告書 (Northcote-Trevelyan Report) でみることができる[3]。それは細分化され、ときに腐敗しまた悪名高く非効率であり、大臣の情実で任用された公務員がゆっくりと新たに工業化されますます都市化された社会を管理する目的に適合した一貫した組織へと近代化する過程の始まりであった。当該報告書は、財務省により委託された公式調査に基づき、最上位の公務員の Charles Trevelyan 及び優れた議会議員であった Sir Stafford Northcote が率いたものであるが、将来のすべての公務員の任命は、競争試験を行うための独立委員会の設置とともに公開の競争により果たされるべきであるとした。重要な点はこれらの試験は「あらゆる場合において文学の試験の競争をすべき」―すなわち、職業上のあるいは技術的な科目よりむしろリベラルアーツや人文科学、ということが求められた。

　上位の職への試験は「この国における最高の教育を叙述するレベルであるべきである」、それは上位の大学、特に昔からある大学であるオックスフォードやケンブリッジ（通常「オックスブリッジ」の名のもとに一つにまとめられる）の学位に相当することを意味する。当時後者はいまだに宗教的な基盤の多くの特徴を維持し、主に古典（ラテン語や古代ギリシャ語）のカリキュラムを教え、ほとんど独占的に上流階級の貴族の経歴を有する裕福な男性が通っていた。したがって、（いくぶんかつてより今は正確さに欠けるが）「オックスブリッ

ジのエリート主義」という非難が続いている。大学のシステムは、公務員のように、19世紀の半ば以降広範な拡大と現代化の過程を経験するが、しかしその興味深い話は本節の範囲を超える[4]。

　政府の多くの大臣はノースコート・トレヴェリアン報告書の勧告に対して情実任用の権限を失わせる考え方に抵抗し断固反対した。それにもかかわらず、あらたな雇用政策の履行を監視するために独立した公務員委員会（人事院）が1855年に設置された。しかし、抵抗の継続は大臣の情実任用が消滅するのに時間がかかることを確実にし、そのくぼみは1890年代まで残っていた。公務部門は法律家を含め19世紀の終わりまでには段々と多くのスペシャリストの雇用を始めた。そしてこの傾向は第1次世界大戦後に加速した。この時までにジェネラリストの支配の文化は確固なものとして定着した。

　技術者、科学者、法律家のようなスペシャリストの公務員が多くの上位の地位を保持し、また、公務員がそれらの業務をするために行政法や他の関連する科目の訓練を受けているほとんどの他の西ヨーロッパとは対照的に、なぜ、イギリスはジェネラリストの伝統に強く結びつくようになったのか。1960年代にさかのぼると、V. M. Subramanian教授は、ジェネラリストの伝統の発生はイギリスの代表民主制の独自の2段階の進化の観点から説明可能であるとの興味深い示唆を提示している。

　Subramanian論文によれば、そのイギリスの側のストーリーは啓蒙貴族や土地を所有している上流階級が権力を君主から取り上げた17世紀を発端とする。この段階では行政構造が未発達であり細分されていた。18世紀には政府には「素人（lay）」伝統（当時地方の治安判事が多くの行政の局面で重要な役割を果たした）と地方の「地主階級（squirearchy）」—高いステータスの土地所有者—に対する権限の分権化の統合がみられた。その後19世紀半ばには（その間産業革命が政府の援助や、技術的に訓練された公務員の支援なしに発生している）政府の機能は拡大した。選挙権の拡大は次第に意欲的な政策の計画を選挙民に提供することにより互いに得票のために競争をする組織化された政党の興隆を導いた。大臣らはやっかいで事細かな行政及び政策決定につい

て、彼らと同じく社会的、古典的教育の背景のあるジェネラリストの助言や補助に頼るようになる。

V. M. Subramanian[5]はこの 2 段階の過程とフランスやプロイセンでイギリスよりもさらに突然にかつかなり後に発生した、絶対君主から代表民主制への 1 段階の変化を対比した。ヨーロッパの君主は強力で、技術的に熟練した行政の組織によって彼らの地位を支え、それは民主的な後継者に引き継がれた。啓蒙ジェントルマンもリベラルアーツに基づいた教養に対する敬意も流行せず、したがってジェネラリストの行政官に特定の場所を用意する素因もなかった。大臣たちは、この強力な政府の仕組みの運営と技術系官僚とのコミュニケーションをとることにつとめ、国有の職員を有する顧問団をまわりに集めた。このモデルはいまでもフランスやその他で見受けられる[6]。

それでは、ジェネラリズムとは実際どういう意味であろうか。この用語の中心となる定義は「ジェネラリスト」行政官に対する採用前の教育上の入省資格にある。それは、19 世紀の改革以来、すべての科目でよき大学の学位に到達していること（それに、競争の面接及び実務的な試験でのよきパフォーマンスが続く）であった。イギリスの公務員の高次の行政官の職への新入者は、フランスと対照的に集中的な採用前の訓練を経験しておらず、ドイツのように法律の訓練を受けることを期待されない。加えて、彼らに対する入省後の訓練もまた、限定的でアドホックのものである―以下で扱う。

「専門職（スペシャリスト）」の公務員の雇用のための競争はジェネラリストの競争とは全く別に行われ、主に採用前に求められることは、経済、医学、会計、工学、法律など関連する分野における強力な職業上の資格である。

4 ジェネラリズム―フルトンの批判

上級公務員（higher civil service）における「ジェネラリスト」の歴史的支配は何年にもわたり多くの批判を受けていた―そのいくつかは彼らを一流ではないと考えて対処されていることを不快に思う「スペシャリスト」からの批判であった。また、いくつかの政治的批判は主に左翼思想のイデオロギー領

域にあり、それはジェネラリストから、現代的、民主的、平等主義的な社会には不適切な 19 世紀の社会エリート主義への後戻りを連想するような傾向にあった。

　これらの両方の批判は、Harold Wilson 労働党政権時に公務員制度の調査に基づいて 1968 年に発行されたフルトン報告書（Fulton Report）に反映された[7]。1951 年から 1964 年まで保守党政府が続いている間、野党として、不遇をかこっていた労働党は、上級公務員の社会エリート主義及びイデオロギー的保守主義であると認識していたものを長い間批判していた。そして、この批判的な認識はフルトン調査の文脈と論調を設定した。

　報告書はジェネラリストの文化の「アマチュアリズム」と社会エリート主義を批判した。ジェネラリズムに対する解毒剤として、さらなる訓練の提供を勧告し、当該勧告に基づき、主にジェネラリストに対する短期コースを通じて、入省後の特別の養成を提供するために、公務員大学校（Civil Service College）が設置された。2012 年大学校（そのときまでに国立政府学校 National School of Government に改名された）はコスト削減のため閉鎖された。ジェネラリスト公務員は何ら訓練を受けていないとの示唆はかなりの誇張だろう。しかし、正式かつ体系的な採用後の養成が最優先とされてこなかったということはおそらく正しいだろう。19 世紀のジェネラリスト文化が生き残っていることはこのことに対する説明の重要な部分となる。

　フルトン報告書の主要な勧告の大部分は、法律家を含めたスペシャリストがひどく軽視されており、さらなる卓越した役割と高い地位を認めるべきであるという確固たる結論に由来していた。問題の一部は、公務員がその当時―そして大部分はいまだに―並列したヒエラルキーに組織され、ジェネラリストのキャリアパスと様々なスペシャリストのグループはそれぞれ別に定義されていたという事実に端を発する。これらのヒエラルキーの一つは政府法務サービス（Government Legal Service）であり、それは本節の後半で詳細にみることになるだろう。フルトンはスペシャリストとジェネラリストのこの構造の分離が遅延と非効率を生み出し、スペシャリストに通常それぞれの職業と関連している完全な責任（responsibility）を行使させず、意思決定のレスポ

ンシビリティとアカウンタビリティの線引きをあいまいにしたと論じた。フルトンはこれらの異なる領域を統合するための公務員の全域での統一的な等級構造の導入を主張した。

　結果として、この提案を実行する任務を与えられた公務員自身が消極的でありほとんど実現しなかった。等級構造の若干の合理化はなされたが、ヒエラルキーの統合への唯一の重要な進展は、公務員の最上位のレベルでの３つの最高等級に関する「オープン構造」の創設であり、ジェネラリストかスペシャリストを問わず（ともかく理論上は）最も適任の候補者で満たされる。しかしこの変更の結果、多くのこれらの上位の地位がスペシャリストで満たされているものの、現実には、すべてのこれらの職はスペシャリストの業務内容となっている。非常に少ない最上位の公務員法律家、たとえば以下で論じる法律顧問長官（Treasury Solicitor）や公訴局長官（Director of Public Prosecutions）は最高位の事務次官であるが、これらの地位は十分に資格を持った職業上の法律家に対してのみ開かれている。反対に、法律顧問長官は、たとえば教育あるいは保健省の事務次官の地位を真剣に検討することはないであろうし、検討されることも望まないだろう。

5　法律家—特殊なスペシャリスト？

　フルトン報告書は公務員におけるスペシャリストの専門家に対する過小評価に、切望していた注目を浴びせた。そして公表されたときは広く歓迎されていたにもかかわらず、フルトン報告書の勧告は単に部分的かつ選択的に実行されたに過ぎなかったが（いずれにせよそれらは 1980 年代のサッチャー政権における変革である「新公共管理（new public management）」によりすぐに追い越された）、スペシャリストの公務員の地位は過去半世紀である程度改善されたということはたぶん正当だろう。また、オックスブリッジのエリート主義の名残りがあるにもかかわらず[8]、ジェネラリストの行政の等級で社会又は教育上の雇用の背景はかなり広がったのも事実である。しかし、政策策定又は大臣への助言に関していえば、通常それを先導するのはいまだにジェネラリス

トの行政官である。すなわち他のスペシャリストの同僚と同様、公務員法律家は、かつてほどではないが（その様々な理由は以下で説明する）、なお「いつでも利用可能である」という状況に大きな変化はない。

それにもかかわらず、法律家は他の分野のスペシャリストに対していくぶん卓越した面がある。彼らは他の職業上の業務の分野よりも長い間政府の周辺に居続けてきており、そして他の国々と同様イギリスにおいても、政府の内側において彼らの影響は特に重要であり広がっている。19世紀のフランスの評論家である Alexis de Tocqueville はかつて次のように指摘していた。

「法律家は人々が疑いを抱かない唯一啓蒙された階級を構成するので、彼らは自然にほとんどの公の地位を占拠することを求められる。彼らは議会をうめ、行政を行う。すなわち彼らは結果的に法の形成及び法の執行に強い影響力を与える[9]。」

Tocqueville の分析は今日では、時代遅れのように思われるところもあろう（イギリスから独立を勝ち取った直後に、彼は革命後のアメリカ合衆国を観察していた）。しかし、法—又はそれを実践する法律家—がいまだに社会の結合と政府の権限を保護するための決定的な道具であるということは依然として事実である。国家による法制度は公共サービスの重要な部分である。そして（立法を通じた）法は公共政策を伝えるための主要な道具である。憲法—かなり独特であるが、憲法典を持たないイギリスにおいてさえ—そして行政法が公務を遂行するための規範の枠組みを提供する。あとでみるように、イギリスにおける法律家公務員の多くの日常業務は、決まりきったものであるが、政策策定や法律又は委任立法の形成又は草案作成に対する専門的な法律上の助言の提供による相当の影響力もある。

しかし、この文脈で「法律専門知識」は何を意味するのだろうか。実際、法律専門家が政府に対してする貢献は多くの様々な形態をとる。

2 イギリス中央政府における法律専門家

6 どのような法律専門知識を政府は必要とするのか？

　40年前法律業務に関する王立委員会[10]での証言で提出された公式の覚書は、公務員法律家は4つの主要なカテゴリーの業務を行うことを確認した。これらのカテゴリー（それは、われわれの現在の目的のために筆者が若干修正しているが、今日なお広く有意義である）は以下のようになっている。

① 通常のソリシター業務

　これらは独立したソリシターが彼らの依頼者に対して提供するサービスにほぼ近い。すなわち、「訴訟や不動産譲渡手続、商事上の取り決めの交渉、様々な種類のクレームに関する助言が多くの政府の法律家のすべてあるいは一部の時間を占める」。訴訟に関する限り、司法審査（以下で扱う）—国家に対する市民あるいは民間の団体が着手する公法訴訟—には、特に言及すべきであろう。その法的な基礎と位置は独特であり、「通常の」ソリシターのサービス（司法審査事件は王立委員会の時代よりもはるかに多くの数になっているが）として位置付けることには十分疑問符が付けられる。

② 法的助言業務

　これは通常の個人開業の範囲を超える業務であり、政府の法的権限並びに憲法及び行政法に関係する。法的助言者は「また政府の政策の展開に含まれる法的及び実務上の意味合い及び毎年まとめられる大量の立法の準備に関わる。法案作成の作業及び下位の立法の草案作成の作業は経験を積んだ省に対する助言者でも大変時間を費やす」。実際、助言の業務は①のカテゴリー—特に訴訟（又はいかに訴訟を回避するか）から解き放つことは困難である。そして、立法草案の作成は助言業務と結びつくとは言え、それ自体別の範ちゅうに相当する（⑤以下をみよ）。後にみるように、外務及びコモンウェルス事務局（Foreign and Commonwealth Office）（訴訟にも立法にもあまり関わらない省）が極めつきの複雑さの国際法（EU法を含む）及びコモンウェルス法を専門とする自省の法律の助言者を有していることも付言しておこう。

139

③　訴追

ここで関係する主な省は国王訴追局（Crown Prosecution Service）及び重大不正監督局（Serious Fraud Office）であるが、他省の法律家（たとえば歳入及び関税局（Revenue and Customs））もまた訴追業務に関わる。

④　公衆に対する直接のサービス（司法システムの行政も含む）

このカテゴリーは、土地登録局やチャリティ委員会のような、大臣の省の本流の外にある専門的なエージェンシーにおいて法律家がする業務をカバーしており、これらの法律家は通常の意味の法を実践するのではなく、特定の制定法の管理に主に従事している。この表題に司法自身—裁判所、審判所、法律扶助など—の行政を支えている官僚的な支援を含めなければならない。司法省の裁判所及び審判所エージェンシー（Courts and Tribunals Agency）は、この点で主要な役割を果たしているが、後述のように、司法長官が率いている上級裁判官自身が現在、裁判官の業務と経歴を管理する重要な役割を果たしている。

これら4つのカテゴリーに対してすでに言及された以下のものが加えられるべきである。

⑤　立法の草案作成

イングランドとウェールズでは法律は法制局（Office of the Parliamentary Counsel）が草案を作成する。省の法律家は法制局への指令を準備しまた連絡をとり、自らは命令の草案作成に責任を負う。外務及びコモンウェルス事務局の法律家は国際的合意の草案を作成しあるいは草案作成を監督し、属領（dependent territories）の統治構造を構築しあるいは修正する枢密院勅令を含め、従位法の草案を作成する。

そしておそらく6つ目のカテゴリーがあるが、それは「政策の助言」「司法行政」「立法草案作成」をこえる。

⑥ 法律の改正

　法律家は一般に、そして政府の法律家は特に、法の状態と正義の仕組みの円滑な動きに特別の専門的関心を有する。「法律家の法」の文言は、ときに非法律家にはほとんど関心のない技術的な立法の領域を示すものであった。法制局（及びスコットランド法務省）の草案作成者が支援している、イングランド及びスコットランドの法律改正委員会はこの領域において特別の役割を果たしている。しかしながら、それ自体は専門的な法律の業務と同様にどこにでもある職業上の関心であるとして法律改正を考えることがおそらく適切である。法律は商売道具であるので、公務員法律家は、省と政府の立場からと同様に法的専門の立場から常に政策と立法の変更をみるものなのだ。

　われわれの焦点をいまなされたコメントに少し移すと、政府における法律の役割は、時には法律家の仕事と隣接するが、必ずしも常にではないということを心にとどめておくべきである。したがって政府の法律家の業務のリストとして、上述の管理、政策策定、立法のようによく知られた（しかし重複している）機能があげられ、それに対して法律家は特別の貢献をするが―公務員のジェネラリスト文化の下で―その貢献は排他的なものではない。それはまた、法律の運用を通じた正義の管理や公共サービスの提供という政府の実質的な機能に関連する一群の仕事を特定する。われわれはまた、上級レベルである公務員法律家は行政官であり経営者であること、「法的な仕事」（たとえば、税務調査官による歳入法の運用、福祉の給付の配分あるいは司法省の裁判所及び審判所サービスが雇用している大勢の行政官による日常の裁判所の運営）は非法律家により遂行されるということを覚えておかなくてはならない。

　さらに公式の法的な仕事のカテゴリーの行間には重要な2次的機能が隠されており、その説明は様々で正式ではない言葉を必要とする。したがって法律相談は「トラブル解決業務（troubleshooting）」（誤りの発見と修正）のカテゴリーに入るともいえよう。堅実な法律専門知識による決定の補強は民間部門の外界（それはまた自身の法律家を雇用している世界）の疑いを持った視点でこれらの決定を正当化するという重要な目的に役立つであろう。法律家は政府

の本質的に知的な集合ネットワークの一部であり、司法上のルールのような法律の発展に注意し、それらを非法律家の意思決定作成者が理解しうる形式に転換している。

　政府が多くの重要な目的で法律家を必要とするのは自明だと思われる。ジェネラリストの支配が持続する中で、法律専門知識の重要性が近年かなり上昇していることも確かであるように思われる。これに対する一つの説明は行政法の拡大にある。他にもヨーロッパ法の影響が増えてきていることも要因であった。他に考えられる要因は新たな形式のコミュニケーションと情報技術の影響である。次にこれらをそれぞれ順番に検討する。

7　公務員法律家と行政法

　イギリスの行政官の背景とドイツやフランスの行政官に行われる養成を対比して、C. H. Sisson は、多かれ少なかれ行政の階級[11]に一致するタイプの大陸の行政官は、通常法律家であり、法律の分野—すなわち行政法を専門としており、それはほぼ直接に政府の機能に関係していると指摘している[12]。ヨーロッパの官僚の上級の職員とは異なり、スペシャリストではないイギリスの公務員は行政法の訓練を受けていない。フランスの公務員は長年行政裁判所による監督に慣れている。ごく最近までイギリスは行政裁判所も持っていなかった。

　いずれにせよ Sisson は 1950 年代に書いているが、その当時、明確な学問分野として行政法が広く認識されておらず、イギリスの法学部のカリキュラムの一部として教えられていなかった。このことの説明を求める者は、しばしば卓越しかつ、影響力を持つオックスフォード大学法律学教授のダイシーに責任を帰してきた。ダイシーは、19 世紀及び 20 世紀においてフランス行政法をフランスの国家の職員を通常の市民に適用している法とは異なる法に従わせているという理由で—ダイシーは間違って考えていた—法の支配に反すると非難した。イギリス行政法の興味深い歴史のあれやこれやの側面とゆっくりした発展については、他の文献にて述べており[13]、ここでは繰り返

し言及する必要はないだろう。

この 50 年ほどの間でその状況は劇的に変化した。現在、行政法は法曹が扱い、コア科目として法学部にて取り扱われ、その科目に関するたくさんの教科書がある。1960 年代には行政法に対する司法的な態度が変化し始めた。20 世紀の前半、イギリスの裁判官は、政府に対して虐げられた市民が提起した事件を支持することに積極的でないというあまり有難くない評判を得ていた。しかし、1960 年代 Lord Reid（当時、貴族院上訴委員会（Appellate Committee of the House of Lords）を主催している上級裁判長（senior presiding judge）であった）のような先駆的な裁判官に刺激され、裁判官が請求に対してより大胆にまた強い態度を取り始めた。1970 年代から 80 年代にかけて、司法審査の手続は簡素化され、単純化された。さらに主な改革として、1999 年には、上級控訴院裁判官（後に司法長官）である Lord Woolf が請け負う民事司法の主要な審査に基づく[14]、民事手続規則の抜本的な改正が続いた。

一部にはこれらの変化のため、政府に対する司法審査手続の数は、近年、大幅に拡大した。1980 年には、司法審査申請はわずかに 491 件だった。しかし現在は年間 12,000 件ほどある。行政審判所にもたらされる上訴の数はまた徐々に増加し、最近の改革は、審判所制度—歴史的に行政的正義に対する比較的インフォーマルな手段を提供していた—を司法制度の主流に統合した[15]。2000 年には、高等法院女王座部（Queen's Bench Division of the High Court）に一部門として行政裁判所（Administrative Court）が設置され、行政上の決定に対する司法審査手続や制定法上の上訴を主に取り扱う。

この間、1967 年には[16]、中央政府及びエージェンシーが過誤行政の結果不正を惹起していることにつき公衆の苦情を調査するために独立の議会オンブズマン（Parliamentary Ombudsman）事務局が創設された。オンブズマンの任命の条件は裁判官と同様であるが、他の多くの国と異なる点は、イギリスのオンブズマンは法的あるいは司法上の資格を求められないことである。

ここ数十年程で、行政法はイギリスの行政のさらなる卓越した特徴となった。このことは必然的に公務員法律家の役割と業務に重大な影響を与えることになった。同時に行政法の拡大と司法審査手続の影響の増大はジェネラリ

第Ⅱ部　行政過程における法の担い手

ストの行政官の間で法的専門知識が欠如したままであることの暴露を生じている。1980 年代、サッチャー政権は主な公共セクターの「新公共管理」改革に着手し、それらの計画に対する法律上の障害を回避することに時に性急だったと思われる。公共団体は裁判所における申立て数の増加に直面し、それらの多くは訴えが認められた。政府は公務員における非法律家に対するハンドブックの準備により応じた。それは「肩ごしの裁判官（*The Judge over your Shoulder*）」と呼ばれ、「政府の決定が行われた法的環境を理解し、法律上のリスクの影響を評価することを手助けするため」法律顧問省（Treasury Solicitor's Department）が草案を作成した。この文書はのちに修正され（たとえば 1998 年人権法の制定に配慮するため。以下でみる）、最近の版は 2016 年 7 月に公表されている[17]。

8　「ヨーロッパの」次元

　イギリス政府の運営において法の重要性が大いに増しているもう一つの一連の主な原因及びそれゆえ政府の法律家の注目が生じているのは、―現在 2016 年の「ブレクシット（Brexit）」国民投票での結果再交渉されている―イギリスとヨーロッパ大陸の近隣諸国との関係が密接になったことである。この巨大な問題は本節では利用可能な紙幅で簡潔に触れるにとどめる。この議論に関わる 2 つの主要な側面―別物であるが相互に関連する―がある。

　第 1 に自明であるがイギリスはヨーロッパ連合のメンバーであり、1973 年 1 月 1 日に施行された 1972 年欧州共同体法（European Communities Act）によって制定法の影響を受けている。イギリスの膨大な量の立法―法律又は委任立法―は、加入以来 EU の意思決定で考案され制定される。また EU 法の解釈に関する問題で、ルクセンブルクの EU 裁判所のルールが権威を有し、多くの状況においてメンバー国の裁判所を拘束している。EU 法の普及と複雑さのためイギリス政府のすべての部門が EU 法の専門知識に対する絶え間ないアクセスを求めており、そのことは長い間ホワイトホール中の公務員法律家の知識や技能の不可欠な部分であった。

第 2 の、別物であり、しかし無関係ではないが、ヨーロッパの次元はヨーロッパ人権条約（European Convention on Human Rights）の規定に対するイギリスの責務であり、イギリスの裁判所で特に司法審査手続で人権問題の裁断を可能にする 1998 年人権法（Human Rights Act）により、イギリス国内法に正式に記された。行政官がすべての決定について、条約の下に、イギリスの責務への一致を確保しなければならないだけではなく、立法者及び立法の草案者はその生産物が条約に準拠していることをも確保しなければならない。これは省内の立法専門知識がいつも必要とされるもう 1 つの領域である。

これらヨーロッパへの関与の実質的な意味合いとは別に、より明らかでないものの、行政文化に関する重要な意味合いがある。イギリス憲法はいまだに法典化されていないが、EU の条約及び人権条約に対する義務は、両者とも領土外にあるヨーロッパの裁判所が解釈し、適用し、自国の主権に関して準憲法的な強制として作用している。大陸ヨーロッパと EU 及び欧州評議会の官僚文化は強力な法律尊重主義であり、イギリス政府にはその文化が浸透するようになった。重要なブレクシットの副作用の 1 つ—イギリスの主権を再生することが必要な段階であるとして多くの人々が EU の離脱を正当化することを求めるキャンペーンをしていた—は、結局は政治や政府の法律尊重主義ではない方へ逆戻りすることとなるかもしれないということである。しかし、もしそうであっても、このことは突然には起こらないだろう。

9 情報技術

政府法律家へのインタビューから収集したデータを用いた Ben Yong 博士による興味深い研究は、意思決定過程における法律家の役割に関する情報技術の重要性について興味深い発見を含んでいる。彼は 1990 年以後、特にメールやイントラネットのネットワークのようなホワイトホールにおける新たな IT システムの発達により、省の法律家に、それまでは、後の段階でコメントに対してたくさんの書類の束が送られたけれども、その時までに政策の方向性がすでに決定していたのと異なり、省の法律家が議論の早い段階で

政策文書のコピーを受け取るようになったということを記している。
　「政府の法律家は今規則的に電子メールのコピーを受け取り、進行中の政策の発展の議論に貢献している」[18]。Yong はこのことはジェネラリストの同僚によりすでにされていた決定に専門外の立場で評論する、より限定された機能—「いつでも利用可能である」—の代わりに、彼らを政策チームのメンバーとしてその過程を組み込むことに効果があると示唆する。

10　イギリスの公務員制度において法律専門家はどこに配置されているか

　主に政府の法ビジネスの様々な側面に関係する政府の大臣とエージェンシーを明らかにしつつ、法律専門家[19]が公務員制度においてどのようにして配置されるのか、これからみていくこととする。

(ⅰ) 司法省

　イギリス政府の法律専門家の説明から司法省（Ministry of Justice）を省略することはむしろ奇妙であると考えられるが、これを含める理由は主に歴史的なものである。司法省の主な責任は裁判所と審判所の両方及び刑務所の管理と資金拠出である。閣僚の地位を有する司法大臣が司法省を率いており、彼は大法官の事務を維持し、実質的にはすべてのその公務員の職員は非法律家である。
　大法官（Lord Chancellor）—中世に端を発する役職—は常に上級のバリスターであって、それは政府の大臣としての役職を兼ねており司法の長官であるとともに、貴族院に在籍していた—そして憲法の「橋渡し」及び憲法の司法、行政、立法部門の間のコミュニケーションのチャネルとして務めていた。大法官省（かつての呼称）の上級公務員はまた職業上の資格を有する法律家であることを求められる。司法省は 2005 年憲法改革法（Constitutional Reform Act 2005）により設置され、同法により司法部門の長の地位は司法長官に移行し—彼は小規模の司法事務局を率い（以下でみる）、裁判官の配置、養成及

び統制の問題に責任を負う。司法権に対する国務大臣としての大法官は、もはや法律家であることを求められず、そして 2005 年法の施行以来、すべてが庶民院の議員であり、直近の職員は非法律家である。

(ⅱ) **裁判官及び司法事務局**

　司法事務局（Judicial Office）は司法省の一部門であり、約 200 人の公務員が職員であり、彼らのほとんどは非法律家である。イングランドとウェールズの裁判所及び審判所に対する行政上の支援を提供し、司法長官及び審判所の上級長官（president）に対して報告を行う。司法事務局自体は法律専門知識の十分な資源を持たないが、それを支援する上級の裁判官は権威のある法律上の意見─彼らが運営する裁判所における判決を通じてだけではなく、不定期なスピーチやレクチャー、議会特別委員会に対する証言（常に行政上の問題あるいは法律改革における技術的な問題にとどまる）を述べる。司法長官は司法組織に対する年次報告書を作成しこのことにつき貴族院憲法委員会の口述証拠会期で追及される。すべてのこれらの特別な司法上の文脈において裁判官は政治的に紛争のある領域の回避を求められ、実質的に裁判所において裁断しなければならない可能性のあるあらゆる問題の回避を求められる[20]。

(ⅲ) **法務総裁**

　法務総裁（Attorney-General）は、政府の法律事務局長（法務総裁に対する代理人は法務次官）であり、政府に対する法律上の助言に対して、また公務における法律家の業務に最終的に責任を負う。法律顧問長官（以下でみる）が、法務総裁に対して説明及び助言可能であり、事実上ほとんどの法務サービスの管理上の長である。政府の大臣として法務総裁は両院のうちのどちらかの議員であり、バリスターの資格をもっている。彼の主要な役割は彼の同僚の大臣に最高レベルの法律上の助言をすることであり[21]、注目を浴びる裁判手続において政府を代表し、法律問題に関して議会質問に回答することである。彼は他に多くの特定の責任（responsibilities）を負い、例として、事実審により言い渡された刑があまりに寛大であるため控訴院の刑事事件に言及す

るような場合がある。彼は約 50 人の職員を持ち、うち、12〜15 人が法律家であり、彼らは他の法律部門から出向している。

(iv) 法律顧問長官及び政府法務サービス

法律顧問長官の主要業務は 1655 年にさかのぼる[22]が、公務員法律家の役割の集中化は、政府法務サービスにおいて、最終的には、法律顧問長官が率いられて 1870 年代にはじまった[23]。長年自己の法律職に対して完全な管理のコントロールを維持したい様々な省庁の事務次官たちが集中化に抵抗していた。しかし今日法律顧問長官―事務次官としての地位―は（1,400 人の法律家と 600 人のサポート職員とともに）政府法務局（Government Legal Department）を運営し、政府法務サービスにおける約 600 人のほかの公務員法律家のキャリア管理を監督する。

政府法務局におけるほぼ 1,400 人の法律家が法律上の助言と民事訴訟に関わる。彼らはまたたとえば雇用法や商法の専門家でもある。実際、助言する法律家のほとんどが、業務の系統の管理者は法律顧問長官であるにもかかわらず、物理的に他の政府の大臣の下へ出向している。

(v) 法案の草案作成　法制局

法制局は 1869 年に設立され[24]、今では内閣官房の一部となっている。現在 47 人の法律家と 13 人のサポート職員がいる。事務局長、それは広義では政府法務サービスの一部ではないが、法制局長は、事務次官の地位であり、彼はしばしば憲法上又は立法上の問題について政府に助言する。法制局は省の法律家からの命令に従って、すべての法律の草案を作成する。しかし、従位立法（「元となる」議会制定法の規定に基づき公布された命令）であるときその草案は省の法律家が行う[25]。

(vi) 外務及びコモンウェルス局

外務及びコモンウェルス局の法律助言者の事務局は 1876 年に設置された[26]。今日この事務局は、（法制局のように）主要な政府法務サービスとは別

に、約50人の法律家と20人のサポート職員からなる。法律助言者の中にはたとえば、イギリスの任務のためにニューヨークやジュネーブの国連、ブリュッセルでのEUに対する永続代表（Permanent Representation）やストラスブールの欧州評議会（Council of Europe）のイギリス代表団のため海外に職がある者もある。事務局の主な業務は、期待されているものとして、人権を含め国際法上の分野における法律上の助言及び訴訟である。

(vii) 国王訴追局

国王訴追局は、1986年に設置されたが[27]、元々内務省の一部として公訴局長官率いる事務局が1880年に設置されている[28]。公訴局長官は事務次官としての地位であり、法務総裁と密接に業務を行い、彼に回答可能であり、それに基づいて法務総裁が議会において訴追関連の問題について質問に回答する。事務局は約7,000人の職員と2,900人の法律家が弁護士パネル（外部で雇用されているか自営）にあり、刑事事件に従事し、毎年約80万人を訴追する。

(viii) 重大不正監督局

重大不正監督局—法務総裁のもとで運営され、報告をする別組織—は大きく報道される多くの重大な金融上のスキャンダルに応えるために1988年に設置された[29]。調査及び訴追権の両方を有し、法律家及び法廷会計士（forensic accountants）を含め約300人の職員は上級の法律家である長官（director）が率いる。多くの業務は海外の管轄にまで広がる。

(ix) 国王歳入及び関税局

いくつかの省やエージェンシーは主流である政府法務サービス以外の法律の職員を雇用する。これらのほとんどは小規模であり、実質的な例外は国王歳入及び関税局（HM Revenue and Customs）のソリシター部局であり、おおよそ200人の法律家と200人のそれ以外の職員を雇用し、税及び関税義務に関して広く調査、訴追、訴訟機能を持つ。

11 議会における法律知識家

　立法の開始と草案作成は第一に議会の機能よりも行政の機能であることはすでに示したとおりであり、議会の立法と政策作成における役割は、個別あるいは連帯して大臣に対する説明責任に対処することであり、主に政府の行政権限及び立法と政策の提案の両方に対処することである。にもかかわらず、これらの機能を実行する際、議会両院及びその多くの委員会は、法律の助言を専門家に日常的に利用する必要がある。上級の庶民院の事務総長であるAndrew Kennonは最近、法律専門知識に対する議会の需要は変化し成長していることを示している[30]。

　法曹の支援は法案、EU指令の草案、委任立法の調査のために両院で必要である。この必要性は特に法律の助言の公式な情報源に対して接近していない野党に対して特に重大である。貴族院の議員とその同輩の中には法律に関する経歴を有している者がいるが、彼らは少数者である。彼らにとってかつて議会の業務は忙しい法実務と兼任可能なパートタイムの職業として考慮され得るという状態であった。しかしこれは可能でなくなって久しい。

　議員に対する法律上の助言の主な情報源は以下である。

・議長局が率いる小規模の庶民院法務サービス事務局がある。
・貴族院においてこれに相当する委員会議長に対する弁護士局がある。
・両院の特別委員会はしばしば法律の助言者を雇用する。特定の問題において調査を補助するためほとんどは一時的な任命であり、1日当たりを基礎に報酬を支払う。
・両院の図書館は議員や同輩に要点を伝えるための法律のスペシャリストの小規模なチームを雇用している。両図書館は時事問題に関して定期的にリサーチペーパーを公表し、その多くは法律上の議題となっている。
・貴族院はかつて―2009年まで、イギリスの最高位の上訴裁判所であった。その司法機能が、2005年憲法改革法の規定に基づき新たなイギリ

ス最高裁判所に移転した。現役裁判官と退職した裁判官の中にはいまだ貴族院の議員である者もあり、特に委任立法の調査のような技術的な領域において議論及び委員会の業務に対して定期的に貢献している。

12　おわりに

今日の公務員法律家とブレクシットへの挑戦

　法的文脈及び政府の意思決定並びに行政の内容がますます複雑になり、着実に利用可能な高い質の法律専門家の重要性がこれまで以上に明らかになっている。行政法の拡充は、ますます多くの政府の決定が紛争に巻き込まれ、最終的に裁判となることを意味する。また同じく重要なことに、非法律家の大臣と「ジェネラリスト」の公務員は、裁判所外であり続けるよう適法性の方向に常に導かれる必要が生じている。ヨーロッパ法は混合にさらなる複雑さを加え、またヨーロッパ裁判所の判決（EU 裁判所及びヨーロッパ人権裁判所）はイギリスの司法に大きな影響を与えている。

　これらのことはすべてジェネラリストの行政官がますます彼らの法律家の同僚に助言を求める義務があるということを意味している。IT システムの利用の増加は、法律家が日常的に省の伝達リストの中に組み込まれる傾向にあるということを示していると記した。そしてこれは彼らにかつてよりも早い段階で政策決定のループをもたらす。法律家は統合された省のチームの一部として彼ら自身がみられるようになり又は考えられるようになる。ほとんどの状況において、彼らはいまだに「トップ」であることからは程遠いが、単に「いつでも利用可能」であるという彼らの否定的な説明は事態の性質上、彼らの現代における重要性を非常に低く見積もっている。

　将来はどうなるであろうか。短期又は中期では、政府の協議事項は、おそらく、2016 年のブレクジットの国民投票の結果に支配される―心配な観察者は埋没するという―ようになる。約 40 年間以上メンバーであった EU から離脱し、その法的結果に取り組み、新たな取引と別の国際関係を形成することは、政府において又は政府の周りの皆にとって悲観的な見通しがあるだ

ろう—そして政府の法律家の専門知識は大いに必要であり、大きく引き延ばされるだろう。

それゆえ、政府のトップの法律家からのいくつかの言葉で終えることが適切だと思われる。最初に政府法務サービスを率いている法律顧問長官である。2016 年 12 月のインタビューで彼は「今年あなたの業務で最も重大な変化は何ですか」と尋ねられた。彼は「当然、ブレクシットです。EU の国民投票の結果は、EU を離脱するための法的プロセス、イギリスのヨーロッパとの将来の関係の選択肢とわれわれの国内法上の枠組みに対して必要である変更に関して大きな新たな業務の道を作りました。」と答えた[31]。その 10 カ月後の 2017 年 10 月、彼の上司にあたる法務総裁もまたタイムズ (The Times) 紙上での法律記者 (Legal Correspondent) によるインタビューを受け、ブレクシットのプロセスの大規模な法律上の重要性及びそれにおける政府の法律家の役割の重要性を強調した。「〔ブレクシット〕は何世代にもわたってすべての政府がしなければならない一大事です。このプロセスへの寄与を期待されることは大きな名誉であり、国家の未来に参与し、まさに寄与する機会であります。それは、政府にいるわれわれ全員がなすべきことであると私は考えます。」[32]

注

1) Michael Gove, The Secretary of State for Justice, speaking in a broadcast interview during the 2016 'Brexit' referendum campaign — dismissing the views of 'pro-remain' economists.
2) Quoted in Randolph S Churchill, *Twenty-one Years*, London, Weidenfeld and Nicolson, 1965, p. 127.
3) *Report on the Organisation of the Permanent Civil Service*, C. 1713, London, 1854
4) 大学改革の歴史的な概観について see Keith Vernon, *Universities and the State in England, 1850-1939*, London: Routledge, 2004. なお、大学における法学教育の簡潔な歴史的素描につき、第 1 部 4 参照。
5) V. M. Subramanian, 'The Relative Status of specialists and generalists: an attempt at a comparative historical explanation', Public Administration 46, 1968, pp. 331-40.
6) イギリス政府は最近、政府の省における「広範な大臣の事務局」を構築する意

図を宣言するに伴って同様のモデルへ移行しようとしているようである、See *Civil Service Reform Plans: One Year on Report*, London, Cabinet Office, July 2013, p. 31.

7) *Report of the Committee on the Civil Service, 1966-68*, Cmnd 3638, 1968. 議長であるLord Fulton、は大学の副学長として仕え、のちにBBCの総裁兼副会長となった。

8) 2014年に公表された公式報告書では、事務次官の57％がオックスブリッジの卒業生であった。*Elitist Britain?*, report by the Social Mobility and Child Poverty Commission, London, August 2014.

9) Alexis de Tocqueville, *Democracy in America*, 1835, Part 1, chapter XV.

10) Royal Commission on Legal Services, Final Report, Cmnd 7648 and 7648-1, 1979-80. Memorandum of Evidence by the Official Group on Legal Services, 'Lawyers in the Civil Service', 20 December 1976.

11) これはかつて高級のジェネラリストの等級に適用された用語である。この専門用語はフルトン報告の勧告に従って廃止された。

12) C.H. Sisson, *The Spirit of British Administration*, London, Faber and Faber, 1959, p. 39. Sissonは1936年補助主任として公務員（試用期間中の初級行政等級）となり、1972年次官（under-secretary）として公務員を退職した。彼はまた有名な詩人でもある。

13) 著者の説明をみよ、Gavin Drewry, 'Judicial Review: The historical Background', in M. Supperstone, J. Goudie and P. Walker, *Judicial Review*, 6th edition, Lexis Nexis, 2017, chapter 2.

14) Interim Report of Lord Woolf, London, Lord Chancellor's Department, July 1995 and Final Report, September 1996. See Charles Blake, 'Modernising Civil Justice in England and Wales', in M. Fabri and P. Langbroek (eds), *The Challenge of Change for Judicial Systems*, Amsterdam: IOS Press, 2000, pp. 37-45.

15) Tribunals, Courts and Enforcement Act 2007.

16) Parliamentary Commissioner Act 1967、議会オンブズマンはのちに国民健康サービスにおける過誤行政の苦情又はサービスの失敗に関して相似する管轄を獲得した。地方行政に対する別のオンブズマンスキームもある。

17) 公式ウェブサイトからダウンロードが可能。
https://www.gov.uk/government/publications/judge-over-your-shoulder

18) Ben Yong, *Risk Management: Government Lawyers and the Provision of Legal Advice within Whitehall*, London, The Constitution Society, 2013, para. 3. 7.

19) イングランドとウェールズにおける法曹はバリスターとソリシターの2種類の職業上のカテゴリーに分けられる。しかしながら公務員における法律上の地位に対して実務的にすべての任用に対して資格は2種類の法曹の部門の間で区別されないということが記されるべきである。実際、歴史的な理由でソリシターの肩書をもっている（法律顧問長官がもっとも顕著な例）役職はしばしばバリスターが職務につく。

20) 筆者は別の場所で議会に対する司法上のアカウンタビリティについて書いている。Gavin Drewry, 'Parliamentary Accountability for the Administration of Justice', in Alexander Horne and Gavin Drewry (eds), *Parliament and the Law*, 2nd edn., Oxford, Hart Publishing, 2018, chapter 11.
21) 特に注目を浴びた例は、司法総裁である Lord Goldsmith がイラクへの戦闘に行く正当性についてブレア政権に対して 2005 年にした物議を醸す助言であった。
22) See Sir Thomas Heath, *The Treasury*, London, Putnams, 1927, p. 186.
23) 筆者のこの説明及び公務員法律家の他の歴史的側面については See Gavin Drewry, 'Lawyers in the UK Civil Service', *Public Administration*, vol. 59, 1981, pp. 15–46.
24) See Gavin Drewry, 'Lawyers and Statutory Reform in Victorian Government', in R. MacLeod (ed.), *Government and Expertise in Britain 18151914*, Cambridge University Press, 1988, pp. 2740.
25) 委任立法について、see Edward Page, *Governing by Numbers : Delegated Legislation and Everyday Policy–MakingI*, Oxford, Hart Publishing, 2001.
26) Sir John Tilley and Stephen Gaslee, *The Foreign Office*, London, Putnam's, 1933, p. 115
27) Prosecution of Offences Act 1985.
28) 国王訴追長官の事務局は、1908 年に再び独立する以前、1884 年に法律顧問長官の事務局に統合された。
29) Criminal Justice Act 1987.
30) A Kennon 'Legal Advice' in A Horne, D Oliver and G Drewry (eds), *Parliament and the Law*, Oxford, Hart Publishing, 2013, p. 137.
31) 法律顧問長官 Jonathan Jones へのインタビュー *Civil Service World*, December 2016.
32) Frances Gibb (法務総裁 Jeremy Wright へのインタビュー), *The Times*, 26 October 2017.

3　日本の立法過程と法律専門家

阪田　雅裕

1　はじめに

本節は、日本の中央政府における立法過程の実際を説明し、そこにおいて企画立案作業に従事する各府省庁の職員に求められるリーガル・マインドと法科大学院において育成される法律専門家としてのリーガル・マインドを対比し、今後の法科大学院等の法律専門家の養成過程に対する期待を述べるものである。

2　政府と立法

法律は、近代民主主義国家における統治のためのほぼ唯一の手段であり、立法手続を経ないで実現される国の施策は、中央銀行による金融調節など極めて例外的なものを除き、ほとんどないといってよい。

いうまでもなく憲法上、この立法を司るのは国民の代表からなる国会であり、国会は「唯一の立法機関」であるとされている（第41条）。したがって、衆参両院の議決を経ない限り法律が成立しないことは当然であるが、このことは、法律の原案の作成を含めて立法過程のすべてを国会が担っていることを意味するわけではない。以下にみるように、わが国の場合は、実際に制定される法律の企画立案作業は主として政府によって行われており、政令や府令・省令の策定と合わせて考えれば、立法面での政府の役割は極めて大きい。

表1は、各年に新しく公布された法律（一部改正法を含む）について、原案の国会への提出者別にその数を示したものである。年によってバラツキはあるものの、新たな法律のおおむね80％前後は、政府によってその原案が作成されたものであることが読み取れる（政府が原案を提出した法律は「閣法」と

呼ばれる)。

　それだけではなく、これらの新たな法律の内容をみてみると、税法や年金その他の社会保障関係の法律のように複雑で、条文数が多い法律、安全保障法制のように憲法との整合性が問題になる法律、野党の強い反対が予想されるいわゆる対決法案等は、新法であると一部改正法であるとを問わず、そのほとんどがいわゆる閣法である。先の通常国会（第193回国会）において野党の強い反対の中で成立したいわゆるテロ等準備罪もその一例である。

　このように立法過程において政府が主導的な役割を果たしている大きな理由は、わが国が議院内閣制をとっていることにあるが、それは同時に、政府が国会に提出する法律の原案（以下「法案」という）は、与党の意見が十分に反映されたものであることをも意味している。すなわち、議院内閣制の下で

表1　法令公布件数の推移

年	法律				政令
	内閣提出	衆議院提出	参議院提出	計	
2002	167	24	7	198	407
2003	105	9	0	114	558
2004	144	22	1	167	429
2005	97	25	2	124	393
2006	102	15	6	123	404
2007	103	29	4	136	400
2008	77	15	3	95	405
2009	76	22	2	100	310
2010	50	20	2	72	258
2011	95	26	5	126	430
2012	68	26	8	102	302
2013	90	17	5	112	372
2014	105	28	4	137	415
2015	66	9	3	78	446
2016	78	30	7	115	406

出典：法務省調べ

は、政府の長たる首相は常に与党の党首であり、政府と与党との間で政策についての方針が異なるようなことがあってはならないから、わが国では、政府が法案の国会提出を閣議決定するときは、それに先立って与党の了承を得ることを慣例としてきた。法案を所管する各府省庁は、関係する他の府省庁や利害関係のある団体等との協議を重ねながらいわば素案を作成して、これを与党に提示する。その後、与党の同意を得るためのいわゆる与党折衝が行われることになるが、この間に、法案に関心を有する議員から様々な意見が提出され、所管省庁との間で、あるいは議員同士でも、議論が重ねられる。法案が重要であればあるほど、この与党での検討に時間を要するのが常である。その過程で、これらの意見を踏まえて法案の原案の修正が行われ、最終的には、与党各党での機関決定を経た後にはじめて法案の国会提出が閣議決定される。現在の自公連立内閣の下では、自民党の政策調査会及び総務会、公明党の政務調査会及び中央幹事会でそれぞれ了承されなければ、法案が国会に提出されることはないから、政府が法案の提出を予定していても、与党内での意見の集約ができないために、断念せざるを得ないことも起こり得る。直近の第193回国会では、政府が予定していた受動喫煙の防止対策を強化するための健康増進法の一部改正法案が、自民党内でコンセンサスを得るに至らず、その国会提出が見送られた。

　政府が国会に提出する法案はすべて、このような与党との調整を終えたものである一方、与党は議会で過半数の勢力を占めるのが通例であるから、野党がこれに反対した場合でも、国会の委員会での議事運営などに大きな問題がない限り、その多くは可決され、成立するのが当然ともいえる。

　これに対して、衆参両院の国会議員が国会に提出する法案は、すでに政府が提出している法案の対案など、野党の議員が、政府の施策に反対する立場から提案するものが少なくないため、これらの法案の多くが、審議すら行われないまま廃案となってしまう。表2は、政府提出の法案と議員提出の法案の成立率を比較したものである。表中、太枠で囲った2010年から2012年までの3年間は民主党政権下で、衆参の両院で多数政党が異なるいわゆるネジレ国会だったために、法案の国会審議が円滑に進まず、閣法の成立率も極め

表2　近年の法律案の成立状況

年	内閣提出法律案			衆・参議員提出法律案		
	A 提出数	B 成立数	成立率(B/A)	C 提出数	D 成立数	成立率(D/C)
2002	175	159	90.9	89	18	20.2
2003	132	101	76.5	104	8	7.7
2004	147	139	94.6	112	22	19.6
2005	113	96	85.0	77	25	32.5
2006	103	94	91.3	77	18	23.4
2007	107	99	92.5	108	34	31.5
2008	95	73	76.8	75	19	25.3
2009	81	72	88.9	101	23	22.8
2010	83	46	55.4	84	22	26.2
2011	106	29	27.4	69	30	43.5
2012	93	60	64.5	83	32	38.6
2013	98	83	84.7	126	20	15.9
2014	112	100	89.3	107	29	27.1
2015	75	66	88.0	70	12	17.1
2016	75	68	90.7	198	31	15.7
平均	109.4	95.8	87.6	98.7	22.9	23.2
	（除 2010～2012）					

出典：内閣法制局調べ

て低くなっているが、こうした特殊な事情がある年を除けば、政府提出の法案の成立率がおおむね90％前後であるのに対して議員提出の法案の成立率は、平均すると20％程度でしかない。

　併せて留意を要するのは、議員提出の法案の場合、カジノの解禁を決めた2016年のIR（統合型リゾート）整備推進法や、かつての臓器移植法のような特殊な事例がないわけではないが、一般に、成立するのは全会一致ないしはそれに近いもの、つまり、反対する議員がほとんどいない法案に限られていることである。これは、とりもなおさず、これらのいわゆる議員立法が、ただ単に政府の努力を促すだけといったいわゆる法律事項[1]のないものであっ

たり、予算で補助金を交付する場合と同じように、特定の個人や法人に権利や利益を付与するだけで、誰かに新たな負担を課したり、その権利を制限したりするものではない場合が多いことを意味している。いささか古いものであるが、次の法律はその一つの例である。

　介護従事者の人材確保のための介護従事者等の処遇改善に関する法律
　　　　　　　　　　　　　　　　　　平成二十年法律第四十四号
　政府は、高齢者が安心して暮らすことのできる社会を実現するために介護従事者が重要な役割を担っていることにかんがみ、介護を担う優れた人材の確保を図るため、平成二十一年四月一日までに、介護従事者等の賃金水準その他の事情を勘案し、介護従事者等の賃金をはじめとする処遇の改善に資するための施策の在り方について検討を加え、必要があると認めるときは、その結果に基づいて必要な措置を講ずるものとする。

　附則
　この法律は、公布の日から施行する。

　この法律に盛られた事項は、国会が決議をして政府に申し入れれば足りるものであり、あえて法律という形式をとる必然性がない、すなわち法律事項が含まれない法律である。したがってこのようなものは、形式的には法律であっても、実質的には法律とは言い難い。政府は、一部改正法を除いては、このような法律事項を含まない法律案の国会提出はしないこととしている[2]。このように法律の質の面でみると、閣法と議員立法との比重の相違は、量的な差以上に大きなものがある。
　このようにわが国では、本来行政権の主体であるはずの政府が、立法に関しても中核的な役割を果たしてきたが、これは、ある意味では当然のこととも考えられる。なぜなら、新しい法律が制定されたり、既存の法律が改正されたりするのは、社会に、それによって対処する必要のある問題が現に存在する、あるいは新たに生じているからであるが、こうした社会的な問題の有

無を最も迅速かつ的確に把握することができるのは、日々法令を執行している政府（より正確には、所管する法令の執行を通じてそれぞれの分野の行政に責任を負っている各府省庁）にほかならないからである。このように法的対応が求められる社会の課題は一般に立法事実と呼ばれる。法律の企画立案の根幹は、立法事実を正確に把握した上で、その問題を解決するためにはどのような法的手段が最適かを多角的な視点から検討して立法の方針を定めることにあるが、これは、各府省庁がそれぞれに課された行政責任を全うするために不断に行っていなければならない作業でもある。かつて国は、らい予防法に基づきハンセン病の患者の強制隔離措置を継続していたことから、対象となった元患者への損害賠償を命じられた[3]。これは、この法律が廃止されるよりも相当前から、ハンセン病が患者を社会から隔離しなければならないような特別の病気ではなくなっていたという立法事実を、国が的確に把握できていなかったことに起因するものである。判決では、らい予防法の改廃を怠った国会の立法の不作為が咎められたが、実質的な責任は、らい予防法の廃止や改正を提案しなかった旧厚生省にあったと考えられる。

　この立法事実の評価とこれに対処するための立法方針をめぐって、しばしば国会で与野党が激しく対立することになる。2015年に成立したいわゆる安保法制の場合も、憲法解釈を変更しての集団的自衛権の行使容認の是非が大きな争点であったが、その前提として政府が主張した安全保障環境の変化という立法事実が正当なものかどうか、さらには集団的自衛権の行使をはじめとして法案に盛り込まれた自衛隊の海外活動の拡大がその安全保障環境の変化への対応策として適切なものかどうかが厳しく問われたところである。

　法案の策定は、社会の変化や新たな事象の発生を踏まえ、かつ、その時々の内閣の施政方針に即して立法の方針を立てるだけで完結するわけではない。その方針について、まずは与党や関係のある団体等の了解を取り付けなければならず、その上で実際に法律の条文として書き下ろす作業が必要になる。しかも条文の書き下ろしは、その新しい法案についてだけではなく、その法案と関係のある既存のすべての法律について、これと整合的になるように行うことが必要であり、法案によってはこの他の関係の法律の改正作業が

膨大なものになる。たとえば平成17年に商法の一部を抜き出して新たに制定された会社法という法律の場合、会社法自体も1千条近い大部なものであったが、それまで商法の会社に係る規定を準用していた250件以上もの法律の関係規定を一括して改正したいわゆる整備法がその何十倍にも達する分量となった。こうした膨大な作業をこなすことができる組織は、多数の職員と法案作りについての十分な経験を蓄積している各府省庁のほかにはなく、これまで政府が立法をも主導してきたもう一つの理由は、ここにあると考えられる。各府省庁は同時に、自らが企画立案した法案が成立した暁には、その執行についても責任を負うことになるから、法律がザル法になったり、絵空事で終わったりすることがないかどうか、立案に際しては、執行面での問題点についても十分な検証を行う。

さらにまた、ほとんどの法律には、「この法律を実施するため必要な事項は、命令で定める。」といったいわゆる委任規定が置かれていて、法律を所管する各府省庁は、これに基づいて政令を立案し、府令や省令を定めることになる。この政令や府・省令も含めた広義の立法を考えると、そこにおける政府の役割は一層大きなものがあるといえよう。

3 法律の立案とリーガル・マインド

このようなわが国の立法の現状に鑑みると、立法過程に法律専門家がどのように関与しているのか、また関わるべきかという、本節において筆者に与えられたテーマは、結局、政府の職員、つまり国家公務員としてどれほどの法律専門家が働き、そして、各府省庁での法案の作成の過程でどのような役割を果たしているのかということに尽きると考えられる。

政府は毎年、キャリアと称されるいわゆる上級職の国家公務員を数百名採用している。そのうち文系（事務系）の採用に限ってみれば、戦前から一貫して法律職の試験区分合格者がその過半を占め、年によっては3分の2に達することさえある。これは、法令の適正な執行が政府の主要な任務であることのほかに、上述したように法令の企画立案が中央官庁の大きな役割となっ

ていることを反映するものといえよう。
　いうまでもなく立憲主義の国における立法の原点は、国民の負担や権利の制限を必要最小限度にとどめながら、公益、すなわち社会全体の利益を守ることにある。国には、現に生じている社会的な問題を解決するためだけではなく、時として将来生じかねない社会的なトラブルや損害を予見した上で、これらを未然に防ぐために必要な法的規制を行うことも求められる。その一方で、過剰な規制は、無用な人権侵害をもたらすだけではなく、経済活動の活力をそいだりすることに十分留意する必要がある。
　一般に公務員には、法令を正しく理解し、法律が確保しようとする公益が守られるように、その公平で適正な執行を心がけることが求められる。しかし、霞ヶ関の中央官庁で政策を企画立案し、これを法制化する作業に携わる公務員の場合は、これに加えて、社会的な問題ないしは問題になりそうな事象を迅速かつ的確に把握すると同時に、これに対処するための施策についても速やかに企画・立案することが要求される。これらの施策の中には、予算措置や行政指導等で足りるものもないわけではないが、その多くは、実現のために法的な枠組みの構築、つまり法律上の措置が必要になるから、立法に関する知見や能力は彼らに欠かせない素養といえよう。同時に、このような制度の企画立案こそが、中央官庁に勤務する公務員だけが携わることのできる醍醐味に富んだ創造的な仕事でもある。
　これらの法的な制度や仕組みを考える過程で最も重要なことは、その制度によって守ろうとする公益の大きさと、その下で行われる規制、すなわち法人を含む個々の国民に対する人権の抑制、侵害の程度との適正な比較衡量をすることである。言い換えれば、中央官庁の公務員に求められるのは、それぞれの府省庁が担うこととされている公益を、最小限度の人権に対する規制によって確保するための創意と工夫であるといってよい。彼らには、各府省庁が所管する公益を守ることに対する高い使命感が必要であるが、それと同時に、この公益を確保するための規制を必要最小限度にとどめようとする謙虚な姿勢が求められる。合理的に必要とされる限度を超える人権の制約は、司法によって違憲とされて、社会に大きな混乱をもたらし、国に対する国民

の信頼を失わせることにもなりかねないが、ひとたび法律が施行されると、こうした司法の判断を得る機会を得ないまま漫然と規制が継続されるようなことになるのは、それ以上に問題である。実際に、費用や労力を考えると、個々の国民が国を相手に訴訟を提起することは容易でないだけでなく、最高裁が法律の合憲性については、「一見して極めて明白に」違憲無効ではない限り、立法府の判断を尊重するとしていることに鑑みると、立法に関わる公務員の国民の人権に対する責任は極めて重い。

立法に関わる公務員には、こうした使命感や人権感覚に加えて、実際に法案を作る場合には、公益と人権のどちらか一方に偏るのではないバランスのとれた判断をする能力、立案した法制上の仕組みが合理的で妥当であることを国会等の場で論理的に説明する能力等も必要である。けだし、十分な説明能力がなければ、どのように優れた法案であったとしても議会はおろか政府部内の賛同を得ることもおぼつかなくなるからである。

こうした意識や判断力、適切な判断の裏付けとなる知識経験、論理的な思考力と説明力等々を総合して、筆者はリーガル・マインドと呼んでいる。自分自身の経験に照らすと、大学の法学部での2年間は、法の本質ともいうべき国家と個人との関係を考え、また、人権に対する意識や論理的な思考力を涵養する上での貴重な期間であったように思う。政府が法律職の国家公務員試験合格者を多く採用してきたのも、法学部卒業生のこうした修学の意義に着目したものであろう。もとよりこのリーガル・マインドは、個々人の資質に負うところも大きいから、法学部に在籍しさえすれば十分に身に付くというものではない反面、他の文系の学部や理系の学部の卒業生であっても、リーガル・マインドの豊かな国家公務員が少なくないことは当然である。

4　法律専門家の立法への関与

さて、本書で取り上げている「法律専門家」というのは、法学部を卒業後、さらに大学院等でより専門的な法教育を受けた人たち、典型的には法科大学院を卒業して司法試験に合格したような人を指すという前提で話を進めた

い。筆者自身は大学院で学んではいないので、その授業内容を十分に承知しているわけではないが、もしこれらの法律専門家が、法科大学院等で学ぶことによって、先述のリーガル・マインドにより一層磨きをかけているとすれば、彼らの多くが国家公務員になって立法に参画することは、国家、国民にとって大きな利益となることは間違いがない。

　もっとも、これまでのところ、法科大学院を終えて司法試験に合格した人たちの大半は、裁判官、検事、弁護士という法曹関係の職に就いている。これらの法曹関係者の職務に共通するのは、特定の具体的な事件・紛争について、事実関係を解き明かし、その事件にどの法令がどのような解釈の下に適用されるべきであるかを論じることである。これは、法令の執行のいわば一断面を切り取る作用と考えられ、あくまでも既存の法制の枠組みを所与のものとする点で、あるべき法制を考究する国家公務員の仕事とは次元を異にしている。もちろん時として、関係の当事者に適用される法律の規定自体の効力が争われたりもするが、その場合でも特定の規定の違憲無効を訴える弁護士やこれを無効と判断する裁判官が、あるべき法制がどのようなものかを具体的に考え、示すようなことはあり得ない。

　日本弁護士会連合会は、「自由と正義」と題する月例の機関誌を刊行している。弁護士の中には、たとえば生活保護費の不支給の決定の取消し訴訟を提起するなど、恵まれない人たちのために奔走する人もいれば、多国籍企業が少しでも税負担を軽減するにはどんな方策があるのかを考えるような仕事をしている人もいる。どちらの場合であっても、弁護士として大事なことは、自身の顧客、つまりその弁護士を頼る人たちの利益を守るために力を尽くすことであり、それが彼らにとっての正義にほかならない。

　ただし、この正義は、公務員が考える正義とは異質である。弁護士の場合は、その顧客の利益を守ることが国全体にどのような影響を及ぼすのか、社会全体としての公平・公正に適うのかといった視点を持つ必要がないどころか、そのような視点はむしろ顧客の利益を害することにつながりかねない。たとえば税法の隙間を縫って節税のスキームを構築することは、顧客の利益とはなっても、税収を失う国家にとっては損失になるだけではなく、経済活

動の実態が同じなのにたまたまそうした工夫をしなかった他の企業との課税の公平を損なうことにもなるから、公務員の目には正義に反する行為と映るが、そのような理由で顧客に納税を勧めたのでは、弁護士失格であろう。生活保護の受給基準を緩めるような運用も、それが租税で賄われていることを考えれば、公務員としては必ずしも正当ではない。このように弁護士には、通常、法令の規定を自らの顧客のためにより有利に解することができないか、あるいは裁判官の場合だと最も合理的で妥当な解釈はどれかを検討することは求められても、一国の制度、仕組みとしてこれで良いのか、より公正な制度にするためにはどこをどのように改めるべきかといった立法政策的な視野を持つことは求められない。

　推測の域を出るものではないが、法曹に期待されるのがこのような役割であるとすれば、そして法科大学院では法曹に進むための必須条件である司法試験の合格を第一義とした教育をせざるを得ないとすれば、そこでの法曹教育は、法解釈や訴訟手続きといった実務的なものが中心であって、国家公務員に求められるリーガル・マインドを涵養するにはほど遠いのではないかと想像される。

　2012年度から、総合職の国家公務員試験の中に、法科大学院を終了し、かつ、司法試験に合格した者を対象として「法務」という試験区分が設けられている。表3にみるように、この試験には、毎年、相当数の受験者があり、合格者も少なくはないが、実際に国家公務員となる者は極めて少数である。これは、一般職の国家公務員の処遇が判事補や検事に劣るなど様々な理由に

表3　国家公務員総合職試験（院卒者）法務区分の合格者等

年度	申込者数	合格者数	採用者数（採用予定者数）
2012	95	35	11
2013	150	36	6
2014	87	39	3（15）
2015	62	28	3（11）
2016	66	32	2（13）

出典：人事院ホームページから作成

よるものと考えられるが、この試験の受験者が予想していた国家公務員の仕事の中身と、採用者たる各府省庁が彼らに期待する素養や能力との間のミスマッチもその大きな要因の一つではないかと思われる。

5　おわりに

法律専門家養成課程への期待

　行政の本分は、法令を適正に執行することにあるから、多数の法令に接し、これを論理的に理解する訓練を受けた法律専門家が、行政庁による法令の適切な執行に貢献できることは確かである。加えて、法令案文の作成に際して技術的に最も重要なのは、立案者の意図を正確に、過不足なく条文化することであるが、その点においても、法令に習熟している法律専門家は大いに力を発揮することができると考えられる。

　こうしたことを考えると、法律専門家は、政府にとっても貴重な人的資源であることは疑いがない。それだけに、法科大学院等、法律専門家の養成課程においては、個別具体的な事案の解決能力を育むのとは別に、社会が直面する問題と向き合い、必要最小限度のコスト—そのコストの中心は人権の制約であるが—、より少ないコストで問題を解決する法制度を構築する力、筆者がいう意味でのリーガル・マインドを育成するようなカリキュラムを考えていただけないかと思っている。もっとも、法科大学院の教育内容を変えるためには、司法試験の問題の見直しが先決かもしれず、また、法曹コースとは別に国家公務員コースを作るようなことも検討に値するのかもしれない。この場合には、このコースの修了予定者を対象とする国家公務員の新たな採用試験を設けることも必要になるが、社会基盤としての法制度を企画立案することの重要性やその面白さがわかれば、国家公務員を目指す法律専門家が増えるはずであるし、豊かなリーガル・マインドを持った法律専門家がより多く国家公務員として立法に携わることによって、わが国の法令の水準の一層の向上が期待できると信じている。

注

1) 法律事項とは、法律で定めない限りなし得ない国の行為をいい、国民に対する権利の付与及び制限、義務や負担の賦課などが典型であるが、伝統的に行政組織の新設や改廃も法律事項であるとされている。
2) 昭和38年9月13日閣議決定。
3) 熊本地裁平成13年5月11日判決（判例時報1748号30頁）。政府は、これを受けて内閣総理大臣を発表して控訴を断念したため、この判決が確定した。

4　日本の地方公共団体における立法過程と法律専門家

倉田　哲郎

1　はじめに

　本節は、地方公共団体における立法過程の現状を述べるものであるが、筆者が国と地方公共団体の両方の実務を経験した立場から、地方公共団体における政策法務の現状と今後について論じることとしたい。

　筆者は法学部を卒業後、法律職という職種で国の中央省庁に就職した。当初は郵政省、その後、中央省庁再編を経て、総務省で仕事をしてきた。主に、通信・放送の分野が多く、放送法や著作権法などの運用や見直しなどに携わってきた。

　その後、箕面市に派遣される機会があり、市役所では行政改革、政策の立案、法制業務など自治体の実務を幅広く経験した。2008年に市長に当選し、以来、箕面市長として9年目に至っている。

　本書において明らかにされているように、国ごとに立法過程や法曹の関わり方にはかなりの相違がある。加えて、前節では日本の中央省庁がテーマとなったが、筆者としては、国と地方公共団体の両方を経験した立場から、同じ日本の中でも、国と地方公共団体における立法過程にかなり相違があるという点をお伝えしたい。また、そうした中で、地方公共団体において法律専門家にどのような役割があるのか、また逆にいえばどういう法律専門家が求められているのかを論じることとする。

2　箕面市における政策法務の実例

　箕面市は、北大阪に位置する人口13万人のベッドタウンである。本市においては、地域において発生する極めて現実的かつ身近な課題を解決してい

くため、市の政策や市役所の活動に強く連動・密接した形で、特徴的な条例の制定を行ってきた。いくつかの事例を紹介する。

なお、中央省庁においてもそうであるが、地方公共団体においても、条例案の提出はほとんど行政側が行っている。感覚的には、制定される条例の99.9％以上が行政側（すなわち知事・市町村長）が議会に提出しているものであり、その割合は中央省庁よりもさらに行政寄りである。近年、「議会基本条例」のように、議会が自らを律しようとする条例を起草するような事例があるが稀である。

このため、わが国の地方公共団体においては、条例の起草作業を実際に担っているのは、市町村の職員である。

カラスへの餌やり禁止条例

本市では、平成22年度にカラスへの餌やりを禁止する条例を制定した（正式名称「箕面市カラスによる被害の防止及び生活環境を守る条例」）。「好きこのんでカラスに餌をやる人がいるのだろうか？」と、少々、奇異な印象を受けるかもしれないが、経過は以下のとおりである。

平成19年頃から、本市内の一部地域にカラスが異常に集中して飛来するという事象が発生しはじめた。その数は1日あたり300羽以上。非常に狭いエリアに集中して飛来するため、当該地域の住民は連日の糞尿や鳴き声による被害に見舞われ、洗濯物も干せない、駅まで糞尿を避けて歩かなければならない有様である。この様子は、ニュース報道でも取り上げられ、本市のイメージをも毀損した。市としてもこの事態を看過することはできず、即座に「カラス対策チーム」を発足させ、徹底的な追い払いや巣の撤去に着手した。

市の地道な対策が功を奏して、カラスの飛来は一定数は減少させることができた。だが、その後は、手を緩めるとすぐに300羽が復活するというイタチごっこの状態が続く。そうした中で、現場をよくよく調べてみると、根本的な原因は、その地域に住むある一人の個人が、自宅の敷地内で野良猫に大量の餌をやっており、それがそのままカラスの餌になってしまっているということがわかった。

個人の所有地内なので、市が直接介入して撤去することはできない。野良猫への餌やりをやめるよう説得にかかったが、地域の人間関係の不具合などもあったのか、その個人は頑として譲らず、(野良猫にやった餌が、結果としてカラスの餌となっていることを知りつつも) 餌やりを続けるという、進展のみられない状態が続いた。

このため、餌やりを止めるよう説得を継続しながらも、これを取り締まる法令が存在しないことから、背水の陣を敷くためのツールであり、かつ、説得材料の一つとして、条例を起草することにした。

条例の内容としては、あくまで一般的に全市を対象とする条例であり、市内のどこであっても、誰であっても、カラスへの餌やり行為を禁止するものではあるが、通常、カラスに継続して餌をやり続けるような人というのはいないため、実態としては、その個人を狙い撃つ条例といえる。ただし、もちろん罰則の発動を期待していたのではなく、あくまで説得が功を奏して、結果として誰も該当者のいない、いわば"空振り"の条例になることを願いながら起草作業をしたのをよく記憶している。

余談であるが、このほかにも本市では、タバコのポイ捨てや犬の糞の放置に罰金を課す「箕面市まちの美化を推進する条例」、本市固有の事情ではあるが天然記念物であるサルへの餌やりに罰金を課す「箕面市サル餌やり禁止条例」(観光客の餌やりが、サルの自然生態を阻害しているため、主に観光客を対象としたもの)、駅前の一定エリアなどでの喫煙を禁止し罰金を課す「箕面市路上喫煙禁止条例」など、罰則規定を伴う条例をいくつかつくってきているが、いずれも、罰則の発動を目的としているわけではない。むしろ、多くの人が気をつけて自らを律し、罰則が発動されるような事態が起こらないことを願って罰則を置いているのであり、今回のカラスへの餌やり禁止条例も同様である。

ことの顛末は、ハッピーエンドである。条例は、議会で審議され可決された。この条例制定により、行政も議会も非常に強い姿勢を示したことが功を奏して、当該個人は遂に説得に応じてくれた。餌やりは自主的に止めたため、この条例は空振りとなった。以来、罰則は一度も発動されないままカラ

ス問題は終息し、今も平穏な状態が続いている。条例そのものもさることながら、その制定過程を通じた市の動きが、問題を終息に導いた事例であった。

災害時特別宣言条例

事例の2つ目は、東日本大震災のちょうど1年後、平成24年3月に成立した「災害時特別宣言条例（正式名称「箕面市災害時における特別対応に関する条例」）である。

東日本大震災の後、全国の地方公共団体が、災害対策の見直しを迫られた。本市も例外ではなく災害時に実際に動ける体制を構築すべく、かなり大幅な見直しを行った。

たとえば、東日本大震災以前の市の防災マニュアルは、いろんなことが書いてあるものの、分厚く、わかりにくく、誰も全貌を把握できていないような代物であった。また、避難所に用意されていた備蓄品は、避難想定者数にまったく足りないものであった。防災訓練はするものの、なぜかダウンしてるはずの通信回線で遠方と連絡がとれてしまうようなお粗末なシナリオ。このほかにも、机上の空論の対策が多かった。

こうした災害対策を、実効的なものに見直していく過程で、市役所の職員の生真面目さが仇になることに気がついた。たとえば、非常災害時に、どこまで通常業務、すなわち法令に基づく事務なのであるが、これらをどこまで止めていいのか、続けなければならないのか、という課題への明確な答えが存在していないのである。

果たして、非常災害時に、窓口で住民票の発行を求められたら断れるのであろうか。町中のいたるところで火の手があがっているときに窓口に人が来たら、常識的に考えれば「それどころではない」と言って追い返してもよさそうだが、実は、追い返していい根拠はない。それではたとえば、土砂災害などで街の半分だけが激しく被災しているような場合には、窓口に来た人を追い返せるのだろうか、していいのだろうか。災害対策に人員をすべて割くことをせず、窓口業務を継続すべきなのだろうか。

いずれにせよ、仕事を止めていいという根拠がない。冗談のような話では

あるが、世間が思っている以上に地方公務員は真面目であり、根拠がなければその時点で迷う。結果として、市役所の人員すべてで災害への対応ができない、限られたリソースを全投入できないというおそれがあるのである。

そこで、こうした迷いを取り除くため、災害が発生したとき、市長（職務代理でもOK）の宣言をトリガーにして、通常業務を停止させる条例をつくった。これが「災害時特別宣言条例」である。市の職員たちは、いわばこの条例を盾にして、はじめて窓口に来た人を追い返すことができる。このことで、市役所はすべてのリソースを迷うことなく災害対応に振り向けられるのである。

名簿条例

事例の3つ目は「安全な名簿を作成するための条例（正式名称「箕面市ふれあい安心名簿条例)」である。個人情報保護法の制定以降、世間は特に個人情報の取扱いに敏感になった。その結果、地域においても不具合が発生している。

たとえば、小学校では徐々にクラスの連絡網が作成されなくなっていった。インフルエンザによる急な休校などの際、従来であれば電話連絡網で速やかに情報が共有されていたが、連絡網がなくなったクラスでは、担任教師が一人ひとりに電話連絡するのである。情報の共有速度も、教師の負担も、いずれも課題となっている。

また、地域の自治会で名簿を作ることもためらわれるケースが出てきた。地域の自治会の場合、そもそも近所であり、表札もあり、互いに住所もわかっている間柄ではあるが、それを紙にまとめることを懸念する会員がでてきたのである。

しかしながら、実は、個人情報保護法においては、学校の連絡網も自治会の名簿も、まったく問題にされていない。にもかかわらず、こうしたことを忌避する風潮は、偏にメディアの報道などに基づく誤解によるところが大きい。

そこで、この状況を打開するため、平成22年に制定したのが「箕面市ふ

れあい安心名簿条例」である。その内容は、こういう手順で、こういう段取りで、名簿を作ったならば、市が安全な名簿だという認証を与えるというもので、いわば名簿のフォーマットを定めたような条例である。

正直、わざわざ条例にするほどのものかと問われれば、条例でなくとも形は作れる内容である。だが、しなければならないことは「風潮の打破」であり、そのために必要な武器は「信用・信頼」である。そこで、市における最高かつ公式の法形式である条例によることとした。

実際、本条例の制定以降、学校のクラスや地域の自治会、また、各種サークル活動など、3桁を超える数の名簿が作られ、市が認証している。条例はこのようにも使えるのだという事例である。

盛土の規制条例

4つ目は、市内で工事残土の売買をする業者などを対象とした"盛土"の規制条例(正式名称「箕面市土砂等による盛土等の規制に関する条例」)である。

平成26年2月、本市の隣接自治体にて土木工事用に積んであった土砂が崩壊して、大きな被害を出す事故が発生した。「積んであった土砂」といわれると、それほど大きなものが想像できないかもしれないが、売買用にストックしてあった土砂であるため、その規模たるや見た目はまさに「山」である。幸い人命には被害が及ばなかったものの、前面にあった道路は完全に埋まって封鎖状態となり、その撤去にも大変な時間と労力がかかった。

この事故を受けて、同年6月に本市での盛土を規制すべく制定したのが本条例である。条例の内容としては、盛土をする事業者に事業計画の届出を義務付け、土の盛り方のルール(高さ制限)を定めるものであるが、特徴的な点の一つは罰則ではない方法で実効性を持たせたことである。

具体的には、事業計画の届出者を、事業者だけではなく、事業者に敷地を提供する地権者との連名とした。実は、工事用土砂をプールしておく残土置場の多くは、比較的多くの土地を所有している大地主が、山林なども含めてもてあましている土地を事業者に貸与して実施される(というよりも、そうした土地に事業者が着目して事業化を図る)ケースが大半である。しかしながら、

こうした地権者にとっては、たとえば上記のような届出の主体となり、責任を負わされるという事態は、非常に煩わしく感じるものである。このため、事業届を地権者と連名とすることが実効的な抑止となって、盛土業者が増えることを防ぐ結果をもたらすことに成功したものである。

また、本条例のもう一つの特徴的な事項として、私たちが「市外条項」と呼んでいる条文を入れた点が挙げられる。「隣接する市又は町の区域内において行われる特定事業であって、本市の区域に影響を及ぼすおそれのあるものについては、この条例の規定を適用する。（第23条）」というものであり、市境に接して市の外側にいる事業者が本条例の対象となることを宣言するものである。

これが本市の条例制定権の範囲なのかどうかについては議論のあるところであろう。しかしながら、それを承知で条例化した。

ひとたび、条例が制定されたならば、本市はこれに従って事業者・地権者に届出を求めることとなる。もし事業者が反論したとしても、本市は条例に基づき徹底的に争うだけである。そして、最終的には法廷まで持ち込まれなければ決着しない。現実には、そこまで望む地権者はまずいない。

また、万が一、争おうとする事業者がいたとして、そもそも本条例は、事業を禁止していない。事業をすることはかまわないが、安全な土の積み方（その計画の届出）を求めているだけである。しかしながら、そのルールを承服せず、ましてや争ってまで、事業を強行しようとする事業者だとすれば、それは相当に質の良くない事業者であり、本市住民の安全のためにも徹底的に争うことは望むところである。

結果として、99.9％の事業者はルールを守っていただけるのであり、市外条項の是非も議論とならず、安全は確保される。さらに、市外条項は、ときに悪質業者を炙り出すセンサーの役割すら果たすのである。

この「市外条項」を入れる判断は、机上のルール論の検討だけでは出てこない。起草しようとする条例が、制定された後で実際にどう運用され、その後、どこで争いが起こり、最終的にはどういう結末を迎えていくのかといった、現実の動きを想像・予測できなければありえない条項である。立法と司

法の狭間に位置する行政ならではの着想である。

　ここに紹介した本市の4条例は、いずれも、純粋に制度を創設したり、手続を規定するということだけにとどまらず、リアルタイムに発生してきた現実の課題に対応して、市の実務や職員の動きに密接した形で、いわばツールの一つとして条例を制定し、これを駆使し、課題の解決をはかり、さらに未来に備えるというものである。それぞれ個別的かつ小さなテーマではあるものの、地域の身近な実情・課題に即して、これを解決するために実施した、いわば政策法務の形が具現化した実例だと自負している。

3　条例制定のプロセス

　これまで紹介してきたように、地方公共団体における条例制定のプロセスは、極めて現実的な課題の発見と解決過程から始まる。

　もちろん大局的な視点でみれば国の法制定プロセスも同じではあるが、国と地方公共団体で異なるのは、まず時間軸であろう。国家の行く末をみつめて制度設計する国のほうが、相当程度先の将来を見据えたり、なんらかの政策目的を実現するのに要する時間が長く、10年スパンで考えるケースはザラである。一方、地方公共団体の場合は、あくまで国が構築する社会制度の上で活動するプレーヤーの一つでもあることから、全体の制度構築は国に任せて、より狭いエリアで、かつ、もう少し短い時間軸の未来を見据えての対応である。

　また、国の役割は、まさに社会制度そのものを設計し、運用することであるため、国の職員はまさに法律世界の住人であるかのようで、仕事における法律の占めるウエートが大きい。一方、地方公共団体の職員は、いわば現実世界の住人であり、どちらかといえば、今、地域で起こっていること、目の前で起こっている事象への対応に迫られるという仕事が多い。結果として、法制度の設計といった分野への対応力については、地方公共団体の職員は、国の職員に比べるとどうしても弱くならざるをえないという点はあるだろう。

いずれにせよ、地方公共団体における条例制定のプロセスというのは、現実の課題の発見と解決過程から始まるものであり、当初から条例化を意図していることは少ない。目の前にある課題の解決策を検討していく中で、なんらかの壁にぶつかったり、限界が見えたりして、それを乗り越えるために「条例というツールを使えないか？」という着想に至ることが多いのである。

その後、具体的な条文を起草する試行錯誤に入っていくこととなる。

4 職員に求められる素質と能力

前述のとおり、条例制定のプロセスは現実の課題の発見と解決過程から始まるものではあるが、一方で、法制度の設計への対応力がそれほど強いとはいえないという現実がある。このため、残念ながら多くの市職員は、既存のルール、すなわち与えられた世界の中でしか思考せず、ルールそのものを変えたり新設したりすること、すなわち世界の枠組みそのものを変えたらどうなるかという発想にまで思い至らないことが多い。

たとえば、1つ目の事例で紹介したカラスへの餌やり問題でいえば、野良猫に庭で餌をやり続ける行為について、「個人の所有地の中で行われることには手出しすることができない」「とりうる手段は説得を続けることしかない」というところまでで思考が停止する。

先ほどは「政策法務だ」と自負して見せたものの、実態を明かせば、箕面市においても、現時点で思考の壁をブレイクスルーできているのは、一部の職員にとどまっているのが実情である。むしろ逆に、世界の枠組み、つまりルールを変えることについて、「ゲームのルールを変更してるみたいで、なんだかズルいのではないか」という後ろめたさを感じる職員すら存在するのが現実だろう。

しかしながら、地域生活を預かる地方公共団体として、地域の自治を委ねられ、これを補助する役割を担う地方公務員として、地域で目の前に存在する課題の解決はどんなことであれ最優先事項である。そこには議会という立法府とともに仕事をするよう制度設計がなされており、ときにルール変更も

やむなしという権限と機能を与えられて仕事をしているのが地方公共団体の職員である。その職責をしっかりと果たしていくために、ぜひ多くの職員に、ときには思考の壁を破ってもらいたいと思っている。

既存のルールに基づいて仕事をしているにもかかわらず、目の前の地域課題が解決できないのであれば、新たなルールを拡張してみることや、そもそも既存のルールが本当に正しいのかどうか、現実に即したものになっているのか、既存のルールを疑う視点も必要である。ここに、法学部やロースクール出身者の活躍に期待する部分があると感じている。法令（ルール）順守は当たり前のことではあるが、ルールそのものを神聖不可侵なものと捉えず、常にルールを客観視し、これを駆使しようとする視点に期待したい。

ただし、これはとても想像力・創造力の必要な作業である。ややもすると「どう法令を解釈するか？」という受動的なイメージに止まってしまいがちな法学部の世界を超えて、「どう法令を創造するか？」、もっといえば「どう世界をデザインするか？」という力を持った法律の専門人材の育成が必要である。基本的な法令の読み方を知り、実務も知り、社会も知り、創造力を持つ。簡単ではないが、そんな法律の専門人材が育ってくれることを地方自治の立場から期待している。

5 法令解釈・運用の現場で

ここまでは、主に条例制定に着目して論じてきたが、法令の解釈においても人材が育つことを期待したい。

市役所の実務においては、過去に誰かが作った「マニュアル」がバイブルとなり、本来の法令原文を顧みることなく、その「マニュアル」だけにしたがって、つまりマニュアルを作った誰かの法令解釈であり、要約した言葉であり、その時代の状況のみにしたがって仕事をし続けているというケースが非常に多い。

実際のところ、大抵の場合においては、そのマニュアルは法令の規定を「言葉遣いを平易にしたり、例示するなどして、わかりやすく意訳したもの」

であるため、通常の仕事は問題なくまわる。だが、それだけをバイブルにしていると、イレギュラーなケースが発生したり、時代が変わって社会情勢が変わってきたときに判断を誤ることがある。

たとえば、これは大阪府庁と箕面市役所において実際にあった事例であるが、公園を管理するためのマニュアルのなかに「たき火は禁止」という文言があった。一方、ある大きな公園において市内有志の飲食店が、屋台を出して競いあうという地域興しイベントの企画が持ち上がっていた。イベント企画者たちは、大阪府と箕面市役所に協力を求めに来庁して企画内容を説明したが、担当者がマニュアルに基づいて「たき火禁止で、火気禁止ですから公園でのイベントはダメです」と対応した。

なかなか屋外で屋台を並べられる良い場所がみつからないため、その企画は潰れそうになったが、偶然、市役所の別のセクションがその話を別ルートから聞きつけ、「そんなはずないだろう」とマニュアルを疑った。大阪府の関与する公園だったため、解明作業には時間がかかったものの、公園の管理条例の原文にまで遡って一つ一つ確認していった結果、実は、条例の規定には「たき火の禁止」はなく、単に「迷惑行為」を禁止しているのみということが判明した。おそらく、かつてマニュアルを作った職員は、迷惑行為の例示の一つとして「たき火」と書いたのであろう。幸いにして、屋台イベントは迷惑行為ではないため、方針は180度転換して、イベントOKとなった。無事、企画が実行され、当日は大変な人出を博していた。危なかったが、めでたしめでたしである。

常識と照らし合わせて違和感を感じたら、ときにルールを疑う能力や、ルールが意訳されて伝えられている可能性などにも思い至って、ルールの原典を確認する習慣をつける。基本的なようで、日々の実務に忙殺される市の職員にはなかなかできていないことでもある。こうした習慣や問題意識などの能力向上も地方公共団体の職員には求められる。そして、まさにこの部分も法学部やロースクール出身者の活躍の場でもあろう。強く期待するところである。

6 おわりに

自治体の政策法務を担う人材の育成のために

　改めて、率直なところ、国で仕事をしていた感覚からすると、総じて地方公共団体には、法令を駆使する力、そのために法令を客観視する力が不十分だと感じている。ルールそのものを神聖不可侵なものと捉えて思考停止したり、意訳されたものを信じ込んで誤った判断をしたりしないよう、地方公共団体の政策法務においては、法令と適切な距離をとってつきあい、法令を正しく取り扱う力が必要である。

　ただし、その前提として、そもそも現実の課題に気付いたり、常識と照らし合わせて違和感を感じる能力やセンスがなければ、いくら法令を扱う知識ばかりが身に付いてもまったく意味をなさない。こうした課題発見能力や常識感の醸成といったものは、教育機関における学習だけで身に付けることには限界があると思われる。

　このため、地方公共団体に求められる法律の専門家を養成するためには、大学などの教育機関におけるトレーニングと、官庁や市役所などの実務と、幾度か往復し、実務の中で得たことを教育機関において自らの中で体系化するなどの工夫が必要であろう。当面はインターンシップ制度などを活用するといったことが考えられるが、ゆくゆくはそうした実務経験を養成カリキュラムに取り入れていくといった検討が進むことに期待している。

【参考1】

　　〇箕面市カラスによる被害の防止及び生活環境を守る条例（抜粋）
　　　　　　　　　　　　　　　　　　　　　　　　平成二十二年十二月二十四日
　　　　　　　　　　　　　　　　　　　　　　　　条例第五十三号
　（目的）
第一条　この条例は、カラスによる市民等に対する被害を防止するとともに、カラスから市民及び事業者の生活環境を守り、もって、安全かつ安心な市民生活の実現に寄与することを目的とする。

第Ⅱ部　行政過程における法の担い手

（定義）
第二条　この条例における用語の定義は、次のとおりとする。
　一　市民等とは、市民、事業者及び本市の区域内に滞在する者（本市の区域内を通過する者を含む。）をいう。
　二　事業者とは、本市の区域内で事業活動を行う者をいう。
　三　給餌とは、自ら所有せず、かつ、占有しないカラスに餌を与えること（餌を目当てにカラスが集散することを認識しながら、カラスが食べることができる場所に餌を置き、又は放置する行為を含む。）を継続し、又は反復して行う行為をいう。
　四　カラス被害とは、給餌を目当てに集散するカラスによる次のいずれかに該当するものにより周辺住民の身体若しくは財産又は生活環境に著しい被害が生じていると認められる状態であって、かつ、複数の周辺住民からの市長に対する苦情の申出等により周辺住民の間で当該被害が共通の認識になっていると認められる状態をいう。
　　イ　鳴き声その他の音
　　ロ　ふん尿その他汚物及びその放置により発生する臭気
　　ハ　羽毛の飛散
　　ニ　攻撃、威嚇及び破壊行為
　　　　　　　　　　　　　（中略）

（給餌の禁止）
第五条　市民等は、給餌によりカラス被害を生じさせてはならない。
（回収義務）
第六条　給餌によりカラス被害を生じさせているときは、当該給餌をした者は、速やかにこれを回収しなければならない。
2　前項の場合において、当該給餌をした者が明らかでない場合であって、他に給餌による餌を回収すべき者がいないときは、当該給餌が行われた場所を占有し、管理し、又は所有する者は、速やかにこれの回収に努めなければならない。
　　　　　　　　　　　　　（後略）

【参考２】

　○箕面市災害時における特別対応に関する条例（抜粋）

　　　　　　　　　　　　　　　　　　　　　　　　平成二十四年三月二十八日
　　　　　　　　　　　　　　　　　　　　　　　　条例第一号

(目的)
第一条　この条例は、大規模な災害の発生時において、災害対策本部長が災害対策の優先実施等を宣言すること、その宣言により本市が行う対応等について必要な事項を定めることにより、本市が迅速に、かつ、全力を挙げて災害に対処する特別態勢を整えることを目的とする。

(中略)

(特別対応の宣言)
第五条　災害対策本部長は、第七条から第十六条までに規定する特別な対応を行う必要があると認めるときは、その旨を宣言し、当該宣言内容を直ちに公示するとともに、その他の手段で公表するものとする。

(中略)

(通常事務の休止等)
第七条　災害対策本部長は、災害又は災害対策により通常行うべき市の事務を行うことができないとき又は行ういとまがないときは、当該事務を休止することができる。

(後略)

【参考3】

○箕面市ふれあい安心名簿条例（抜粋）

平成二十二年三月二十九日
条例第一号

　これまで名簿は、地域団体などにおいて作成し、利用され、災害時の安否確認、緊急連絡や日常の情報交換など地域コミュニティに重要な役割を果たしてきました。
　近年、個人情報の保護に関する法律の施行や地方公共団体の個人情報保護条例の制定などにより、人々の間に個人情報保護制度が定着してきました。しかし一方で、個人情報やプライバシーの保護が重視されるあまり、個人情報は何でも保護し、取り扱わない、名簿は作ってはならない、緊急時であっても個人情報は出さないなど、法の誤った理解やいわゆる過剰反応が一部に生じています。
　このことは、まちづくりの重要な要素である、災害時の市民の安全確保や地域コミュニティの醸成を阻害する要因ともなります。
　この条例は、地域団体に名簿作成や条例に定める手続を義務づけるものではありませんが、個人情報の保護と有用な名簿作成の推進とのバランスの中で、より安心して名簿を作成し、利用できる環境整備を進め、地域団体が主体的に取り組む際の基準を

第Ⅱ部　行政過程における法の担い手

定めることにより、地域社会の安全とコミュニティの進展を願い制定します。
（目的）
第一条　この条例は、地域団体の活動の活性化及び災害その他緊急時の連絡において有用な名簿を市民が安心して作成し、及び利用することができる手続の基準を定めることにより、市民活動を促進するとともに、地域社会における市民の社会連帯を深め、市と地域社会との協働を図り、安全なまちづくりを推進することを目的とする。

（中略）

（認証の申請手続等）
第九条　認証記号を付そうとするふれあい安心名簿作成者は、ふれあい安心名簿の内容が確定したときは、市長に名簿情報を収集した経過の分かる書類を提示し、ふれあい安心名簿の認証を申請しなければならない。
2　市長は、前項の申請があったときは、当該ふれあい安心名簿の作成手続がこの条例の基準に適合するかどうかを確認し、適合すると認めるときは、ふれあい安心名簿に認証するものとする。
3　市長は、前項の認証をしたときは、番号を付した認証記号を交付するとともに、認証記号交付簿に必要な事項を記録するものとする。
4　市長は、前項に規定する認証記号の交付状況に関し、必要な事項を公表するものとする。
5　ふれあい安心名簿作成者は、第一項の申請内容に変更があったときは、市長に当該変更内容を届け出なければならない。
6　主として営利目的に使用される名簿については、第一項の認証の申請ができない。

（後略）

【参考4】

〇箕面市土砂等による盛土等の規制に関する条例（抜粋）

平成二十六年六月二十六日
条例第三十六号

（目的）
第一条　この条例は、土砂等による盛土等について必要な規制を行うことにより、災害の発生を未然に防止し、もって市民の安全の確保及び良好な生活環境の保全を図ることを目的とする。

（中略）

(適用範囲)

第三条　この条例の規定は、盛土等をした後の盛土等の表面のうち最も高い表面の標高と盛土等をする前の地盤面のうち最も低い地盤の標高(過去に施工した事業区域で再び盛土等を行う場合にあっては、当該過去の盛土等をする前における事業区域内の地盤面のうち最も低い地盤の標高)の差が二メートル以上となる盛土等を行う事業について適用する。

(中略)

(土地所有者の責務)

第六条　土地所有者は、特定事業を行うことによる災害の発生の防止及び生活環境の保全を図るため、その所有する土地を適正に管理するよう努めなければならない。

2　土地所有者は、事業主が特定事業を行うことについて同意する場合は、当該特定事業の内容を十分に理解した上でこれを行わなければならない。

3　土地所有者は、特定事業を行うことにより第三者に損害が生じたときは、事業主と連帯して、その賠償の責を負わなければならない。

(中略)

(協議の申出)

第九条　特定事業を行おうとする事業主は、土地所有者と連名で、次に掲げる事項を定めた事業計画その他の規則で定める書類を市長に提出し、協議しなければならない。

　一　事業主、工事施工者及び土地所有者の氏名及び住所(法人にあっては、名称、代表者の氏名及び主たる事務所の所在地)
　二　特定事業の目的
　三　事業区域及び事業区域等の所在地番及び面積
　四　土砂等の搬入予定量及び種類
　五　盛土等の高さ及び構造
　六　前各号に掲げるもののほか、規則で定める事項

(中略)

(隣接する市町の区域において行われる特定事業)

第二十三条　隣接する市又は町の区域内において行われる特定事業であって、本市の区域に影響を及ぼすおそれのあるものについては、この条例の規定（第七条第一項第五号及び第十二条を除く。）を適用する。この場合において、近隣住民等とは、本市の区域にある者に限るものとする。

(後略)

第2章　法の適用・執行の担い手と法律専門家

1　日本の地方公共団体における法曹・法律専門家の活用
①指定都市における法の執行過程と法学既修者
── 京都市の例を素材として ──

青山　竜治

1　はじめに

　自治体職員である筆者に与えられた課題は、指定都市[1]クラスの自治体での法の執行過程（地域の実情を踏まえ、法令を自主的に解釈・適用する過程[2]）において、法学部やロースクール（以下「LS」と略記する）で法理論を学んだ経歴を持つ者が何らかの役割を演じているか、又は演じることが期待されるか、あるいは、出身にかかわらず、入庁後の研修[3]等による習熟で必要な資質・能力はカバーされるか[4]といった関心に答えることである。本節では、実務に身を置く者の視点から、現場の実情を紹介するとともに、考察を加えていく[5]。これがサンプルの一つにとどまるべきことはもとよりであるが、なお行政法の研究や教育に携わる諸氏にとっていくばくかでも示唆を含むものであれば、幸甚である。

2　法務に関する体制の概要

　京都市の人口は、約147万人。これに対し、約21,000人[6]の職員が奉職している。所管する事務も、対応する部署も多岐にわたるが、そのそれぞれにおいて正しく法が執行されなければならない。そこで、組織として法を適正に執行することに向け、一定の者（以下「法務要員」と総称する）に庁内で他をリードする職責を与え、これに各部署における意思決定を適宜補助させるという体制を敷いている。

そのありようを概観すると、まず、日常の事務は、当該事務を所管する各部署（実務上「原課」と称される）の職員の判断[7]により処理されるのが原則である。原課では解消できない法的疑義が生じたときは、例外的に、法務要員が相談に応じ、協力して解決に当たる[8]。法務要員の所在として、①局[9]ごとの庶務担当課にそれぞれ2、3人程度が配置されている[10]ほか、②横割りで全庁[11]の統括を担うセクション（行財政局総務部法制課[12]）が存在する（法制課職員は全員[13]が法務要員としての働きを期待されている）。

このように整備した体制も、これに充てる人材[14]があってはじめて目的どおりに機能し得る。結論を先取りすると、現状、法務要員には法学部・LSの出身者が充てられる傾向が強い[15]。この当たり前とも思える人事がいかなる考え方に基づくものであるか、順を追ってみることとする。

3 法務要員に求めるべき資質・能力

前提として、組織がいかなる資質・能力を法務要員に求めているのかを確認するべきであるから[16]、法務要員以外の職員との対比でこれを明らかにする。表1は、〔α〕一般の原課の職員、〔β①〕局内の調整役として各局に若干名ずつ配置される法務要員、〔β②〕全庁の統括を担う法務要員（法制課職員）の3つのカテゴリーに職員を区分した上、それぞれ法の執行との関係で果たすべき役割と、備えているべき能力の概要を整理したものである。

要点のみ順に敷衍すると、まず〔α〕原課の職員は、所管する事務の範囲で、日々具体的な法の執行に当たることになる。したがって、当該事務の根拠となる個別の行政法令については、誰よりもよく知っていなければならない。しかし、ひとまずそれで足りる。なぜなら、事案が異例なものであるときや、特に複雑重大といえるときは、〔β①〕原課が属する局（原局）に控えている法務要員が、適宜フォローするためである。このように、可能な限り局の内部での解決を図るのであるが[17]、全庁的なバランスや当該局の所管を超える法分野を視野に入れて検討すべき事案にあっては、適時に局外との調整に移行する必要がある。そのため、各局の法務要員には、何ごとも自

第Ⅱ部　行政過程における法の担い手

表1　職員の立場・役割に応じて求められる資質・能力

立場		役割の概要	法実務において求められる資質・能力	
			法的なもの	その他
一般	α 原課の職員	○具体的な法の執行（行政処分、行政指導 etc.）	○所管する分野の行政法令（ex. 都市法、社会保障法）に精通していること ○私法の基本的な知識を有していること	・論理的思考力 ・コミュニケーション力 ・説明力 ・バランス感覚 ・前例や国の通達等を鵜呑みにせずに考える自主性 etc.
法務要員	β① 各局の一部職員	○原課の支援 ○局内の統括 ○局外（他局、法制課、庁外の専門家等）との連絡調整	○原課と法制課の中間程度の知識 ○原課と局外とを調整するための能力 ・事案を法的観点から捉え直し、その性質、軽重等を的確に把握する能力 ・事実関係の整理、証拠の収集等を行う能力	
	β② 法制課の職員	○原課（局）からの法律相談への対応 ○全庁の統括 ○庁外の法律専門家（弁護士等）との連絡調整	○行政法理論（行政過程論・行政救済論）に精通していること ○主要な法令（いわゆる六法、地方自治法等）の大要を押さえており、応用できること ○法的情報の調査・検索力、アップデート力等 ○高度の文書作成能力	

身で解決し切る力というよりは、事案ごとにその法的性質を的確に把握し、展開の見通しを立てた上、他者に説明する能力が求められることになる。これは結局、相当程度に高度な法的能力（又はそれを補う優れた判断力）である。

そして、〔β②〕法制課の職員であるが、上述の流れを受け、特に厄介な事案の判断を支える要となるのであるから、当然、高度な法的能力を必要とする。ただし、これは、あらゆる分野について原課の職員以上の知識を頭に入れておかなければならないということではない。知識として求められるのは、行政法の総論的な理論を深く理解していることのほかは、主要法令の仕組みの大要を把握しているといったベーシックなことにとどまる。重要なのは、これらを駆使することにより、現に発生した問題の解決のため必要な情

報にスムーズにアクセスし、当座必要な判断[18]にこぎつけられるか、また、判断した内容をきちんと説明し、相手の納得を得られるかといったことである。

以上のことから、法務要員に求められる資質・能力の枢要となるのは、法体系を俯瞰したり、法的言語を使いこなしたりすることができる素養であると概括しておく。

4 法学部・ロースクール出身者の法務要員への適性

法的な素養をみるための問答

3でみた法務要員に対する要請と、法学部・LSの出身者をこれに充てる人事とは、整合しているといえるだろうか。

人事当局が判断材料とする基本的資料に、履歴書がある。履歴書からわかる範囲で入庁前の学歴等を考慮するとしたら、概ね、〔A〕法学部・LSのいずれも出ていない者、〔B〕法学部を卒業し、LSには進まなかった者、〔C〕LSを修了した者という程度の区分をすることとなるだろう。

それでは、これらの区分に応じて、入庁時点でどの程度の法的な素養があると期待できるか。ここで、筆者が実務を通して得た経験に基づき、それぞれの区分に属する者の典型ないし平均と思しきありようについて、質的に表現する試みに挑戦した。表2に掲げた問答の様子をひととおりみてみられたい。問題は2つ用意した。「①」は行政法理論の基本的な知識を問うもの、「②」は私法の分野も関連するものである。これらの問いかけに対し、多くの場合どのように応じられ得るのかを概観すると、まずAは、絶句してしまうか、山勘で出したであろう答えが返ってくることもある。次にBは、正解といって差し支えないが、良くも悪くもかなり端的な答えが返ってくる可能性が高い。最後にCは、表のように淀みなくセリフのような言い回しがされるとは限らないが、Bとの比較では語彙が多く、相手を納得させようという意図を感じる答えが返ってくる印象である。

この問答は、筆者個人の主観・経験を統合してモデル化したものであると

表2 キャリア別にみる法的問答のモデル

区分				素養の傾向に基づく問答のモデル	
学歴等				①	②
法学部	LS	司法試験		問 『「命令」がいわゆる「行政処分」に該当することについて、知っていることを述べてください』	問 『「命令」の効力は、いつ生じるものと考えますか？』
—	—	—	A	答 『「行政処分」…。急に訊かれても…』	答 『課長が決定したときか、命令書に公印を押したとき、かな』
卒業	—	—	B	答 『「命令」は、個人に対して不利益を与えるもので、「行政処分」の代表例です』	答 『命令書が相手に届いたときです』
— 卒業 — 卒業	修了 合格		C (※)	答 『「命令」は、特定の者に具体的な義務を課す効果を持つ一方的な行為です。講学上の「行政行為」の典型であると同時に、「行政処分」すなわち判例ないし実定法上の「行政庁の処分」に該当することに疑いはないといえます』	答 『法律行為的な行為といわれていますから、意思表示に関する一般的法理である到達主義に従い、相手が命令の内容を現に知るか、知ることができたといえる時点で効力が生じると考えます。判例も支持する考え方です』

※ LS 修了の前後の事情は、本稿の関心に即する限り、区別して論じるほどの差異をもたらさないものと判断した。

いう性質上、当然に割り引いて受け止められるべきものであるが、あくまで現実の姿とかけ離れたものではないと信じてお示しするものである。

次項では、この問答を踏まえ、順に評価を加えることとする。

キャリアごとの法的な素養の分析・評価

(1) 区分A（法学部・ロースクール出身者以外）について

　（ア）　能力の分析

　ある職員が法学部・LS 出身者でなくとも、その者が専門とする個別法令についてみる限り、概念・用語の意味合いや使い方に関し実に正確な知識を

有しているということは珍しくない[19]。各部署で必須の知識は、入庁後の研修、OJT等により鍛えられ補われることでもある[20]。たとえば、当該個別法令において「業務改善命令」という見出しの条文が「…ときは、…を命ずることができる」旨を定めているとしたら、具体的にどのような事情があればいかなる内容の業務改善命令を出せるかについてであれば、詳しい説明ができるものと期待してよいのである。

しかし、ここでいう当該個別法令に固有の「業務改善命令」が、より高次の法的概念、すなわち「行政処分」に該当することについてまでその理解が及んでいるかというと、そうではないことが多く、実はこれが非常に危ういのである。もしもフォローする者が組織内に誰もいなければ、業務改善命令を出してしまってから、「『聴聞』って何ですか？○○法には書いていませんけれど…」という事態にさえ陥りかねない。

このように、法理論の基礎となる概念を知らないことは、行政争訟や行政手続に係る一般法や一般原則に配意したくてもできないことを意味する。自分の行為がどのような法的紛争に発展し得るのかの見通しを立てたり、できる限り紛争化しないためにいかなる手順を踏むべきかを検討したりすることができないのである。

上記の職員のように、「行政処分」を想起できない者にとっては、「命令」は「義務を課す行為」であると抽象化して捉え直すことも高いハードルである。それが講学上「法律行為的行政行為」と呼ばれていること、「意思表示」がその要素となっていること、「義務」が形成されるという効果を生じさせるためには、行政庁の意思を相手方に到達させるべきであることといった一連の仕組みが、同人にとっては自明のことではないのである。

こういった問題の一つ一つについて、結論だけを場当たり的に教え込むことは不可能でないとしても、それによって様々な有事を避けるべく応用的な判断ができるようになるかというと、心許ない。

（イ）　法務要員としての適性

一般論としては、人事当局において、区分Aの者をあえて法務要員として配置する動機は生じにくいものと考えられる。大学等の座学で学べることで

189

ある以上、入庁後の研修[21]でも身に付けられるはずとの考え方はあり得るとしても、全く素養のない者を指導的立場にまで育成するコスト[22]はなかなかかけられるものではない[23]。

なお、本邦の地方公務員は、採用時の筆記試験を突破するために、ある程度法律の勉強をしているはずではないかという指摘があるかもしれない。この点、多肢選択式試験[24]を突破するためににわかに仕込んだ知識が入庁後の実務を憂いのないものとしているかというと、残念ながらそうではないと筆者は認識している。

(2) 区分B（法学部卒の者）について
 (ア) 能力の分析
　法学部卒の職員から、簡にして要を得た回答が得られたときは、さすが長い時間法律に触れていただけあって、重要な概念やキーワードについて一定の蓄積はあるとの印象を抱く。しかし、もう一歩詳しく説明してほしいと求めると、多くの場合、言葉が続かなくなる。きちんと自分の言葉でアウトプットできる程度に確かな知識はあまり多くないようで、根拠の怪しいあいまいな説明になりがちである。このままでは、実務において、応用を利かせたり、他者を説得し、リードしたりするには不安が残るといわざるをえない。
　この例は、法学部卒の者の中でも、主要な法律科目（六法、行政法等）の単位をひととおり取得しているケースを想定している。つまり、通常程度に真面目に学業に勤しんだ者であっても、それが、卒業要件を揃えるための一時的な学習、職員採用試験を乗り切るための技術的な学習にとどまる限り、必ずしも実務に耐え得る知識水準を獲得・維持していると期待することはできないのである。

 (イ) 法務要員としての適性
　「法学部卒」なる者の危うさを先に述べてしまったが、一方で、少数ながら卓越した能力を持つ人材が含まれていることはいうまでもなく、その少数が、古くより自治体法務を支えてきたのである。
　つまるところ、区分Bの者は、とても個人差が大きいということである。

したがって、入庁後に相応の研修を行うなどのコストを見込んだ上であれば、広く区分Bの者を法務要員の候補とすることに問題はない。少なくとも、効率よく育成する素材としては申し分ないといえるためである。一方で、あくまで即戦力として指導的役割を担わせたいというニーズがあるのであれば、人事当局は、候補者の実力を慎重に見極めなければならない。

なお、筆者の認識では、主要科目の単位を取得していることは、区分Aの者と区別をするための最低限の目安である。しかし、履歴書に「法学部卒」と書いてあったとしても、その者がどのような科目の単位をいかなる成績で取得したかまではわからない[25]。つまり、最低限の目安すら、書類上は明らかとならないことも、人事を難しくしている。

(3) 区分C（ロースクール修了の者）について
(ア) 能力の分析

最後に、LS修了者についてみると、法学部卒の者と比べ、自信をもって発信することのできる言葉の数が多く、文脈が豊かであるように思われる。また、判例の考え方に言及しようとするなどの傾向からは、実務を意識し、相手を説得しようとするマインドが一定植え付けられていることが察せられる。これらのありようが、LSで行われる問答式の講義形態、いわゆるソクラティックメソッドの賜物であるとしたら、昨今その存在意義が問われているLSであるが、その所期の目的がいくらかでも達せられている徴表といえるかもしれない。

(イ) 法務要員としての適性

人事当局の立場からすると、区分Cの者は、区分Bの者と比べて、使いやすい人材といえるのではないか。なぜなら、(ⅰ) 司法試験という固有の目的に向けた教育を受けているため、修了までに得るべき知識の内容には均一性があること、(ⅱ) 課程に行政法理論の科目が確実に含まれていること、(ⅲ) 教育するLSの側も切磋琢磨していること等の種々の事情を併せ考えると、個人差を考慮に入れても、最低限これくらいの素養を備えているはずとの予測や期待をすることは、相当程度に合理的といい得るからである。

ただし、(a)入庁してすぐ法務職員として配置するのか、(b)その他の部署で経験を積ませてから法務職員に異動させるのかなど、どのようなキャリアを積ませることが組織への貢献度をより高めるかについては、なお検討する余地がある[26]。この点、京都市では、まだ模索中[27]であるものの、LS が発足してから10年程度の実績をみると、新規採用の LS 修了者を入庁1年目から法制課に配属させたことはない。他の部署で何らかの行政事務の経験を得させたうえ、3・4年めに法制課に異動させたという例は、複数ある。

5 おわりに

現状

ここまで述べたことをまとめると、指定都市の現状において、法学部・LS 出身者は、その法的素養に即して積極的に法務要員に配置され（又はその候補となることを通じ）、組織が正しく法を執行することに貢献している。特に LS 修了者は、能力の水準への信頼度が相対的に高いため、人事当局の判断を安定的なものにしつつあるといえる。

展望と期待

いわゆる「政策法務」論の高まりを強調するまでもなく[28]、自治体が適正に法を執行すべきことはもとより法治主義の要請であるから、昨今になって法務の重要性が急激に増しているかのようにいうのは、当を得ないことと思う。しかし、残念ながら古今東西「完璧」とはいえないのが現場の法実務であるから、法的能力に長けた人材をより多く投入し、より十全なものとすることを目指して努力を続けることは当然である。京都市は、LS 出身者に対し比較的積極的なリクルート活動を仕掛けているが[29]、これは自然な流れではないかと思われる[30]。

若干の見通しを述べるとすれば、司法試験合格者の就職難等の周辺事情をも踏まえると、自治体の新規採用者に LS 修了者が散見される状況は今後も続くと思われる。法的能力の高い職員の絶対数が増えれば、より多くの部署

に法務要員[31]を配置することが可能となり、自ずと、組織全体としての法務能力の底上げが期待できるであろう。

　本節がLSで教鞭をとる先生方の目に触れたならば、ぜひ、自治体法務の実践の場を教え子の進路の選択肢の一つとして認識されたく思う。また、本節では立法過程に関する視点はあえて捨象したものの、京都市に限らず、組織の事務分掌上、法務要員には条例・規則の案を審査する役割も併せて与えられることが多い[32]。LSの課程において、立法法務についても学ぶことができるとしたら、修了者の有用性はさらに高まる。地方自治関係法制についても深い理解を有しているとしたら、なおのことである。このようなニーズに呼応して、LSが変化していくことを個人的に期待している。

注

1) 地方自治法252条の19第1項に基づく指定都市をいう。
2) 立法過程に関する考察は、本書の他の論考に譲るべく本節では思い切って捨象した。紙幅の都合上、いわゆる「政策法務」論にもあえて踏み込まない。
3) 本節で単に「研修」というときは、平素の執務場所を離れて行う集合研修調のものを主に想定している。これはいわゆるOJTを軽んじるためではなく、むしろOJTは、法学未修者はもちろん既修者にとっても、新しく配属された職場で職務を全うするのに当然に必要なプロセスであると考えるためである。OJTの重要性を説くものとして、大森彌『自治体職員論』(良書普及会、1994年) 173頁以下。
4) 法律に強い職員がどのように育成されるかについて、育成の主体に注目して説明する論考として、金井利之編『シリーズ自治体政策法務講座　第4巻　組織・人材育成』(ぎょうせい、2013年) 163頁以下〔鈴木潔執筆部分〕。
5) 本節は、筆者個人の主観・経験に基づき持論を展開するものであるから、所属する組織の認識・見解と一致するとは限らない。
6) 京都市職員定数条例に基づく人数 (2017年度)。
7) 各課の課長には行政処分を含め多くの専決権限が与えられている。
8) 法務要員は問題解決の方策を原課と一緒に考えるが、意思決定の権限・責任はあくまで原課に存する。
9) 京都市で最も大きな組織の単位。環境政策局、保健福祉局等。
10) 当該課の長の采配により所属職員のいずれかに職責が割り当てられる (異動辞令には配属部署が示されるのみで仕事の内容が書かれていない組織実務のありようを分析するものとして、大森彌『自治体職員再論〜人口減少時代を生き抜く〜』(ぎょうせい、2015年) 136頁)。なお、庶務担当課の法務要員は法務以外にも多

11) 行政委員会事務局や公営企業局は、他の政策担当局と比べて自立・自律の度合いが高い。
12) 旧「文書課」内の1係であった時期等を経て、2009年度に現行の組織となった。
13) 課長を含め9人（2017年度）。法務担当組織の規模と自治体の規模の相関等に関し参考になる業績として、小林明夫『京都府及び同府内各市の法務組織について——2010年度から2011年度にわたるヒアリング調査の結果から——』愛知学院大学宗教法制研究所紀要54号（2014年）。
14) 任期付職員として弁護士を採用する自治体も増えつつあるが、京都市は導入していない。顧問弁護士も置いていない。
15) 少なくとも法制課（旧文書課）に配属される職員は、古くから全員が法学部又はLSの出身者である。喜多見富太郎「分権時代の自治体における法務管理」『自治体法務NAVI』5号（2005年）59頁。
16) 田尾雅夫『自治体の人材マネジメント』（学陽書房、2007年）43頁は、自治体の職員を人的資源と位置付け、その管理に際し「どのようなヒトが必要なのか」から出発する。
17) これにより、平素において法制課の業務がパンクすることを回避している。
18) 庁外の弁護士等専門家に協力を求めることを含む。
19) 建築士が典型であるが、理系の出身であっても法令の扱いに長けた職員は多く存在し、中には行政法理論に深く通じた者もいる。また、法的な素養の有無と論理的思考力その他の能力の高低とは全く関係がない。本文では、本節の趣旨に照らしてあえて大括りにして述べていることを強調しておきたい。
20) OJTなくして実務は成立しないが、実務における先例踏襲のバイアスには善し悪しがあり、ニュートラルな法的能力を身に付けることは簡単ではない。自治体組織の「先例踏襲」について考察するものとして、金井・前掲注4）39頁以下〔金井・松井望執筆部分〕。
21) 自治体の職員研修の実情については、自治大学校が定期的に動向を調査しており、総務省のHPにおいて参照できる。また、自治体職員の研修に関する体系的な著作として田中孝男『自治体職員研修の法構造』（公人の友社、2012年）。
22) 大学のカリキュラムでいう「行政法総論」や「民法総則」に相当する知識を身に付けさせるはコストはいかほどか。2010年から営利企業（第一法規社）により実施されている「自治体法務検定」は、個人が自学の意識を高く持つ限り、的確に法的能力を養うための有用なツールとして徐々に認知されてきているように思われる。その成績は、人事当局が法務要員を選ぶための資料ともなり得る。なお、人材育成における自学の重要性を説くものとして、稲継裕昭『自治体の人事システム改革　ひとは「自学」で育つ』（ぎょうせい、2006年）94頁以下。
23) 「適材適所」が「人材活用の基本」であることについて、田尾・前掲書注16）46頁。

24) 多肢選択式試験は予備校で受験テクニックを身に付けた者しか通らず人格者を取りこぼしかねないという視点からその弊害をいうものとして、稲継裕昭『現場直言！自治体の人材育成』（学陽書房、2009 年）22 頁。
25) 取得単位が政治系に偏っている者は珍しくない（善し悪しをいうものではない）。
26) 新卒者も新修了者も、社会人としての経験値に欠けることは変わらない。表1の「その他」の欄で示した一般的資質・能力については別途見極め、必要に応じて育成しなければならない。
27) 本節でいう法務要員とは異なるが、LS 修了者の即戦力性に期待して、入庁して最初の配属先を比較的高度の法的素養が求められる部署とした例は多い。
28) 地方分権改革後、政策法務の重要性が認識されるに伴い法務組織の様相が変わりつつあることについて事例を交え紹介するものとして、石原俊彦・山之内稔『地方自治体組織論』（関西学院大学出版会、2011 年）32 頁以下。
29) 一般行政事務職の枠での受験を勧誘するもの。「法務」、「法律」といった受験区分を設けることはしていない。
30) さらに積極的な取り組みとして、静岡市は現有の職員を LS に派遣し、政策法務スペシャリストを育成しようとしている（同市『静岡市政策法務推進計画〜分権社会・法化社会時代の政策法務〜《改訂版》』(2010 年)）。
31) 本節2で示した体制により単純計算しても、同時に数十名の法務要員が存在する（べき）こととなるが、職員の異動は法務要員同士を相互に交換していればよいというものではない。候補者が大勢いるほど人事の幅が広がることは自明である。
32) 自治体の法務を司る部署の標準的なありようを解説するものとして、塩浜克也・遠藤雅之『自治体の法規担当になったら読む本』（学陽書房、2014 年）。庁内の「政策法務担当組織」と「審査法務担当組織」を区別した上編制のパターンを分析するものとして、嶋田暁文「自治体政策法務の推進体制—現状分析と今後の課題」北村喜宣ほか編『自治体政策法務—地域特性に適合した法環境の創造』（有斐閣、2011 年）。

1 日本の地方公共団体における法曹・法律専門家の活用
②豊中市職員に求める法的素養について

松浦　弘明

1 はじめに

　本節は、行政における法の適用・執行過程と法律専門家について、中核市である豊中市の実例等を踏まえ整理し、検討するものである。本節では、実例等を踏まえるに当たって、地方公共団体に求められている社会情勢の変化を示し、地方公共団体の法務部門と原局部門の役割と課題をそれぞれに分けて検討した上で、中核市レベルの地方公共団体に求められる法律専門家の役割として、法律専門家の任期付職員等として地方公共団体での役割ではなく、法律専門家に準じた者である「法学部及び法科大学院卒の職員」(以下「法科大学院卒の職員等」という)の役割や豊中市が求める職員の法的素養について述べることとする。

2 地方公共団体の業務と法務

　平成12年4月に「地方分権の推進を図るための関係法律の整備等に関する法律」が施行され、地方公共団体は、公共的課題を解決するための地域における自立的な政策主体と位置付けられた。
　これまでは国と地方公共団体の関係については、地方公共団体は、権限もないが責任もとらないといったいわゆる「上下・主従関係」として機関委任事務を担っていた。機関委任事務に関する限りにおいて地方公共団体の首長は、大臣の下部組織と位置付けられ、主務大臣の指揮監督の下、中央政府からの一方的な通達等に従わなければならなかった。また、機関委任事務は国の事務であって地方公共団体の事務ではないので、条例の制定もできずその

ような機関委任事務が市町村の事務全体の3割から4割を占めていた。このように機関委任事務制度は、国から独立して意思決定をするという団体自治の観点や住民が責任と権限を持って主体的な自治を担う住民自治の観点からもそぐわないものであった。このような状況を「地方自治の本旨」に照らしてあるべき方向に是正するため、機関委任事務を廃止し、法定受託事務と自治事務に整理され、自治事務はもとより法定受託事務についても「地方公共団体の事務」とされ、地方公共団体の責任として担うようになった。また国や都道府県の関与についてもその方法やルールが法定化され、関与できる範囲についても必要最小限度とされ、地方公共団体の自主性及び自立性に配慮すべきとの基本原則についても定められたのである。

　このような経緯から、今日の地方公共団体の職員は、自ら政策を立案し、その政策をどのように実施していくのか独自条例制定等も含めた政策法務の実現が期待されその力量が問われている。これまでの技術的審査が中心の法制執務的法務から地方公共団体における自主的な条例制定、いわゆる自主立法法務として、積極的に条例制定権の行使が求められるようになった。

　また、地方公共団体の業務は、条例立案を行う「立法」以外にも、業務遂行をする「行政」、不服審査等における「準司法」と多岐にわたることから、これまで以上に職員には高い法務能力すなわち法的素養が求められている。また、行政需要の多様化に伴い、法令順守だけではなく社会規範の遵守も含めたコンプライアンスやリスク管理等の観点から、民事法制等に関する知識と適切な対応も求められている。

3　豊中市の法務部門の職員体制

　豊中市では、部制を敷いており、筆者の所属する総務部法務・コンプライアンス課の職員体制としては、課長1人、課長補佐1人、係長1人、係員4人の計7人体制で日々の業務に従事している。職員の出身学部は、法科大学院卒の職員等が5人（法科大学院卒「2人」、法学部卒「3人」）であり、その他が2人である。在課年数でみると、7年が2人、3年が2人、2年が1人、1

年が1人であり、これまでの豊中市での法務部門の体制からみると在籍年次は比較的短い傾向にある。

また、豊中市では、平成15年に法務主任設置規則を制定し、職員の法務能力の向上を図ることを目的として、各部局に法務主任（主に各部の総務担当課の課長補佐級）を1人以上配置している。法務主任の主な業務内容としては、当該部内の各課において作成された条例、規則等の原案の審査、部内の課等に生じた訴訟、不服申立て等の争訟事件に係る行政文書の審査を行っている。各部局に配置をしている意図は、課題の発生している原課により身近な部内の調整機能を果たす総務担当課の職員を法務主任として配置することにより、たとえば条例等の立案に関した場面では、条例等を制定する場合の基礎を形成し、かつその合理性を支える一般的事実、すなわち社会的、経済的、政治的又は科学的事実が存在しているのかという確認に優れているからである。

その上で法務主任には、政策法務能力の向上を目的として、毎年、法制執務だけでなく訴訟対応研修等を実施し、政策法務の機能の重要性の再認識と自主的に学び、高めていくことを喚起し、全庁的な政策法務機能の向上につなげている。

4　豊中市の法務部門の業務内容と求められる能力

豊中市の法務部門における主な業務内容は簡潔に述べると以下の3種類である。
(1)　条例規則訓令等の例規審査
　（ア）　立法事実を確認し、立法内容が法的に妥当なものであるか。
　（イ）　原局の立案の意図が、条例案等に正確に表現されているか。
　（ウ）　法制執務の観点から条文の表現及び配列等の構成は適当であるか。
(2)　原局からの法律相談
　（ア）　案件の事実関係はどうなっているのか。
　（イ）　相談内容の法的課題は何か。

（ウ）　争点となる根拠法の確認及び判例等から相談内容が解決できる事項か。
(3)　訴訟等の管理
　　（ア）　事実関係は時系列で整理できているか。
　　（イ）　争点となる根拠法は確認できているか。
　　（ウ）　弁護士と原局との連絡調整は円滑に行われているか。
　次に、法務部門に求められる能力は、法的思考力、調整力、判断力である。

法的思考力

　法的思考力は、「リーガルマインド」とも呼ばれる。法令の運用に当たっては、「解釈」が重要である。法令の解釈に関しては、法令の逐条解説書や国からの通知である技術的助言等は、法解釈の立法者の意図等を読み解く上で参考となる。

　しかしながら、国が示す技術的助言等については、法的拘束力はなく、地方公共団体の個別事情等は当然加味されているものではない。仮にその解釈のみに沿った運用をすることは、地方公共団体の法務管理において判断停止の状態に陥っていることを意味する。

　また、法令を巡っても様々な解釈があり、解釈の妥当性をはっきりさせるには、最終的には司法の判断によるしかない。しかしながら、その司法の判断についても一審と二審でその判断がわかれることもある。その一例として、非常勤の行政委員会の委員に対し月額報酬を支払うことの可否について争った県労働委員会等委員月額報酬支出差止請求住民訴訟判決（大津地裁平成21年1月22日判決）においては、選挙管理委員会、労働委員会、収用委員会については、法律上非常勤とされている以上、条例において勤務日数によらないで報酬を支給する特別の定めをすることはできないとし、公金支出は違法であると判示した。

　しかしながら、本件住民訴訟の上告審である最高裁平成23年12月15日第一小法廷判決は、月額、日額の選択は、「職務内容や勤務実態などを総合的に考慮すべきで、それらを知る議会に裁量権がある。」という見解に立っ

て、選挙管理委員会委員については、「一定の専門性が求められ、緊急対応も必要であり、勤務日数だけでは評価できない。」として月額制でも適法であると判示した。本件住民訴訟をめぐっては、地方公共団体における「法」とは「なに」か、自治体職員が遵守すべき「法」とは、原則として、法律の明文の規定又は確定した最高裁判決、慣習法、条理ではないのか、という視点が重要である。

よって大切なことは、国や府が自治体に示す、技術的助言等の法令の制定改廃に伴う通知、条例、規則等の準則、法律の解釈又は運用に係る行政実例だけでなく下級審の判例であったとしても「正しい答えとは限らない」ということを認識することである。そのため、根拠となる法令等から何が推測できるかを考え、課内で議論をし、検討することで結論を導いていき法令解釈をしていく必要がある。

調整力

調整力は、解決策までの道筋を示すために課題を抱える原局の意見を調整する能力である。法務部門は所掌する業務の特性から全庁の原局と関わることが多く、法務に関して俯瞰的な視点から相談内容に関して助言する必要がある。よって、必ずしも課題を抱える原局の意見に沿った解決策とはならない場合がある。そのような場合には、法的課題の説明と全庁的な視点からどのように対応すべきかを双方納得いくまで議論することが重要となる。特に政策立案を要する案件については、庁内の各部各課の所掌を横断するものも多分にあり、各部各課の意見を集約した上で、法的課題を抽出し問題提起を行うことが求められ、その上で組織決定を行う必要がある。

判断力

判断力は、原局の課題内容から法的課題を抽出及び共有し、課題解決の最適な手法について訴訟リスク等を検討した上で判断していく能力である。たとえば事故等が発生した場合には、事実確認を行うことは自治体にとって非常に大事なことであり、必ず実行しなければならない。事実確認を行う目的

は2つあり、第1は、その事故・事件の解明のためであり、なぜその事故等が起きたのか、その解明にあたることが主目的である。第2は、今後自治体に提起される可能性のある訴訟に対応するためである。

また、事故・事件が起きた場合は、事実確認は事故等が発生した当日に行うことが重要であり、事実確認をしていない、あるいは1週間も10日も遅れて事実確認をするようでは、事実確認の意味をなさない。よって早急に事実確認を行い、法的課題を抽出し、当該課題が地方公共団体に与える影響を判例等を踏まえて分析し、組織内で速やかに意思決定していくことでトラブル拡大を防止するのである。

5 原局の職員に求められる役割と能力

地方分権の進展に伴い、快適で個性のあるまちづくりを進めるためには、多様な市民ニーズを把握するとともに、地域の実情や特性を活かす施策・事業等を行政と市民の協働により、自らの責任で、決定・実施していく必要がある。

原局の担う事務の一例として、豊中市の市民課を紹介する。市民課の担う業務は、市民に身近な窓口として市民生活に関わりの深いものが多く、概ね以下のような業務を担っている。

(1) 戸籍や住民基本台帳等の法令に基づく市民の身分関係や居住関係の届出、証明書等の発行並びに国民年金に関すること
(2) 窓口サービスに係る総合企画及び調整

上記の業務を担う上で、市民課では、個別法の知識、事務を迅速に処理する能力、課題対応能力が求められる。

個別法の知識

市民課の業務では、住民票の写し等の交付等を住民の居住関係の公証や記録の適正な管理を図ることにより、住民の利便の増進と行政の合理化に資することを目的とする住民基本台帳法に基づいて自治事務を行う。

また、戸籍事務に関しては、戸籍は国民の身分に関する公証であり、全国一律の基準により処理することが求められることから第一号法定受託事務として戸籍法を根拠に事務を行う。

これらの事務を実施するにあっては、住民基本台帳法、戸籍法の知識だけではなく、判例等の知識も必要となる。具体の例としては、住民異動の不受理の是非に関する対応で問題となった旧オウム真理教信者の住居移転を拒否した処分（転入届不受理処分）が最高裁において違法とされ取り消された事例に関して既存住民の安全・安心の確保と、居住移転の自由・信教の自由との調和が求められた事例や弁護士法23条の2に基づく身分照会に関して市が弁護士会を通じて弁護士に回答したことに関して違法な公権力の行使とされた事例があり、これらの事例等も踏まえた適切な業務を実施する必要がある。

さらに、個人情報保護条例等の知識が求められた事例として、「住民基本台帳ネットワークシステムにより、プライバシーの権利等の人格権を違法に侵害され、住基ネット制度には、個人情報保護対策の点で無視できない欠陥があるといわざるを得ず、住民個々人の多くのプライバシー情報が、本人の予期しない時に予期しない範囲で行政機関に保有され、利用される危険が相当あるものと認められ、行政目的実現手段として合理性を有しないものといわざるを得ず、控訴人らの人格的自律を著しく脅かすものであり、プライバシー権を著しく侵害する。」としたいわゆる住基ネット訴訟での事例等もある。

このように、市民課の所掌する個別法令や判例に関する知識だけでなく、個人情報保護条例や判例等の知識から裁量権の逸脱濫用とならないよう事務を執行することが求められる。

事務を迅速に処理する能力

市役所には、多くの市民が主に平日のみという限られた開庁時間内に必要な手続のすべてを完結させる目的で来庁する。多様なニーズを的確に把握するため、市民からの声に傾聴する姿勢（当該市民に必要な事務の洗い出し→市民

課で所掌する事務の迅速処理→他課が所掌する事務の概要説明及び他課との連絡調整）を保ち、最小限の時間で事務を迅速に処理することが求められる。

課題対応能力

　市民からの声に傾聴する姿勢を保ち、市民ニーズの的確な把握をし、業務を取り巻く変化を認識し、具体的な対策を迅速かつ的確に講じる業務改善を行う能力である。社会経済の成熟化や地域の総合的行政主体としての地方公共団体の役割の増大に伴って、住民の行政ニーズが高度化・多様化しているのみならず、情報公開やボランティア活動などを通じて地方公共団体の行政のあり方についての住民の意識も変化している。このような住民の多様なニーズにきめ細かく対応するためにも、地方公共団体は従来の行政手法にとらわれず創意工夫を活かして対応することが求められる。たとえば、年度末・年度初めの市民の異動が重なる時期等には、休日開庁や窓口混雑予想の情報提供等を行うことや、窓口のワンストップサービスに向けた取り組み等、現状の課題に対応していく手法を検討し実施していく必要がある。

6　OJTや業務経験によって得る能力

　OJTや業務経験によって得る能力は、行政業務の現状に対する課題を認識し、政策立案していく能力である。法科大学院卒の職員等は、他の行政職員に比べ、一定水準の法律知識が備わっている職員が多いが、政策立案能力はOJTや研修等によって身に付く能力といえる。

　地方公共団体の職員が行う政策立案について検証すると、政策立案の手法は、一般の業務の管理のサイクル（マネジメント・サイクル）の「計画（plan）＝政策形成」⇒「実行（do）＝政策実施」⇒「評価（check）＝政策評価」⇒「改善（act）」の4段階の過程のうち、「計画」の過程に当たる。この際に最も力を入れて行う必要があるのが「現状把握」である。徹底した現状把握により、問題が発見され、解決すべき課題が明らかとなり、解決策すなわち政策の立案から政策実施へとつながっていくのである。現在の地方公共団体は、財政

危機を回避し、福祉・保健政策、教育、企業立地、大規模災害対策など地方行政のあらゆる分野にわたって、当面する少子化、高齢化、人口減少化、国際化、高度情報化、環境問題の深刻化等、地域の政策課題を解決すべく、その生き残りをかけて選択と集中によって「政策」を競い合うという「地域間・大競争」の時代であり、法令遵守についても社会的規範等も遵守することが求められている。もっとも社会的規範については、「船場吉兆事件」や「九州電力のやらせメール事件」等、民間私企業においても求められるようになってきている。これら社会的規範も含めた現状把握においては、様々な行政実務を経験することで、今自治体が置かれ行政の現状に対する課題を認識することができる。また、公益性・公共性を図りながら、バランス感覚を身に付ける必要がある。

　その上で、条例立案等をしていく立法学については、法科大学院卒等の職員であったとしても経験がないことから、判例等の知識を除けば、余り差異はなく、行政での業務経験と法務部門等の立案業務に従事する中で培っていくものである。

7　法科大学院卒の職員等に期待される役割

法科大学院卒の職員等に備わっている視点

　法科大学院卒の職員等は、他の行政職員に比べ、一定水準の法律知識が備わっている職員が多く、法律及び法務の視点に関しては、一種の客観性、一歩離れたところからみる「法の目で行政をみる」という姿勢をとることができる。豊中市の職員の個々のレベルは決して低くはないが、トラブル対応や業務遂行に関し、自分の頭で考えて法的視点から決定することは得てして苦手な場面も見受けられる。部局によっては、トラブル対応に際して、属人的な要素でその場を収めることに重点を置いて対応させてしまうこともあり、個別の事案に対する適切な事実認定とそれに基づく根拠法令を確認し適用させていく考え方が弱いことがある。

　先の「原局の職員に求められる役割と能力」の中で3つの能力を掲げたが、

実務上は、多様化するニーズに応えていくために、「事務を迅速に処理する能力」に重点が置かれがちになり、法令等に基づくものではない任意の行政指導を行うことが少なくない。その際に原局が事務を遂行する上で作成されている業務マニュアルは、多くの場合、業務を進めるに当たって大変頼りになる存在である。業務マニュアルは、法令等の文言がわかりやすく簡潔な表現にまとめられ、具体的例示なども掲載した理解しやすいものとなっている。しかしながら、業務マニュアルは当然のことであるが「法令ではない。」という視点が漏れていることがある。原局の職員にとってマニュアルは、頼りになる存在であるが故に、そのマニュアルに書かれた内容に注視し、新たな事象が生じたときには、業務マニュアルから導き出されうる解釈やさらなる例示を生み出すことが多いのである。そのため往々にして根拠法令との齟齬が生じたり、法令改正があった場合に対応できていない場合がある。よって常に最新の法令に照らして業務マニュアルが妥当なものであるかどうか、さらに、社会状況、市民の視点、民間の常識等に照らし点検・見直す必要がある。

 そのような中で、法科大学院卒の職員等は、行政手続法や行政不服審査法等の基礎知識は法学部や法科大学院での演習を通して培われていることが多く、トラブル発生時や業務遂行時に、その場面ごとに事実を整理し、この事実に対して対応方針を立て、手続の流れを法的視点から論点整理し、見通しを立て適正な執行につなげる視点に長けていることが多いのである。

期待される役割

 法務部門及び原局の職員に共通して法的素養が求められる能力であることは上記で述べたとおりである。法科大学院卒の職員等の果たすべき役割は、7の法科大学院卒の職員等に備わっている視点を活用して、法務部門での例規審査に関する立法内容の法的妥当性及び法律相談等に関する法的課題の確認並びに原局の業務マニュアルの適法性の確認や一次的な例規審査等多岐にわたる。豊中市の職員に求める法的素養については、研修及びOJTによっても十分に習熟されるものではあり、現に習得されている職員も多数いる。

第Ⅱ部　行政過程における法の担い手

　しかしながら、多様化する行政ニーズに応えるため、市全体の法的素養の底上げは急務となっており、即戦力として法科大学院卒の職員等に期待される役割は増してきている。
　しかしながら、法科大学院卒の職員等の職員についても豊中市が求める法的素養について即戦力となれない場面がある。それは、地方自治法や地方公務員法について課題となる場面である。地方自治法や地方公務員法には、地方自治の本旨に基づき、具体の地方公共団体の仕組みや条例や規則で定めるべき専権事項等が定められており、地方公共団体の職員として理解しておかなければならないのである。しかし、大学や法科大学院では、行政法を学んでも、多くの法科大学院には、地方自治法や地方公務員法に特化したカリキュラムは無いのではないか。地方公共団体の職員にとっては少なくともこれらの法律の知識が最低限必要とされる場面が多くある。即戦力として求めるのであれば、これらの法律の知識は欲しいものである。

8　豊中市の目指すべきもの

　豊中市においてはこれまで、「ミスター法務」といわれるような在籍15年以上といわれる職員を中心に法務部門の事務に従事してきた。なぜなら法務部門の事務の特性から経験がものをいう業務であり、その専門性の継承が重要であるからである。
　しかしながら、法務部門の事務の特性から、長年在籍する職員の意見は指標として重要であることは間違いないのであるが、「ミスター法務」を中心とした組織体制を敷いていた場合のデメリットとして、条例立案等に訪れた原局の職員は、「ミスター法務」の知識経験に頼り切ってしまうために相談した内容の結論のみの理解になってしまい、どのような視点から結論が導き出されたのか、その重要な要素である「結論までの過程の理解」ができていないことがあり、組織として責任を持つという体制が整っていない側面があった。
　このような実例として、条例等の改正の審査時に原局に条例設定した当時

の個別の条文の立法趣旨を確認すると多くの場合で共有されておらず、設定当時の資料でさえ保管がされていないことがある。「困った場合は法務部門のミスター法務に聞けばよい」という意識があり原局として説明責任を果たすという視点が欠如していたからである。この点は非常に問題である。

そのような課題を補うため、豊中市においてはスペシャリストではなく幅広い経験を有するジェネラリストを求め、多くの職員が法務部門や法務主任等を経験することで豊中市の職員全体の法的素養の底上げを行っている。

このような体制を敷いている現在では、法務部門の審査結果に対しても原局等から意見や反論を聞くことや、法的視点だけでなく行政効率の観点や歳入確保の観点等の様々な角度から意見を交わすことが珍しくなくなっている。施策の決定の場面では、法務部門においても予防法務の観点での「炭鉱のカナリア」としての役割である「守りの法務」から「攻めの法務」へ発想の転換が図られている。「攻めの法務」を実践するため、課内で議論をするだけではなく、場合によっては法務部門のOBである「ミスター法務」に当時の整理内容や今後の方向性について意見を聞くことや、議論をすることで経験年数の少なさをカバーし、組織としての一貫性を担保しながら、結論を導いていき法令解釈をしている。このように様々な角度から検討するために法科大学院卒の職員等とそれ以外の職員が課題解決のために努力し、協調しあうことで、双方の利点を活かした相乗効果を生むのである。「門前の小僧、習わぬ経を読む」という諺があるが、双方の利点を各自の知識として習得し、学んでいくことができる。豊中市の職員として「何を最低限やらなければならないか」という姿勢から「何をどこまで行うことができるか」という発想の転換をし、法の代弁者としてだけでなく、法を創造していける体制を目指していく必要がある。

9 おわりに

近年「コンプライアンス」には法令遵守だけでなく社会規範の遵守をも包摂する概念として捉えられ、公権力の行使に当たる地方公共団体の職員には

これまで以上に法的素養に加え説明責任も求められている。

　これに対して、これまでの通常の公務員試験を突破したというだけでは、法的素養が十分であるとは到底言い難い側面があるのは上記で述べたとおりである。このような中で、法科大学院卒の職員等に期待される役割は増してきており、豊中市においては、すでに行政課題の実務に従事している職員も増加してきている。ただ、地方公共団体の課題の解決に向けた法科大学院卒の職員等が果たすべき役割については、地方公共団体の規模等や組織体制によって異なることも多分に想定される。よって、求められる人材に関しても地方公共団体の規模等によって「一様ではない」という認識は必要であるが、地方公共団体の課題の解決に必要とされる能力を有する人材と大学で育成される人材との情報共有を行い連携していくことがより一層求められるであろう。

注

1) 松村享『自治体職員のための政策法務入門2』（第一法規、2008年）12頁以下参照。
2) 石川公一『自治体職員と説明責任』（ぎょうせい、2014年）269頁以下参照。
3) 宇那木正寛『自治体政策立案入門』（ぎょうせい、2015年）16頁参照。
4) 塩浜克也・遠藤雅之『自治体の法規担当になったら読む本』（学陽書房、2016年）21頁参照。

2　フランスの地方公共団体における法律専門家の役割

北村　和生

1　はじめに

本節の対象―フランスの地方法律専門家はどのような役割を果たしているか

　わが国においても、地方公共団体では多くの法律専門家が公務員として活動している。従来は、一部の地方公共団体を除き、地方公共団体で活動する法律専門家の多くは、通常の公務員試験に合格して採用された（その多くは大学法学部の出身であったと考えられる）一般職の公務員であった。近年は、司法試験に合格し、弁護士資格を有する者が地方公共団体で活動する例も珍しくはなく、その数も増加傾向にあると考えられる[1]。その背景には、後に紹介するフランスの場合にも類似する点がみられるが、地方分権改革による地方公共団体の権限の増加、行政事件訴訟法や行政不服審査法の改正にみられる行政争訟制度の充実を考えることができるであろう。

　本節では、わが国の地方公共団体で活動する法律専門家に求められる役割や、新たな問題点を考察するために、フランスを比較対象として取り上げ、フランスにおける地方公共団体において法律専門家がどのような資質や能力を備え、どのような役割を果たすことを求められているかにつき、比較的最近の資料に基づき、整理し紹介するものである。さらに、フランスでは、サルコジ政権やオランド政権の下で、かなりドラスティックな地方制度改革が進められてきたが[2]、このような地方制度改革の進展により、フランスの地方公共団体における法律専門家にどのような影響がみられるのかについても簡単に触れる。ただし、本節では筆者の能力的な制約から、フランスの地方制度改革自体は分析対象とはしない。また、本節では最近、特に 2017 年の大統領選挙後の動きについては考察対象には含めていない。

　フランスの地方公共団体は、州、県、コミューン（ほぼわが国の市町村にあ

たる）の 3 段階があり、複数のコミューンをまとめた広域団体である EPCI（établissement public de coopération intercommunale）も、近年その重要性を増しており、むしろ現在は地方公共団体としては、他の主体よりも重要な存在となっているとも考えられている[3]。これらの各地方公共団体ごとの違いを考える必要もありえようが、本節では、これらを特に区別していない。ただ、本節の記述は主としてコミューンを念頭に置いている。

フランスの地方公共団体における法律専門家とは誰のことか

内容的な検討に入る前に、フランスの地方公共団体における法律専門家とは、そもそも誰のことを意味するのかについて、簡単に確認しておきたい。

フランスでは、民間企業の場合にも同じであるが、弁護士としての登録を続けながら、地方公共団体内部で公務員として活動することはできないのが原則とされてきた。したがって、フランスの地方公共団体における法律専門家とは、わが国においてみられるような通常の公務員試験を受験して公務員となり、法務部門やあるいはそれ以外の部署であっても法的な問題を扱う職員である法律専門家と[4]、地方公共団体の仕事を依頼された外部の弁護士の2つに大きく別けることができるであろう。

まず、地方公共団体の法務部門等の職員となっている法律専門家についてである。フランスの地方公務員は、おおむね、カテゴリー、職群（cadre d'emploi）、系統（filière）によって分類されている[5]。各系統の職務については、地方公務員の採用や研修を担当する全国的な組織である、CNFPT（Centre national de la fonction publique territoriale）[6]が詳細なリストを定めているが[7]、行政系統の行政専門職（attachés territoriaux）の職群には、法務部門（affaires juridiques）の職員が分類されている。このような職群に含まれる地方公務員が法律専門家の典型例と考えてよいであろう。

しかし、地方公共団体の法律専門家はこのような法務部門の管理職クラスの者に限定されるわけではないであろう。組織についての詳細は後に触れるが、法律専門家は、法務部門だけではなく、契約担当部門や都市計画部門にも存在するからである。これらの法律専門家は、地方法律専門家（Juriste

Territorial）と総称されることがある。地方法律専門家は、上記のような特定の職群に所属する者に限定されるわけではなく、また、裁判官や弁護士のような資格が特に存在するわけではないことから、その外延が明確ではなく、地方法律専門家の総数も不明であるが、地方法律専門家の全国的な団体であるANJT（L'Association Nationale des Juristes Territoriaux）に所属する論者によると、以下のように説明されている[8]。すなわち、公法のジェネラリストで、都市計画や公共調達等の専門分野を持ち、民刑事法の各概念を操作することができる多様なジュリストであるとされている[9]。地方法律専門家は、公務員においては、カテゴリーA（管理職に該当する）に属するとされ、少なくとも学士号レベルの経歴が要求されるとのことであり、わが国であれば、大学学部卒で将来的に管理職になることが予定される公務員にあたるものと考えてよいであろう。

次に、弁護士である。弁護士はわが国においてと同様に、やはり地方公共団体の訴訟実務を担う場合が一つの典型として考えられるであろう。とはいえ、フランスにおいては行政訴訟等の訴訟実務においても、弁護士強制が存在しなければ、地方法律専門家が一定の活動を行うことができる。また、かつては弁護士自身の行政訴訟に関する知識や経験が必ずしも十分ではないことから、地方公共団体の訴訟実務において、必ずしも弁護士が関与する場合が多くなかったとの認識もみられた[10]。もっとも、フランスにおいても、弁護士の増加に伴う職域拡大が議論されており、行政訴訟や地方公共団体の業務が、都市部の弁護士からは進出対象と考えられている傾向がみられるのはわが国と類似する点であろう。

2　地方公共団体における弁護士の役割

すでに紹介したように、フランスにおいては、日本と同じような組織内弁護士はみられないため、弁護士が弁護士として地方公共団体の業務を行う場合、地方公共団体の外部で業務を行うこととなる。したがって、地方公共団体が弁護士に業務を任せることは、地方公共団体の業務の外注あるいは外部

化（externalisation）の一種であると考えられる。

　すでにみたように、フランスの地方公共団体では訴訟に関するものを含む法的な事務の多くを地方法律専門家が行っている。しかし、一定の場合、外部の弁護士に地方公共団体の業務が外部化されることがある。地方公共団体がその法的業務を外部の弁護士に委託する場合、弁護士には、どのような役割を果たすことが求められるのか、ANJT の代表者（president）である Dyens の整理によると、以下のように考えられるとされる[11]。この Dyens の整理に基づく類型は、それぞれが、排他的な関係にあるのではなく、ある程度は相互に重なり合っているものと考えるべきであろう。

　第 1 に、弁護士に専門家（expert）としての知識を求める場合である。すなわち、特別な問題への法的な助言を求める場合や、条例案や契約書の作成、法的な問題についての公務員の研修等が挙げられる。このような場合、地方法律専門家は地方公共団体の現場と弁護士を仲介する役割を果たすことが求められるとされる。

　第 2 に、第 1 の場合と関係すると思われるが、弁護士に補助者（assistant）としての役割が具体的な事例で求められる場合があるとされる。たとえば、施設の管理形態を選ぶ際に公共団体直営によるのか、あるいは民間委託の形態をとるのかについて選択する場合が挙げられる。Dyens によると、このような場合には、外部の弁護士と地方法律専門家が協力して活動するが、弁護士には、第 1 の場合のような専門的な知識だけではなく、弁護士としての経験が要求されるとしている。興味深いのは、地方法律専門家にも、もちろん経験はあるのだが、地方法律専門家の経験は各個別行政分野の深い経験であり（「垂直的経験」と呼ばれる）、弁護士に要求されるのは各法分野に横断的で水平的な経験であるとしている点である。都市計画法や建築法規等の各個別行政分野の法的な問題であれば、外部の一般的な弁護士よりも、地方公共団体内部の地方法律専門家のほうがより深い知見と経験を有しているということは、わが国でも少なくないと思われる。しかし、外部の弁護士には、個別の法分野よりも広い視点で法的な問題を検討することができる点が、地方法律専門家ではなく外部の弁護士に依頼すべき理由であるという指摘といえる

であろう。

　第3に、一種の対症療法としての弁護士が考えられるとしている。すなわち、小規模な地方公共団体やEPCIのように、自前の法務部門や専門の職員を有することができない場合、人的資源の欠落を補うために、外部の弁護士に依頼するという場合である。フランスにおいては、後述する地方制度改革により、地方公共団体の規模は拡大する傾向にあると考えてよいであろうが、いまだわが国の地方公共団地と比較した場合極めて小規模な地方公共団体が見られるのが実態である。このような小規模な地方公共団体において、外部の弁護士に法的な事務を依頼する実態がある[12]。

　第4に、代行（substitut）としての弁護士が考えられるとしている。法務部門や地方法律専門家といったスタッフを有している地方公共団体であっても、その機能の一部を外部の弁護士に依頼する場合がありうる。典型的なのは、非常に複雑で先端的な分野で、内部の法務スタッフのリソースを大きく消費する場合や、機密保護の必要性から第三者に事務を任せる場合であるとされる。わが国においても行政不服審査法に基づく審理員につき地方公共団体が外部の弁護士に依頼する場合があるが、このような場合、中立性の確保だけではなく、内部的な法務スタッフのリソースの節約といった理由が考えられるのと同様であろうか。興味深いのは、一種の「戦略的」な対応が指摘されている点である。すなわち、一定の法的な問題につき、地方法律専門家が対応することが可能であっても、地方法律専門家の提案等が現場の行政スタッフから反発を受ける場合がありうる。このような場合、あえて外部の弁護士に依頼することで、内部的な反発を回避する場合があることが指摘されている。もっとも、このような理由で外部の弁護士に依頼することは、地方公共団体内部の地方法律専門家の責任感の欠如等につながりうるマイナス面もあるとする。

　その他、意思決定に関する外部の弁護士への依頼もあるとされるが、例としては稀であるとされる。

　以上の外部の弁護士が地方公共団体の行政に関与する場合に果たす役割は、おそらくその多くがわが国においても、当てはまるものと考えられる。

もっとも、わが国の地方公共団体には、中間的な存在として行政の組織内弁護士が存在する場合がみられ、その場合には、これらの機能はむしろ組織内弁護士によって担われていると考えることができるかもしれない。

3 地方公共団体における地方法律専門家の役割

地方公共団体における地方法律専門家の役割とその変化―その背景

　フランスの地方公共団体においても、法律専門家の役割が拡大し、その数も増加しているとされるが、その背景として、地方分権の進展、生活の司法化、フランスに特殊な事情であるがEUの規制を含む法規範の増大、そしてインターネットの発達やそれに伴う権利擁護へのアクセスの容易さが挙げられている[13]。これらの背景となる点は、EUの規制の増大を除いて、いずれもわが国においても共通すると考えてよいであろう。

　もっともこれらの理由のうち、地方分権については、やや追加的な説明が必要であろう。というのもフランスにおける地方分権は、1980年代のミッテラン政権以降各方面で進められてきた[14]。しかし、地方法律専門家が重要性を持つようになったのは1990年代以降とされるように、地方分権の進展による地方公共団体の事務の増大と地方公共団体における地方法律専門家の重要性の高まりは、時期的には必ずしも一致していないからである[15]。この理由は、いくつか考えられようが、地方分権によって増加した地方の事務を必ずしも地方公務員が行ったわけではなく、それらは出向等により地方公共団体で活動する国家公務員によって担われていたのが実態だったからではないかという点を指摘できよう。フランスでは、中央集権的な制度が続いていたため、地方分権で増大した事務を担いうる人材が地方に十分に備わっていなかったことがその理由の一つであろう[16]。1980年代以降、地方分権の拡大が続けられ、それに伴い、地方公共団体において、様々な理由から地方行政に有能な人材が求められるようになり、10年以上経過してから、地方公共団体における地方法律専門家の役割の重要性につながっていったのではないかと推測することができる[17]。したがって、地方分権による権限の拡大

は、それだけで直ちに地方法律専門家の役割を拡大し、その存在価値を高めたのではない点には注意が必要であろう。

地方公共団体における地方法律専門家の役割とその変化—その実態

上のような背景の下で地方法律専門家の役割は拡大し変化してきたが、ここでは、その内容を、やはり、Dyens の別の論攷に基づいて整理していくこととする。

地方公共団体において地方法律専門家が担う役割は、Dyens によると大きく二つに分かれるものとされる。第1に、「職業の核心」(cœur de métier) とされている訴訟に関連する事務である[18]。第2に、新たな役割として、予防的な性格を有する活動の一種と考えられるが、法的な危機管理に関する役割が地方法律専門家にはあるとされる。以下、個別にみていくこととする。

(1) 古典的な役割　訴訟に関する役割

訴訟に関する役割は、古典的な法律専門家の役割であり、地方公共団体における地方法律専門家であっても同様である[19]。地方法律専門家が関与する訴訟は、行政訴訟でだけではなく民事訴訟や刑事訴訟も考えられるであろう。行政訴訟の場合、フランスの行政訴訟は、急速審理手続を除き、書面審理が中心であり、弁護士ではなく、地方法律専門家が書面作成等で大きな役割を果たしていると考えられる[20]。

もっとも、古典的な訴訟に関する業務は、基本的に大きな役割であることはそのとおりであるが、近時のフランスにおける地方法律専門家の任務は、それに限られるものではなく、新たな分野もみられるとのことである。一つは、訴訟が地方法律専門家に委ねられる傾向が強まっていることであり、また、本節2でみたような外部の弁護士に依頼する場合は、地方法律専門家にとっては、これらの弁護士と地方公共団体の関係を仲介するという役割も重要である。さらに、訴訟に関する活動も多様化しているとされ、訴訟前に紛争の解決が図られることや、公共調達に関する分野では、和解 (transaction) による解決が図られることもあるとされ、これらの分野でも地方法律専門家が一定の役割を果たすとされている。

(2) 新たな役割　予防的な役割

　上でみたように、地方法律専門家は訴訟の提起やそれに関わる書面の作成といった古典的な業務の他に、当然のことながら、外部の弁護士との調整や和解等の業務を行う。さらに、こういった業務の他に、地方法律専門家は新たな役割として予防的な役割を果たすようになったとされる。

　Dyens は、地方法律専門家の新たな役割について、いくつかの例を挙げているが、わが国の状況に照らしてまとめると、以下のようになるであろう。

　フランスの地方公共団体が、政策決定や意思形成を行うときに、地方法律専門家の新たな役割は、国内法だけではなく、EU 法等の新たな法的な環境の変化に注意を払いながら、地方公共団体の意思決定の法的な安定化や法的な安全性（sécurisation juridique）を高めることであると考えられている。後にも触れるが、わが国で地方公共団体の政策法務が論じられる場合と類似する状況にあると考えてよいであろう。このような場合、地方法律専門家の役割は、単に地方公共団体の条例や行政処分につき事後的に法的なチェックを行うだけではなく、地方議員や地方公共団体の意思決定を行う者の判断を法的な面から調整・支援するファシリテーターとしての役割である。そのために、地方法律専門家は法的なリスクを検討し、将来的には、法的なリスクのリスクマッピング（cartographe des risques）を行うべきことも指摘されている。

　さらに、Dyens は、地方法律専門家の新たな役割として、興味深い点として、「行政の法文化（culture juridique d'administration）」の促進を指摘している[21]。行政の法文化とは、公務員や地方議員等の地方公共団体の各アクターが行政の運営に法的な拘束を内在化させる能力のこととされ、地方法律専門家は、実際の行政担当者や議員等との対話や協働を通じて、このような行政の法文化を広げるとされており、これが、地方法律専門家の新たな役割とされる。わが国の文脈で捉えるなら、法意識と具体的な法的知識が、法務部門の職員だけではなく、他の部門の公務員や地方議員に共有されていることを指すものと思われる。わが国でも、地方公共団体に組織内弁護士を導入する場合、個別の法的問題の解決に資するためだけではなく、職員全体の法的な知識や意識の向上が期待されることがあり[22]、このような点で、フランスとの類似

性を指摘することもできよう。

地方公共団体の組織と地方法律専門家

　最後に、地方法律専門家が地方公共団体の内部でどのような組織となっているかについて簡単に触れておこう。地方法律専門家を採用する、あるいは法務部を組織として置けばそれで十分ではなく、上記のようなファシリテーターや法文化の促進を適切に行うためにはどのような組織が適切かという観点が重要となる。

　Dyens の指摘を[23]、筆者がまとめると、次のような 3 つの類型がありうる。すなわち、一つの法務部に全地方法律専門家を集中させる類型、集中的な法務部を置かず各行政部門に地方法律専門家を分散配置する類型、中央に小規模な法務部を置き、さらに、各行政部門に地方法律専門家を配置する類型である。集中型や分散型は小規模な地方公共団体では採用されうるとされるが、適切な類型は第 3 の類型と考えられているようである。第 3 の類型では、全体的で横断的な法的問題については中央の法務部が対応するが、それ以外については、分散された各部門の地方法律専門家が対応するとしている。専門性と組織の一貫性を求める類型と考えられるが、各部門に配置された地方法律専門家と中央の法務部門を結ぶネットワークを活性化させる必要があることが指摘されている。わが国でも、組織内弁護士に代表される法律専門家をいわゆる法務部に所属させるか、各行政部門にそれぞれ配属させるかは一つの論点とされることがあるが、同様の問題点を含むものと考えられる。

4　おわりに

　以上で、フランスの地方公共団体における弁護士や地方法律専門家の役割やその変化につき、主として、地方法律専門家である論者の論考を中心に整理した。最後に、今後の課題として、わが国の政策法務との関連性と最近のフランスの地方分権改革が地方法律専門家へ与える影響について、現時点で

第Ⅱ部　行政過程における法の担い手

可能な点のみ指摘しておくこととする。

わが国の政策法務との比較

　上でみたように、フランスにおける、地方公共団体の法律専門家の状況は、わが国と共通する点が多い。また、フランスの地方法律専門家に現在求められている役割も、わが国の地方公共団体における自治体法務や政策法務で論じられる点との共通性が認められるであろう。論者によってやや違いがあるが、わが国のある政策法務に関するテキストによると[24]、地方公共団体の法的活動として、立法法務、解釈運用法務、争訟法務、評価法務、審査法務、基礎法務、危機管理法務の7つがあるとされ、これらがいずれも自治体法務に含まれるとされる。さらに、同書は、前4者を政策法務の主な対象としている。本節2でみたフランスの地方法律専門家の役割は、これらの多くの部分と重なるものであり、特に争訟法務や危機管理法務に当たる活動が、近時の地方法律専門家の活動として重視されていると考えることができよう。

　また、わが国では、2017年6月の地方自治法改正により、少なくとも都道府県と指定都市においては、内部統制に関する方針の策定と内部統制体制の整備が義務付けられることとなった（改正後の地方自治法150条1項。2020年より施行）[25]。このような内部統制においては、地方公共団体は、策定した方針に従って、様々なリスクを評価し適切に対応することが求められることとなる。フランスの地方法律専門家が法的立場から、リスクについての対応が求められているように、今後わが国においても、組織内弁護士を含む法律専門家によるリスク対応が求められる機会は一層増加するものと考えられる。

　もちろん、いうまでもなく、わが国の自治体法務や政策法務とフランスの地方公共団体を比較するためには、以上のような抽象的な類似性の指摘では不十分であり、具体的な事案の検討が不可欠であろうが、この点については今後の課題としたい。

フランスの地方分権改革の影響

　また、最近のフランスの地方制度改革と地方法律専門家の役割の変化についても簡単に触れておこう。フランスの地方制度改革は、政権交代等により変更が激しく、また、すでに述べたように、制度改革の詳細には立ち入ることはできないが、フランスにおいても地方法律専門家にとっては大きな関心事となっていることがうかがえる。多くの論点が存在するが、以下では地方法律専門家の役割に関して1点のみ指摘しておく。

　サルコジ政権さらにそれに続くオランド政権下でのフランスの地方制度改革としては、メトロポールのような大都市制度に関する2014年1月27日法（MAPAM法）や[26]、州の規模拡大とその総数の削減を行った2015年1月16日法（「州再編統合法」と呼ばれる）、州の権限に関する2015年8月7日法（NOTRe法、「地方行政機構改革法」と呼ばれる）が制定されてきた[27]。これらの制度改正により、特に州や大都市制度には大きな改革が行われ、行政の広域化や権限の委譲が行われてきた。しかしながら、このような制度改革は、地方公共団体の制度や権限を複雑にしてきた。たとえば、MAPAM法によるメトロポールには一般型と特別型（パリ、リヨン、マルセイユを対象とする）があり、それぞれ権限に違いがある。また、特別型メトロポールも様々な権限を有する。このように、最近のフランスの地方制度改革は、地方公共団体にとっては、制度の複雑化や規範の増加により、法的な不明確さが生まれる要因となっていると考えられる。このような背景の下で、地方法律専門家は、複雑性を増すフランスの地方制度改革下において、法的な不明確性を減少させる（reducteur d'incertitude）という新たな役割が求められるとの指摘がみられる[28]。

注
1) 参照、岡本正編『公務員弁護士のすべて』（レクシスネクシス・ジャパン、2016年）140頁以下。
2) Voir, J. Waline, *Droit administratif*, 26e édition, 2016, p. 121 et s.
3) EPCIについて、木村俊介『グローバル化時代の広域連携―仏米の広域制度からの示唆』（第一法規、2017年）194頁以下参照。

第Ⅱ部　行政過程における法の担い手

4) フランスの地方公共団体では、一部の幹部職員については、試験によらず政治的に任用される職員も見られるとのことである。参照、玉井亮子「フランスにおける地方公務員上級幹部職と官房職—その任用と職務」法と政治 62 巻 2 号（2011年）1 頁以下。
5) フランスの地方公務員の任用制度等について、植村哲「欧州公務員情勢—地方公務員制度及びその運用に関する比較論的考察（第七回：フランスの地方公務員制度に関する比較論的考察（その三））」地方公務員月報平成 21 年 4 月号（2009 年）30 頁以下参照。なお、地方公務員制度に関する訳語は同論文による。その他、フランスの地方公務員制度全体について、勝目康「欧州公務員情勢—地方公務員制度及びその運用に関する比較論的考察（第四回：フランスの地方公務員制度）」地方公務員月報平成 20 年 9 月号（2008 年）63 頁以下も参照。
6) CNFPT について、植村・前掲注 2) 32 頁参照。
7) http://www.cnfpt.fr/node/146/repertoire-metiers/famille/6?mots_cles
8) ANJT は、地方法律専門家の団体であり、そのメンバーは、地方公共団体の法律家に関し多くの論攷を発表している。本稿もこれらの ANJT の論者による論攷に多くを負っている。ANJT については以下のサイト参照。　http://www.anjt.net/
9) M. Tournon, Profession: Juriste territorial, *Actualité Juridique Collectivités Territoriales*, 2013, p. 460. なお、本節では、*Actualité Juridique Collectivités Territoriales* の論攷は、以下のダローズ社のデータベースに基づいている。　http://www.dalloz.fr/
10) 参照、拙稿「公的部門における法律専門家—フランスにおけるその養成と役割」阪大法学 63 巻 5 号（2014 年）296 頁。
11) S. Dyens, L'externalisation de la prestation juridique, *Actualité Juridique Collectivités Territoriales*, 2012, p. 462.
12) 拙稿・前掲注 10) 298 頁。
13) M. Tournon, *op. cit.*, p. 460.
14) 参照、山﨑榮一『フランスの憲法改正と地方分権』（日本評論社、2006 年）41 頁以下。
15) S. Dyens, Le juriste d'administration territoriale, *Actualité Juridique Droit Administratif*, 2014, p. 2511.
16) フランスの地方公共団体の幹部職員に対する国家公務員からの人材の供給について、玉井亮子「フランスにおける地方公務員上級幹部養成課程とその特徴」法と政治 61 巻 4 号（2011 年）95 頁参照。
17) 参照、玉井亮子「フランスにおける地方公務員制度とその展開過程」法と政治 58 巻 3・4 号（2008 年）159 頁。
18) S. Dyens, *op. cit.*, 2014, p. 2512.
19) わが国の実態も同様であろう。参照、「自治体内弁護士という選択」LIBRA17 巻 1 号（2017 年）18 頁以下。
20) 参照、拙稿・前掲注 10) 297 頁。

21) S. Dyens, *op. cit.*, 2014, p. 2514.
22) 参照、岡本・前掲書注1）142 頁。
23) S. Dyens, *op. cit.*, 2014, p. 2515.
24) 自治体法務検定委員会編『自治体法務検定公式テキスト・政策法務編平成 29 年度検定対応』（第一法規、2017 年）9 頁以下〔出石稔執筆〕。
25) 改正地方自治法に関する論考は数多いが、内部統制について、塩川徳也＝細川敬太＝陸川諭「2017 年地方自治法等改正の具体的内容」自治実務セミナー 2017 年 9 月号 2 頁以下。
26) メトロポール等のフランスの広域共同体の詳細については、山﨑榮一「フランスにおける市町村と広域共同体の関係に関する覚え書き（上）」地方自治 805 号（2014 年）41 頁以下参照。
27) 参照、黒瀬俊文他「オランド大統領によるフランスの地方自治制度改革に関する動向（六）」地方自治 811 号（2015 年）78 頁以下。
28) S. Dyens, Réforme territoriale ou réforme des territoires?, *Actualité Juridique Collectivités Territoriales*, 2015, p. 197.

第3章　不服審査の担い手と法律専門家

1　日本の地方公共団体における不服審査体制と法律専門家

佐藤　英世

1　はじめに

　行政不服審査法が、2014年6月に抜本的に改正（平成26年法律第68号）された。これにより、地方公共団体も、行政不服審査会の設置など（行審81条・4条柱書参照）、新たに行政不服審査制度を整備することとなった。

　本節の目的は、地方公共団体の新たな行政不服審査体制の実態を調査し、その特色及び当該制度における法律専門家の役割を明らかにすることにある。

2　行政不服審査制度の意義とその改正

行政不服審査制度の意義

(1)　制度の目的

　行政不服審査制度の目的は、類似の制度を有する諸外国と同様に、①行政の自己統制、②国民の権利保護、③裁判所の負担軽減にあるといえる[1]。また、この制度は、国・公共団体との関係において、行政事件訴訟法に基づく裁判所による権利救済と並んで、国民の権利救済手段として重要な意義を持つ。

(2)　制度の意義

　行政不服審査法は、行政不服申立てに関する一般法であり、個別法で特別な規定が設けられていない限り[2]、同法が適用されることになる。ここでいう行政不服申立て（審査請求）とは、行政庁の処分その他公権力の行使に当

たる行為に関し不服のある者が、行政庁に対し不服を申し立て、行政庁の違法または不当な行為を是正し、簡易迅速に自己の権利利益の救済を求めることをいう。審査請求の対象には、改正前と同じく法令に基づく許認可等の申請に対する行政庁の不作為も含まれる。また、ここでいう行政庁の処分又は不作為には、国のみならず、地方公共団体によるものも含まれる。

行政不服審査法の改正

　1962年に制定された行政不服審査法（以下、「行審法」という）は、制定から50年以上が過ぎ、国民の権利意識の高まりや、1993年の行政手続法の制定、情報公開・個人情報保護制度の整備・拡充、2004年の行政事件訴訟法の抜本的改正など、行政との関係における救済に関わる法制度を取り巻く環境の変化に対応する必要があった[3]。

　このような状況の中で、行審法は、行政の公正性の向上、この制度の使いやすさの向上、国民の救済手段の充実・拡大の観点[4]から、2014年に全面改正され、2016年4月1日から施行されることとなった[5]。

改正行政不服審査法の概要

　行審法の主な改正点は、①改正前の「異議申立て」の手続を廃止し、不服申立手続を「審査請求」に一元化すること、新たな「再調査の請求」は、法律に特別な定めがない限りできないこと、②審査請求期間を60日から3カ月に延長したこと、③国民から審査請求があった場合に、処分に関与しない審理員が、国民と処分庁の主張を公平に審理すること、④審理員が審理員意見書（裁決の案）を審査庁に提出し、これを受けた審査庁は、請求を棄却する場合、有識者からなる第三者機関（国の場合には、行政不服審査会）に諮問をし、その答申を経た上で裁決をすること、⑤証拠書類等の謄写、処分庁への質問など審理手続において審査請求人の権利を拡充すること、⑥標準審理期間の設定、争点・証拠の事前整理手続の導入などにより迅速な審理を確保すること、である[6]。

3 地方公共団体における改正への対応と調査項目

地方公共団体の対応

今回の改正に伴い、地方公共団体が対応すべき事柄は、事務処理体制の整備、審理員の人選方法やその職務上の地位、標準審理期間の設定、証拠書類等の謄写の金額の設定、第三者機関の設置形態や当該機関を構成する委員の選任方法など多岐にわたる[7]。

地方公共団体における調査項目

今回の調査では、地方公共団体の対応すべき事項のうち、その対応が最も注目され、本章のテーマ「不服審査の担い手と法律専門家」に密接に関係する、審理員と第三者機関（行政不服審査会等）を対象とした。すなわち、審理員は、公正に審理し、審査庁に裁決案を提示する審査手続の核となる存在である。また、行政不服審査会等は、審査庁が審査請求を棄却しようとする場合に、審査庁からの諮問に対し答申することによって、審査庁の判断の妥当性を第三者的立場からチェックするという、重要な役割を担っている[8]。

このような理由から、具体的な調査項目を A 行政不服審査会の法的根拠、B 行政不服審査会の委員数、C 行政不服審査会委員の職種、D 審理員候補者の職位、E 審理員候補者数、とした。ただし、日本の普通地方公共団体の数は、総務省ホームページによれば、2017 年 2 月時点で、47 都道府県、1,718 市町村（791 市、744 町、183 村）であり、時間的制約などから 47 都道府県と 20 指定都市に調査対象を限定している[9]。

以下、項を改めて調査結果について述べることとする。

4 地方公共団体における行政不服審査体制

今回の調査結果をまとめた本文末の表は、表 1（都道府県）と表 2（指定都市）に分かれており、それぞれの表左端の縦軸に地方公共団体名、表最上部の横軸に前述の具体的な調査項目（A、B、C、D、E）を記載している。

審理員候補者

(1) 審理員候補者の概要

　旧法では、処分に関与した職員が審理手続を行うことが排除されておらず、審理手続の公正性・透明性の観点から問題があった。そこで、今回の改正では、行政手続法の聴聞主宰者制度（行手 19 条）を参考に、処分に関与していないなど一定の要件を満たす審理員（行審 9 条 2 項 1 号）が審査請求を審理することとされた[10]。

①審理員の指名　行審法 9 条 1 項によれば、審理員は、審査庁に所属する職員のうちから審査庁により指名されることになる[11]。ただし、ａ．審査庁が第三者機関としての性格を有する場合[12]、ｂ．条例に基づく処分について条例に特別の定めがある場合[13]、ｃ．審査請求を却下する場合は、審理員の指名はされない（同 1 項但書）。審理員の指名がなされない場合、審理員意見書は提出されないため、行政不服審査会等への諮問は行われない（同 43 条 1 項）[14]。

②審理員候補者名簿の作成　また、行審法 17 条によれば、審査庁となるべき行政庁は、審理員候補者名簿を作成するよう努め、これを作成したときは、審査庁となるべき行政庁等に備え付けその他の適当な方法により公にしておく必要がある。このように審理員候補者名簿の作成は努力義務にすぎないが、国及び多くの地方公共団体が、すでに Web 上で審理員候補者名簿を公表している。

(2) 地方公共団体の特色

①審理員候補者の職位　前述のように、行審法 9 条 1 項によれば、審理員は審査庁に所属する職員とされており、同条 2 項が定めているように、審査請求に係る処分等に関与した者などの除斥事由に該当しない者であれば、審理員の職位は関係がない。しかし、調査では、審理員は課長・課長補佐級の者が圧倒的に多い。これは、総務省行政管理局が作成したマニュアル[15]が指摘しているように、審理員には、高度な判断を自己の名ですることが求められているからにほかならない[16]。

②審理員の数　次に、法令上、1 つの審査請求について審理を担当する審

員は1人に限定されていない。つまり、複数の審理員による審理も可能である。調査でも、静岡県は2人体制で審理することにしている。ただし、審査庁が、1つの事件につき2人以上の審理員を指名する場合、行政不服審査法施行令1条1項によると、そのうち1人を、当該2人以上の審理員が行う事務を総括する者として指定するものとしている。この規定も、多くの自治体が審理員候補者に管理職級を充てている根拠になっているといえる。

③外部からの任用　さらに、弁護士等の法律専門家を任用し、審理員に指名することも考えられる[17]。実際に、都道府県では長崎県が、指定都市では横浜市、相模原市、浜松市、堺市、岡山市がこの方式を採用している。

このように外部の者を任用する場合、地方公共団体の一般職の任期付職員の採用に関する法律5条による任期付短時間勤務職員（任期付一般職）か、地方公務員法3条3項3号による特別職の職員として採用することが考えられる[18]。前者は、一般職の公務員とみなされるため地方公務員法が適用され、守秘義務（同34条）、その違反に対する刑罰（同60条1号）、政治的行為の制限（同36条）などの制約を受けることなり、その採用も競争試験又は選考（同17条の2）によることになる。これに対し、後者は特別職であるため基本的に地方公務員法の適用はなく（同4条）、採用方法についても規定がない。

なお、長崎県の審理員は、任期付一般職員として公募により採用されたということであるが、指定都市では、横浜市、相模原市、浜松市、堺市、岡山市のいずれも特別職の職員である。

④審理員候補者数　審理員候補者の人数については、1人から兵庫県の451人までとかなりの幅がある。また、表1・2のE欄で、「名簿なし」となっている以外は、審理員又は審理員名簿をHP上で公表しているか、各部局課備え付けの方法により公にしている。なお、京都府では、名簿の作成・公の仕方についても「部局課ごとに対応」することになっている[19]。

第三者機関としての行政不服審査会等

国の行政不服審査会は、総務省にその附属機関である「審議会等」として置かれている（行審67条1項、総務省設置8条2項）。これに対し、地方公共団

体が第三者機関[20]を設置する場合、行政不服審査法の規定を直接の根拠とするもの以外にも、地方自治法の定める方法を利用することが考えられる[21]。

なお、行審法でいう地方公共団体とは、都道府県、市町村、特別区、地方公共団体の組合（一部事務組合と広域連合）をさす（同38条6項。自治281条1項・284条1項参照）。したがって、東京都[22]の23区だけでなく、地方公共団体の組合も、自ら行政不服審査会等を設置することになる。

(1) 行政不服審査法上の規定

①執行機関の附属機関　行審法81条1項は、地方公共団体が、条例により執行機関の附属機関（自治138条の4第3項本文）として国の行政不服審査会に相応する機関を設置するよう定めている。執行機関の附属機関は、法律又は条例の定めるところにより設置される審議会等であって、執行機関からの求めに応じ、一定の行政事務執行の前提として必要な調停、審査、諮問又は調査を行う機関をいう（同条同項）。行政不服審査会等の第三者機関としての役割や地方公共団体が独自に条例で設置できる点などを考慮すると、行政服審査会等を執行機関の附属機関として設置することは適切である。

しかし、地方公共団体ごとにその規模も、不服申立ての件数等[23]も異なる。そこで、こうした地方自治体の実情の違いに配慮し、行審法81条2項は、同条1項に基づく、いわば「常設型」の機関を置くことが不適当又は困難であるときは、地方公共団体が条例により、事件ごとに執行機関の附属機関を設置することを認めている。つまり、行審法は、「常設型」だけでなく、「個別事案型又は非常設型」の行政不服審査会等（附属機関）の設置を許容している[24]。いずれの型を採用する場合でも、機関の設置のみならず、機関の組織運営に関する事項も条例で定める必要がある（同条4項）。

表1・2のA欄をみればわかるように、都道府県・指定都市のほとんどは、行政不服審査法81条1項に基づき、条例で常設型の行政不服審査会を設置しており、同条2項に基づくものはなかった。ただ、青森県では、新たな条例を制定するのではなく、既存の「附属機関に関する条例」を改正し、行政不服審査会を設置する方法がとられている。

②執行機関の附属機関の共同設置　行審法81条4項括弧書は、さらに地方

自治法252条の7第1項（機関等の共同設置）の規定に基づき、複数の地方公共団体が、共同で行政不服審査会等を規約により設置することを認めている。

鳥取県と熊本市が、条例ではなく、規約により行政不服審査会を執行機関の附属機関として、他の周辺市町村・地方公共団体の組合と共同で設置している。

③他の附属機関との統合　行審法は、行政不服審査会と他の附属機関との統合を否定していない。したがって、条例により、行政不服審査会を他の事務を処理する既存の附属機関と統合して設置することが可能である。

周知のように、2008年の行政不服審査法案（その翌年に廃案）では、国の情報公開・個人情報保護審査会が、新たに設置される行政不服審査会に統合されることになっていたが、存置されることになったという経緯がある[25]。

今回の調査では、行政不服審査会を情報公開審査会や個人情報保護審査会（あるいは情報公開・個人情報保護審査会）と統合している例があった。この方式を採用したのが、栃木県、岡山県、岡山市である。

岡山県は、「行政不服等審査会条例」により「行政不服等審査会」を、岡山市では、「行政不服審査会施行条例」により「行政不服・情報公開・個人情報保護審査会」を設置し、それぞれ審査会に既存の情報公開審査会と個人情報保護審査会の役割をも担わせている（岡山県条例1条、岡山市条例5条）。また、この情報公開審査会、個人情報保護審査会の役割に加え、栃木県では、番号法（正式には、「行政手続における特定の個人を識別するための番号の利用等に関する法律」）26条1項に規定する特定個人情報保護評価に関する事項について、実施機関の諮問に応じて、調査審議し、及び実施機関に意見を述べること（栃木県条例2条6号）と住民基本台帳法30条の40第1項に規定する本人確認情報の保護に関する審議会として、調査審議し、及び知事に建議すること（同条7号）を行政不服審査会の事務としている。

このように情報公開・個人情報保護に係る審査会の事務を行政不服審査会の事務に統合する場合、基本的に、前述のように行政審査会条例に行政不服審査会の所掌事務に情報公開・個人情報保護に係る審査会の事務を加える規定を設ける必要がある。と同時に、情報公開条例・個人情報条例において行

審法9条1項本文の審理員の指名に関する規定の適用を除外する規定を置くことになる（例、岡山県行政情報公開条例16条の3、岡山県個人情報保護条例36条の3）[26]。一方、多くの地方公共団体が採用しているように、これらを統合しないのであれば、情報公開条例や個人情報保護条例に基づく処分（不作為を含む）について行審9条1項本文の適用を除外する規定を行政不服審査会条例の中に置く（例、大阪市行政不服審査法施行条例3条2号・3号）か、あるいは情報公開条例や個人情報保護条例に個別に行審9条1項本文の適用を除外する規定を設ける（例、東京都情報公開条例19条、東京都個人情報の保護に関する条例24条）ことになる。

(2) 地方自治法上の対応

地方自治法上の機関の設置の方法としては、前述の機関等の共同設置（252条の7第1項）、事務の委託（252条の14）、事務の代替執行（252条の16の2第1項）、一部事務組合（284条2項）・広域連合（同条3項）など[27]が考えられる。①機関等の共同設置 前述のように、行審法自身も、その81条4項括弧書で、地方自治法252条の7第1項の規定により、機関を共同設置することを許容している。この方式で第三者機関を設置する場合には、地方公共団体の協議により規約を定めることになる。共同設置された機関等は、各地方公共団体の共通の機関等になる。共同設置された機関等による事務の管理・執行は、設置した関係地方公共団体自身が行ったのと同様に、各地方公共団体に帰属することになる（事務経費は、関係地方公共団体の負担となる）。

この方式を採用しているのは、前記のように鳥取県と熊本市である。鳥取県は、16市町村、8つの一部事務組合、3つの広域連合と共同で、「鳥取県行政不服審査会」を設置している（鳥取県行政不服審査会共同設置規約1条・別表）。審査会の委員は知事が任命し（同5条1項）、その身分取扱いについては、鳥取県知事の附属機関の委員とみなされている（同6条1項）。また、熊本市は、11市町村と共同で、関係市町村の長の附属機関として「熊本広域行政不服審査会」を設置している（熊本広域行政不服審査会共同設置規約1条・2条）。委員の任命権者は、熊本市長である（同5条1項）[28]。

②事務の委託 地方自治法252条の14によれば、地方公共団体は、協議に

より規約を定め、その事務の一部を他の地方公共団体に委託して、当該地方公共団体の執行機関に管理、執行させることができる。事務の委託では、当該事務にかかる法的責任は、受託した地方公共団体に帰属し、委託した地方公共団体は、委託の範囲内で、当該事務を管理・執行する権限を喪失することになる（当該事務に関する経費は委託する団体が委託費として支払うことになる）。

今回の調査対象は、都道府県・指定都市という規模の大きな自治体であり、少なくともこれらが事務を委託する例はなかった。しかし、調査過程において、行政不服審査会事務を受託するケースが、宮城県と広島県でみられた。宮城県では、宮城県、仙台市に加え、大崎市、石巻市、登米市、多賀城市が、自前で行政不服審査会を設置しているが、それ以外の9市20町1村及び県下の地方公共団体の組合は、一括して宮城県に行政不服審査会事務を規約により委託している。広島県も同様であるが、広島県では個々の地方公共団体と個別に規約を定めているといった違いがみられる。

③事務の代替執行　2014年の地方自治法の改正により創設された「事務の代替執行」の制度（同年11月1日施行）を用いることも考えられる。この制度は、地方公共団体が、他の地方公共団体の求めに応じて、協議により規約を定め、他の地方公共団体の事務の一部を他の地方公共団体又はその執行機関の名において、管理執行するものである（自治252条の16の2第1項）。

この制度では、事務を代替執行してもらう他の地方公共団体が、自ら当該事務を管理執行した場合と同様の効果を生ずる。当該事務に係る法的責任も他の地方公共団体に帰属したままで、権限の移動も伴わない（同252条の16の4）。今回の調査対象自治体に、この方式をとるものはなかった。

④地方公共団体の組合　一部事務組合（284条2項）は地方公共団体の事務の一部を共同処理するため、広域連合（284条3項）は地方公共団体が広域にわたり処理することが適当な事務を総合的かつ計画的に処理するため、それぞれ都道府県、市町村及び特別区が、その協議により規約を定め設置するものである。いずれも、都道府県が加入するものは総務大臣、それ以外のものは都道府県知事の許可が必要とされる（自治284条2項・3項）。

都道府県・指定都市でこの方式を採用しているものはなかった。ただ、調

査の過程で、同一都道府県下の市町村・地方公共団体の組合が共同で設置している市町村総合事務組合が、条例で自ら行政不服審査会を設置している例があった。総合事務組合とは、諸々の一部事務組合の集まり（集合体）であり、一部事務組合の一種とみなされている。その例として、山梨県市町村総合事務組合の同組合行政不服審査会があるが、そのほか、千葉県、岡山県、徳島県などでも同種のものがある[29]。

次に、審査会の委員数と委員の職種についてみてみることとする。

(3) 行政不服審査会の委員数（表1・2のB）

周知のように、国の行政不服審査会は、委員9名で組織され（行審68条1項）、委員は、有識者のうちから両議院の同意を得て、総務大臣が任命する（同69条1項）。審査会は、基本的に、その指名する3人の合議体で、事案の調査審議を行うが（同72条1項）、審査会が定める場合には、9人全員で構成する合議体で事案の処理にあたることになる（同条2項）。

地方公共団体の場合、行政不服審査会の委員の数は、地方公共団体の実情に応じて3人から18人以内とする大阪市まであり、かなりの幅がある。また、委員数については、その定数を定めているところもあれば、何人以内としているところもある。それから、委員数の多い自治体では、国と同様に、3人で構成される部会が事案の調査審議を行い、委員会が定める重要事項について委員全員で合議するという方法がとられることが多い。

行政不服審査会の組織構成の観点から興味深いのが、京都市である。京都市では、第1・第2という2つの行政不服審査会を設置している。そして、第2行政不服審査会が市税に関する審査請求に係る事件を扱い、それ以外の審査請求に係る事件を第1行政不服審査会が担任することとし、表2にあるように委員会の委員の構成に配慮している。

(4) 委員の職種等（表1・2のC）

国の行政不服審査会の委員は、行政不服審査法69条1項によると、「審査会の権限に属する事項に関し公正な判断をすることができ、かつ、法律又は行政に関して優れた見識を有する者のうちから」、両議院の同意を得て、総務大臣が任命することとなっている。国の委員の職種と人数は、大学教員4

人（そのうち1人は元大学教員）、弁護士2人、元裁判官、行政経験者、行政書士の9人である。

　地方公共団体の条例でも、委員について国とほぼ同じ要件が定められている。ただ、地方公共団体では、長の附属機関として委員会が設置され、その委員の任命は長が行い、地方議会の同意は必要とされないのが通例である。今回の調査では、川崎市だけが、市長による委員の委嘱に議会の同意を要件としている（川崎市条例5条1項）。

　委員の職業は、弁護士が圧倒的に多く、次に大学教員が続く。大学教員は、当然のことながら行政法研究者がほとんどである。

　このほか、表にはないが、委員の任期は、2年か3年のいずれかであり、再任を妨げないとする規定を設ける自治体がほとんどである。

5　おわりに

　最後に、自治体における不服審査体制と法律専門家について述べる。

　第三者機関である行政不服審査会の委員に法律専門家が多いのは、行政不服審査法69条1項が定める委員の要件からして、当然といえる。一方、審理員については、管理職級の職員が審理員になる自治体がほとんどである。これは、司法試験合格者の多くが公務員として採用されているドイツとは対照的である。日本では、むしろ公務員として採用した後に、組織内での研修や経験を通して専門知識や法律知識を身に着けさせ、育てるというシステム、すなわちOJTが根付いているとみることができる。

　したがって、少なくとも地方公共団体における審査会委員と審理員との関係では、法曹資格を有する者や行政法研究者と公務員との役割分担・協働は明らかであるが、審理員と他の職員との関係では、職位による区別がなされているにすぎないのが現状である。その意味で、公的部門における法の担い手のあり方とその行政法・行政法学への影響を検証するためには、新たな行政不服審査制度の国民への浸透とともに地方自治のさらなる進展に期待せざるをえない。

1 日本の地方公共団体における不服審査体制と法律専門家

表1 都道府県別調査結果（2017年1月現在）

	都道府県	A 行政不服審査会の法的根拠	B 行政不服審査会の委員数	C 行政不服審査会委員の職種	D 審理員候補者の職位	E 審理員候補者数
1	北海道	行政不服審査法施行条例	6人以内	弁護士2、大学教員（合計3人）	各部局の主幹、主査	25人
2	青森県	附属機関に関する条例	5人以内	弁護士2、大学教員2、公認会計士・税理士（合計5人）	課長	66人
3	岩手県	行政不服審査会条例	5人以内	弁護士2、大学教員2、行政経験者（合計5人）	課長	17人
4	宮城県	行政不服審査会条例	6人以内	大学教員3、弁護士2、財団理事（合計6人）	総務部私学文書課課長補佐、同課法令班主幹	2人
5	秋田県	行政不服審査会条例	9人以内（3部会制）	弁護士3、大学教員3、税理士、司法書士、行政書士、県社協職員（合計9人）	課の政策監	10人
6	山形県	行政不服審査会条例	5人以内	弁護士、大学教員、税理士、県社協理事（合計4人）	課長補佐、主幹、主査	15人
7	福島県	行政不服審査法施行条例	6人以内（2部会制）	弁護士、大学教員2、税理士、行政経験者（合計6人）	課長、主幹	名簿なし
8	茨城県	行政不服審査会条例	6人以内	弁護士4、大学教員、行政経験者（合計6人）	総務部出資団体指導・行政監察室の職員	5人
9	栃木県	行政不服審査会条例	12人以内（3部会制）	弁護士3、大学教員3、法人役職員3、医師、行政経験者2（合計12人）	所管部局の総務担当主幹又は幹事課長が指名する職員	名簿なし
10	群馬県	行政不服審査会条例	3人〜6人	弁護士、大学教員3、元大学教員（合計3人）	所管課の主幹級の職員、学事法制課長など	各部局名簿備付
11	埼玉県	行政不服審査会条例	12人以内（3部会制）	弁護士3、大学教員3、行政経験者3（合計9人）	総務部文書課審理員担当行政不服審査室長、同副室長	原則3名（公表）条例外知事指名
12	千葉県	行政不服審査会条例	6人以内	弁護士3、大学教員3、家裁調停委員（合計5人）	総務局審理担当部長・同部法務課長、同部法務課職員	2人
13	東京都	行政不服審査会条例	15人以内（4部会制）	弁護士5、大学教員5、公証人、行政経験者（合計12人）	総務部政策審査課長代理・総務課職員	4人
14	神奈川県	行政不服審査法施行条例	12人以内（3部会制）	大学教員5、弁護士4（合計9人）	政策局政策部政策法務課行政不服審査グループ副主幹、同主任主幹、非常勤事務嘱託	3人
15	新潟県	行政不服審査会条例	9人以内（部会制）	弁護士3、税理士2、弁護士（合計6人）	課長	14名（11 処分限定名簿あり・11 処分がついては公開）
16	富山県	行政不服審査会条例	3人〜7人	大学教員4、弁護士（合計5人）	職員（課長、主幹クラスを想定）	名簿なし

第Ⅱ部　行政過程における法の担い手

	都道府県	A 行政不服審査会の法的根拠	B 行政不服審査会の委員数	C 行政不服審査会委員の職種	D 審理員候補者の職位	E 審理員候補者名簿
17	石川県	行政不服審査会条例	3人	弁護士、大学教員、行政経験者	総務部政策法務課行政不服審査室長、同室副主幹	2人
18	福井県	行政不服審査会条例	3人	弁護士、司法書士、行政経験者	各部が推薦する者	名簿なし
19	山梨県	行政不服審査法施行条例	6人以内（部会制）	弁護士2、大学教員2、税理士（合計5人）	主に部付の主幹級職員	37人
20	長野県	行政不服審査会条例	5人以内	弁護士3、大学教員、公認会計士・税理士（合計5人）	課長	84名（各部局名簿備付）
21	岐阜県	行政不服審査会条例	6人以内（2部会制）	弁護士4、大学教員（合計5人）	総務部法務・情報公開審理監	1人
22	静岡県	行政不服審査会条例	5人以内（部会制可）	弁護士2、大学教員2、税理士（元1人）、税理士（合計5人）	課長、職員の2人体制	名簿なし
23	愛知県	行政不服審査会条例	6人～9人	大学教員2、弁護士2、公認会計士、事業団理事、協会監事（合計6人）	主幹、総括専門員、副空港長、課長補佐、室長補佐	各部局名簿備付
24	三重県	行政不服審査会条例	6人以内（部会制）	大学教員3、弁護士2、税理士（合計6人）	主に課長	各部局総務課名簿備付
25	滋賀県	行政不服審査会条例	6人（部会制）	弁護士2、大学教員2、行政経験者2	総務部総務課参事、同課行政不服審理専門員	2人
26	京都府	行政不服審査会条例	6人（部会制）	弁護士2、大学教員2	各部局の管理職	各部局総務課名簿備付
27	大阪府	行政不服審査会条例	10人以内（3人会制）	大学教員5、弁護士2（合計7人）	主に課長補佐	238人
28	兵庫県	行政不服審査法の施行に関する条例	9人以内（3部会制）	弁護士3、大学教員3、行政経験者3（合計9人）	主に課長、副課長、班長	451人
29	奈良県	行政不服審査会条例	6人以内（2部会制）	弁護士2、大学教員2、社労士2（合計6人）	総務参与	1人
30	和歌山県	行政不服審査会条例	12人以内（3部会制）	弁護士4、大学教員3、行政関係者2、税理士、行政書士、法人理事長（合計12人）	県参事、総務部監査察員、監査察課監査察主監、同課主任2、同課主査2、行政改革課主査	10人
31	鳥取県	行政不服審査会共同設置規約（鳥取県ほか、16市町村・11地方公共団体の組合）	5人以内	弁護士、税理士、行政相談委員、行政経験者、公募1人（合計5人）	総務部税務課長、同部総務課長、同部福祉保健課長、保健部福祉監査指導課長	5人

1　日本の地方公共団体における不服審査体制と法律専門家

	都道府県	A 行政不服審査会の法的根拠	B 行政不服審査会の委員数	C 行政不服審査会委員の職種	D 審理員候補者の職位	E 審理員候補者数
32	島根県	行政不服審査法施行条例	5人以内	弁護士、大学教員、行政経験者（合計3人）	主に課長	12人
33	岡山県	行政不服審査会条例	「行政不服審査会」12人以内（3部会制）	大学教員2、弁護士2、法人理事長、日弁事務局長（合計8人）	主に各課の副課長	26人
34	広島県	行政不服審査法施行条例	6人以内（部会制可）	大学教員3、弁護士2、税理士（合計6人）	総務局審理総括監	1人
35	山口県	行政不服審査法施行条例	5人以内	大学教員2、弁護士、司法書士、税理士（合計5人）	副課長、班長	290人（各課名簿備付）
36	徳島県	行政不服審査会設置条例	5人以内	大学教員3、弁護士2（合計5人）	課長、副課長	11人
37	香川県	行政不服審査会条例	6人以内	大学教員2、弁護士2、公認会計士、税理士（合計6人）	総務審理担当課長、総務部総局副課長	2人
38	愛媛県	行政不服審査会条例	5人以内	弁護士、大学教員2、協会理事（合計5人）	総務部総務管理局私文書課主幹、事務所管部局事務所管課長補佐または主幹	2人
39	高知県	行政不服審査会条例	5人以内	弁護士、大学教員、税理士、児童養護施設長（合計5人）	職員	名簿なし
40	福岡県	行政不服審査会条例	9人以内（2部会制）	大学教員2、弁護士、行政経験者（合計5人）	総務部行政経営企画課企画官	1人
41	佐賀県	行政不服審査法施行条例	6人以内（2部会制）	大学教員2、弁護士2、税理士2（合計6人）	総務部法務私学課長	1人
42	長崎県	行政不服審査会条例	5人以内	大学教員2、弁護士2、行政経験者（合計5人）	弁護士（任期付一般職）	1人
43	熊本県	行政不服審査会条例	9人以内	大学教員2、行政経験者、弁護士（合計6人）	主に部の審議、課長補佐	15人
44	大分県	行政不服審査会条例	3人〜6人（部会制可）	弁護士、大学教員、行政経験者（合計3人）	主に部局の主管、課の総務企画監、総務調整監	各課ごとに対応（名簿あり・公表）
45	宮崎県	行政不服審査会条例	5人以内	弁護士2、大学教員、税理士（合計4人）	課長、課長補佐	169人
46	鹿児島県	行政不服審査会条例	5人以内	弁護士2、元大学教員、税理士、行政経験者（合計5人）	課長、課長補佐	各課ごとに対応（名簿備付）
47	沖縄県	行政不服審査会条例	6人以内（2部会制）	弁護士4、大学教員2（合計6人）	課長補佐	4人

表2 指定都市別調査結果（2017年1月現在）

	指定都市	A 行政不服審査の法的根拠	B 行政不服審査会の委員数	C 行政不服審査会委員の職種	D 審査員候補者の職位	E 審理員候補者数
1	札幌市	行政不服審査条例	3人～6人	大学教員2、弁護士、税理士	総務局行政部総務課行政監察担当課長、同課不服審査担当係長	2人
2	仙台市	行政不服審査条例	3人	弁護士、大学教員、税理士	課長	56人
3	さいたま市	行政不服審査条例	5人以内	弁護士2、大学教員、税理士、行政経験者（合計5人）	総務局総務部総務課法務・コンプライアンス係行政不服審査専門員2、同課参与、同課主幹	4人
4	横浜市	行政不服審査条例	6人以内（部会制可）	弁護士、大学教員、税理士（合計3人）	弁護士（総務部法制課・非常勤特別職）	5人
5	相模原市	行政不服審査法施行条例	3人	大学教員2、弁護士	弁護士（行政不服審理員・非常勤特別職）	3人
6	川崎市	行政不服審査条例	9人以内（3人部会制）	弁護士4、大学教員2、医師2、税理士（合計9人）	審理員指名基準に基づき基本的に処分の主管課または筆頭の課の課長	7人
7	千葉市	行政不服審査法施行条例	5人以内	弁護士、大学教員、税理士（合計3人）	総務部副参事、同部法制課長、同課課長補佐、同課市政情報室長	名簿なし
8	新潟市	行政不服審査法施行条例	6人以内（3人審議制）	弁護士2、大学教員2、税理士（合計5人）	総務局同課コンプライアンス推進課長、同課行政手続・審理係長	4人
9	静岡市	行政不服審査法等施行条例	5人以内	弁護士3、大学教員2（合計5人）	主に課長	2人
10	名古屋市	行政不服審査条例	6人以内（部会設置可）	弁護士、大学教員、税理士（合計3人）		18人
11	浜松市	行政不服審査条例	3人以内	弁護士2、税理士、行政経験者（合計3人）	弁護士（非常勤特別職）	1人
12	大阪市	行政不服審査法施行条例	18人以内（3人以上で構成される部会設置可）	弁護士6、税理士4、大学教員2（合計12人）	課長、課長代理	21人
13	堺市	行政不服審査法施行条例	6人以内（部会設置可）	弁護士3、大学教員2（合計5人）	弁護士（非常勤特別職）	2人
14	京都市	行政不服審査条例	各3人で構成される2つの行政不服審査会	第1行政不服審査会：大学教員2、弁護士 第2行政不服審査会：税理士2、弁護士	行政部コンプライアンス推進室行政不服審査課長、行財政局財務部税制企画担当課長	1人 1人

1　日本の地方公共団体における不服審査体制と法律専門家

	指定都市	A 行政不服審査会の法的根拠	B 行政不服審査会の委員数	C 行政不服審査会委員の職種	D 審査員候補者の職位	E 審理員候補者数
15	神戸市	行政不服審査法の施行に関する条例	9人以内	弁護士2、大学教員（合計3人）	行財政局総務部長、同部総務課長、法務監理役	3人
16	岡山市	行政不服審査会施行条例	「行政不服・情報公開・個人情報保護審査会」5人以内	大学教員2、行政経験者（合計5人）	弁護士（非常勤特別職）	2人
17	広島市	行政不服審査会条例	6人以内（3人審議制）	大学教員2、弁護士（合計3人）	企画総務局法務課審査管理係課長補佐、同係主幹	2人
18	福岡市	行政不服審査法施行条例	9人以内（原則3人審議制）	弁護士2、大学教員2、医師、税理士（合計6人）	総務企画局行政部法制課長	1人
19	北九州市	行政不服審査会条例	6人（原則3人審議制）	弁護士3、大学教員3	主任課長	212人
20	熊本市	熊本広域行政不服審査会共同設置規約（熊本市ほか、11市町村）	6人以内（3人以上の審議制）	大学教員2、弁護士（合計3人）	総務局行政管理部総務課長審議員と事件ごとに指名される各局等の職員（管理職）	2人

〔付記〕
　今回の調査に当たって、調査対象自治体の担当部局の職員の方々に大変お世話になるとともに、東北学院大学大学院法学研究科修士課程に在籍する武居沙弥佳さんの助力を得た。この場をかりて、心から謝意を表したい。

第Ⅱ部　行政過程における法の担い手

注

1) たとえば、司法研修所編『ドイツにおける行政裁判制度の研究』（法曹会、2000年）108頁。
2) 個別法による特別な行政不服審査制度の典型例として、租税不服審査制度がある。行政不服審査法の今回の改正後の論稿として、玉國文敏「租税不服申立制度の課題—国税不服審判所の租税と運営のあり方を中心に—」日税研論集71号（2017年）142頁以下、碓井光明「行政不服審査法改正と地方税に関する不服審査」日税研論集71号（2017年）161頁以下、神津信一監・青木丈著『こう変わる！国税不服申立て』（ぎょうせい、2014年）10頁以下参照。
3) 日本弁護士連合会行政訴訟センター編『改正行政不服審査法と不服申立実務』（民事法研究会、2015年）2・3頁（水野武夫執筆）参照。
4) 日本とは対照的に、ドイツでは、1996年のドイツ連邦行政裁判所法の改正で、不服申立前置主義（異議審査請求前置主義）が緩和された（68条1項2文）ことにより、多くの州で、異議審査請求が不必要な遅延を招くとの理由でその前置手続が撤廃されているという。この点、恩地紀代子「ノルトライン・ヴェストファーレン州における異議審査手続の撤廃」神戸学院法学45巻4号（2016年2月）25頁以下、及び本書第Ⅱ部3章2。
5) 改正の経緯については、宇賀克也『解説行政不服審査法関連三法』（弘文堂、2015年）2-13頁、行政管理研究センター編『逐条解説行政不服審査法』（ぎょうせい、2016年）1-6頁など参照。
6) 改正内容について詳しくは、小早川光郎＝髙橋滋編著『条解行政不服審査法』（弘文堂、2016年）、宇賀・前掲注5）、行政管理研究センター・前掲注5）など参照。
7) 地方自治体が対応すべき事柄について、包括的に検討するものとして、折橋洋介監修・中村健人著『改正行政不服審査法　自治体の検討課題と対応のポイント』（第一法規、2016年）24頁以下、前掲注3）33-49頁（岩本安昭執筆）
8) 審理員と行政不服審査会の審理という二段階構造を採用することについて、行政不服審査法の目的とする「簡易迅速性」の観点から批判するものとして、江原勲「自治体の目から見た行政不服審査法・行政手続法改正の評価」ジュリスト136号（2008年7月）11・12頁。
9) 行政不服審査法改正前の平成26年度の調査結果ではあるが、行政不服審査法に基づく地方公共団体への不服申立件数24,770件のうち、都道府県に対するものが19,427件（78.4％）、指定都市に対するものが2,111件（8.5％）であり、両者で全体の86.9％を占める。これについては、総務省「平成26年度における行政不服審査法等の施行状況に関する調査結果—地方公共団体における状況—」（平成27年12月）2頁。
10) 審理員制度は、聴聞主宰者を参考にしたものであるが、審理員の場合、聴聞主宰者と異なり、当該処分に関与した者の除斥が法律上明記されている（行審9条2項1号）。また、審理員意見書と裁決の主文が異なる内容である場合、その理由を

提示する必要がある（同50条1項4号括弧書）が、聴聞主宰者の意見書については、処分庁はそれを参酌する義務が規定されている（行手26条）だけである。両者の違いについて詳しくは、宇賀克也＝前田雅子＝大野卓「＜鼎談＞行政不服審査法全部改正の意義と課題」行政法研究7号（2014年11月）12-14頁参照。

11) 審理員の職権行使の独立性を保障する規定はない。したがって、審査庁に所属する審理員には、理論上審査庁の指揮監督が及ぶことになる。この点、橋本博之「行政不服審査法の改正について」慶應法学30号（2014年10月）115頁、小早川＝髙橋・前掲注6) 82-84頁（大橋真由美執筆）。

12) この場合に、審理員による審理が行われないのは、審理の公正さが担保されると考えられているからである。具体的には、国の外局としての委員会、審議会等、地方公共団体の執行機関としての委員会・委員とその附属機関としての審議会等である。合議制機関であるのが通例であるが、地方公共団体の監査委員のように独任制である場合もある。この点、宇賀克也『行政不服審査法の逐条解説』（有斐閣、2015年）61-63頁参照。

13) 「条例に基づく処分」に処分に係る不作為も含まれるかという問題がある。これを肯定するものとして、宇賀克也「行政不服審査法全部改正と自治体の対応」国際文化研修2015年秋（89号）21頁。

14) 宇賀・前掲注12) 20頁。

15) 総務省行政管理局「行政不服審査法　審査請求事務取扱マニュアル（審査庁・審理員編)」（平成28年1月）33頁。

16) 審理員選任の困難さを、専門性・中立性、不当性審査の困難さ及び内部告発的限界の観点から指摘するものとして、松村亨「行政不服審査法の改正【第14回行政法研究フォーラム―行政不服審査法改正（2)】」自治研究91巻1号（2015年1月）16-19頁。

17) 日弁連が、弁護士を任期付又は非常勤の公務員として審理員に充てることを提言してきたことについて、松倉佳紀「行政不服審査法の改正【第14回行政法研究フォーラム―行政不服審査法改正（2)】」自治研究91巻1号（2015年1月）9頁。

18) 全国町村会「行政不服審査法の改正に伴う町村の対応について」（平成27年9月10日）3頁以下。

19) 審理員制度そのものに関し、審理員意見書に従ってよいかどうかを判断するのは、実際上、審査庁ではなく、その補助機関である職員であることが多いと予想されるため、行政コストの観点から問題があると指摘するものとして、碓井光明『行政不服審査機関の研究』（有斐閣、2016年）322頁。

20) 行審法に基づき地方公共団体が機関を設置する場合、独任制の機関とすることが可能かどうかという問題がある。第三者性、独立性等の観点から合議制を主張するものに、洞澤秀雄「地方自治体における行政不服審査」法律時報86巻5号（2014年4月）103頁注27) がある。これに対し、小早川＝髙橋・前掲注6) 377頁（斎藤誠執筆）は、条例による外部性・独立性の確保が可能であることを理由

に独任制を肯定する。
21) コスト及び迅速な救済の観点から、審理員制度を充実して行政不服審査会を廃止するか、審理員・行政不服審査会の双方を廃止して、第三者的な審査・裁決機関（総合的不服審査機関）を設けるか、いずれかの選択を模索すべきとするものとして、碓井・前掲注19) 340頁。
22) 東京都の制度を中心に検討するものとして、髙橋滋「地方公共団体における行政不服審査法の運用について」自治研究93巻7号（2017年7月）29頁以下。
23) 不服申立ての件数や処理状況については、総務省・前掲注9) 2頁以下が参考になる。
24) 山形県天童市などいくつかの地方公共団体でこの方式がとられていることを指摘するものとして、飯島淳子「改正行政不服審査法の運用上の課題と今後の展望」自治実務セミナー2017年5月号3頁・6頁注（10）。
25) 前田雅子「行政不服審査法改正の論点」法律時報86巻5号（2014年4月）85頁。
26) 地方公共団体が既存の情報公開審査会と行政不服審査会を統合して委員会を設置する場合、行審法31条の口頭意見陳述権と情報公開条例におけるインカメラ審理との抵触の可能性があるため、条例でそれを調整する規定を設ける必要がある。この点、「質疑応答【第14回行政法研究フォーラム─行政不服審査法改正（2）】」自治研究91巻1号（2015年1月）47・48頁。また、栃木県の調整例（栃木県行政不服審査会条例10条・12条1項・13条）を紹介するものとして、飯島・前掲注24) 4頁。
27) このほか、小早川＝髙橋・前掲注6) 377頁（斎藤誠執筆）は、自治体不服審査機関を対象とする連携制度として、法的に連携協約（自治252条の2）と職員の派遣（同252条の17）も可能であるとする。
28) 豊明市、日進市、東郷町が共同で設置する行政不服審査会は、3市町の3年ごとの輪番制がとられているという。この点、飯島・前掲注24) 6頁注（8）。
29) そのほかの地方公共団体の組合の例について、飯島・前掲注24) 6頁注（9）。

2　ドイツ連邦州の不服審査と法曹

恩地　紀代子

1　はじめに

　市民が、行政行為について、苦情を申し立て、そのやり直しを求める権利を行使する制度に、不服申立と取消訴訟がある。不服申立は、行政機関に申し立てるものであり、取消訴訟は、裁判所に申し立てるものである。この2つの関係について、日本では、行政事件訴訟法が、どちらを選択してもよいという、自由選択主義を採用している（8条1項）。他方、ドイツでは、連邦行政裁判所法（Verwaltungsgerichtsordnung）が、不服申立前置主義を採用している。なお、ここでは、日本の不服申立については審査請求、ドイツの不服申立については異議審査請求（Widerspruch）と使い分ける。

　さて、従来は、そのように、日本とドイツの制度の相違が語られてきた。しかし、近年、連邦制のドイツでは、多くの州で、異議審査請求前置制度について、その全部又は一部を撤廃するという傾向がみられる。以下、まず、2で、その法的根拠、現状等について、簡単に紹介する。その後、3で、テーマにそくし、現在も異議審査手続を維持しているラインラント・プファルツ州（Rheinland-Pfalz）において、法曹資格を有する行政職員（以下、「行政法曹」という[1]）から聴き取った話を紹介する。

2　ドイツ連邦州における異議審査請求をめぐる動き

　ドイツの多くの州で異議審査制度が撤廃されているという上記1の傾向の背景には、1996年のドイツ連邦行政裁判所法第6次改正がある。ドイツ連邦行政裁判所法は、改正前から、「取消訴訟を提起するには、あらかじめ前置手続において、行政行為の適法性及び合目的性が審査されなければならない。」と、異議審査請求手続の前置の原則を規定している（68条1項1文）。

第Ⅱ部　行政過程における法の担い手

　第6次改正では、そこに、「ただし、法律（Gesetz）がその旨を定めているときには…この審査を要しない。」とする新しい規定が加えられた（68条1項2文）。そして、この規定（解放条項）が、ドイツの各州の立法者に、州法により、異議審査請求前置手続を撤廃する可能性を開いた。つまり、異議審査前置手続を撤廃・縮小するか、それとも維持するかは、基本的に各州の立法政策に委ねられた。現在、多くの州では、異議審査手続を撤廃・縮小しており、維持している州はわずかである。

　なお念のため、ドイツ連邦共和国は、16州から構成される連邦国家である。各州は、日本の都道府県とは異なり、たんに法人格を持つ地方公共団体ではなく、それぞれ主権を持ち、独自の州憲法・州政府・州裁判所を持っている。各州の権能は、立法・行政・司法に分割され、そのうち、立法権は、州議会に属する。

(1) ノルトライン・ヴェストファーレン州

　ところで、ドイツでは、異議審査請求前置制度には、そもそも、3つの機能が期待されていた。つまり、市民の権利保護、行政の自己統制、裁判所の負担軽減である。異議審査手続を撤廃した州では、それらの機能について、どのように考えられたのであろうか。

　以下、ドイツ北西部にあるノルトライン・ヴェストファーレン州（Nordrhein-Westfalen）を、取り上げてみてみる[2]。日本では、ノルトライン・ヴェストファーレン州は、連邦16州のうち人口が多く、経済の中心地であるなどと紹介されている。州都デュッセルドルフ市及びその近郊には、日本から、伊藤忠商事、丸紅、三菱商事、三井物産、住友商事、双日、キャノン、ニコン、ダイハツ工業などが、進出している。

　ノルトライン・ヴェストファーレン州が異議審査手続の撤廃を開始したときの州法草案によれば、同州の立法者は、異議審査が、それらの機能を充分に発揮していないとの前提に立っていた。つまり、取消訴訟に前置される異議審査請求は、手続の不必要な遅延を招くだけの「通過駅（Durchlaufstation）」にすぎない、という評価である。とりわけ、その行政行為が、慎重かつ詳細

に事実や法律状況を審査した上でなされる法領域では、異議審査を実施しても、行政庁が新しい認識に基づいて判断を変更することは期待できないので、行政の自己統制に資することもなければ、市民の権利保護に資することもない、というわけである。たとえば、営業法（Gewerberecht）や労働保護法（Arbeitsschutzrecht）の領域では、行政庁は、高度な専門知識に基づいて行政行為を行っているので、異議審査で救済される割合は低く、行政の自己統制の機能についても、市民の権利保護の機能についても、疑問視されるとして、それらの領域における異議審査前置手続は、正当化しうるものではなく、手続の不必要な遅延を招くものにすぎないとみなされている。

　ちなみに、各州の立法者に、異議審査前置手続を独自に撤廃する可能性を開いたのは、先述のとおり、1996年の連邦行政裁判所法・第6次改正法である。第6次改正法は、手続促進の観点から、個別法を用いて、異議審査前置手続を撤廃する可能性を開いた。手続を迅速化することで、ドイツの経済的地位の強化が期待された。当時、ドイツでは、経済活動の国際化と激化の中で、ドイツの国際的競争力を損なうことがないようにするためには、どうすればよいかという観点から、議論がなされた。そこでは、異議審査は、行政機関にとって、時間と金を浪費し、他の作業の能率を低下させるものであり、撤廃すれば、とりわけ、スピードが重要な許認可手続を迅速化することができるとされた。日本では、ノルトライン・ヴェストファーレン州は、上記のように、経済州として、紹介されており、たとえば、日本企業が同州へ進出する際の支援を行っている経済振興公社NRWジャパンの代表取締役社長ゲオルグ・K・ロエル氏は、「日本では、医療機器の許認可手続に時間がかかる。グローバル市場においては、スピード感がなければ、競争に打ち勝つことはできない。」と述べている[3]。

(2)　ラインラント・プファルツ州

　他方、わずかながら、異議審査請求を維持している州もある。以下、ドイツ南部にあるラインラント・プファルツ州を、取り上げてみてみる。日本では、ラインラント・プファルツ州は、ブドウの収穫高がドイツの3分の2に

あたるとか、保養地に毎年 700 万人が休養や保養に訪れるなどと紹介されており、上記 2(1)のノルトライン・ヴェストファーレン州とは、ずいぶん印象が異なる。

ラインラント・プファルツ州では、現在も、異議審査請求前置手続を維持している。また、上記 2(1)のノルトライン・ヴェストファーレン州の立法者とは反対に、ラインラント・プファルツ州では、高等行政裁判所のメイヤー判事が、この制度はよく機能しているとの立場に立ち、「ラインラント・プファルツ州には、4 つの行政裁判所があるが、その裁判官たちは、異口同音に、異議審査のフィルター効果の高さを強調している。ラインラント・プファルツ州においては、裁判所の負担軽減機能は、明らかである。」と述べた記録がある[4]。さらに、筆者は、2016 年、ラインラント・プファルツ州で実施されたインタビュー調査[5]に同行した際に、行政法曹たちが、異口同音に、同州流の異議審査制度を、とても誇らしげに語るところを目撃した。以下 3 では、その点を、詳しく紹介する。

3 ラインラント・プファルツ州（流）の異議審査と法曹

さて、以上を踏まえ、ドイツ連邦州の不服審査と法曹というこのテーマの下では、異議審査制度を維持している州について述べることになる。以下、ラインラント・プファルツ州におけるインタビュー調査で行政法曹 4 名が語った内容を紹介することにしたい。主なヒアリング先は、ラインラント・プファルツ州の①内務省（最上級庁）、②司法省（最上級庁）、③州南部事務所（許認可事務を扱う中級庁）、④ゲルマースハイム郡庁（自治体）である[6]。どの行政法曹の話も、具体的で、ライプラント・プファルツ州流の異議審査制度に対する自負心や積極的な評価が強く伝わる内容である。

ちなみに、ドイツ連邦行政裁判所法は、原則として、直近上級庁が異議審査決定をなすべきとする一方、委員会（Ausschüsse）をそれに代えてもかまわないと規定している（73 条 2 項）。この規定を受けて、ラインラント・プファルツ州では、州の行政裁判所法施行法（Landesgesetz zur Ausführung der

Verwaltungsgerichtsordnung) により、異議審査請求を専門に扱う法律委員会 (Rechtsausschüsse) を設置している (7条)。ラインラント・プファルツ州流の法律委員会は、いわゆる参審制で、1名の法律家と2名の市民で構成され、法曹は、その委員長 (Vorsitzender) として活躍しうる。

(1) **内務省 (Ministerium des Innern) インタビュー**

1人目は、内務省の自治体部局長代行シュツーベンラオホ氏 (Stellvertretender Abteilungsleiter Kommunales, Herr Hubert Stubenrauch) である。法律委員会の委員長の経験をもつ人物である。印象的だったのは、インタビューの間ずっと、彼が、自己統制 (Selbstkontrolle) という単語を、常に、とても強いアクセントで用いたことである。

「ラインラント・プファルツ州には、現在も、事前手続としての異議審査がある。他の多くの州では、異議審査手続のかなりの部分が廃止されているが、わたしは、それを非常にまずい (ganz, ganz, schlecht) ことだと思う。なぜなら、そもそも、異議審査手続は、自己統制の手続 (Verfahren der Selbstkontrolle) だからである。

たとえば、わたしが行政庁として行った決定に市民が納得しない場合、その市民は行政裁判所に出訴する前に、異議審査請求をするだけですむ。異議審査請求は、無料であり、その市民は、『わたしは、あなたの決定に対して、異議審査請求をします。審査してください。』という書面を作成して、提出するだけでよい。それで、異議審査手続が開始される。

わがラインラント・プファルツ州では、この異議審査手続を、非常に強固な形式 (sehr stark formell) で設計している。わがラインラント・プファルツ州は、いわゆる法律委員会を有する唯一の連邦州である。それは、ラインラント・プファルツ州の特色であり、わたしは、極めて優れたもの (außerordentlich gut) と思っている。

以下に事例を示す。郡 (Kreisverwaltung) が行った建築許可に対して、近隣住民が不服に思う場合、彼らは、異議審査請求ができる。郡庁の決定であれば、州の行政裁判所法施行法に基づいて、郡法律委員会 (Kreis-Rechtsausschuss)

で扱われる。法律委員会で異議審査請求を担当する者は、誰からも指示を受けない立場（weisungsunabhängige Stelle）である。法律委員会の利点は、異議審査を担当する法律委員会の委員長が法律家（Jurist）であることだ。さらに、郡議会（Kreistag）で選ばれた2名が陪席（Beisitzer）として、加わる。この2名は、原則として、法の素人（Laie）である。したがって、委員長は、最終的に、単独ではなく、必ずしも法曹資格（juristische Qualifikation）を持たない2名の陪席とともに、専門委員会（Gremium）として、決定を下す。ときには、2人の陪席の意見が一致して、委員長の意見が通らないこともありうる。そのようなことも実際に起きている。しかし、通常は、法曹資格を有する委員長が、当然、そうでない陪席と比べて専門性の優位、つまり法的知識にたけているので、意見を通すことが多い。そして次に、法律委員会は、裁判類似の手続で決定を下す。つまり、机の上で（am Schreibtisch）決定されるのではなく、会議（Sitzung）が開かれ、そこに、当該決定を下した行政庁、異議審査請求人（この例では建設地の近隣住民）、建築主が招集される。このように、みなが一堂に集まるところは、裁判と同じであるが、唯一の違いは、形式的な意味で、それが裁判ではないということである。しかし、その雰囲気や進行の様子は、法廷とよく似ている。そこでは、まず、建設局の決定（Entscheidung des Bauamts）が正当であること、あるいは近隣住民の言い分が法律的に通用しないことが説明される。そのような手続を経て、関係人（Beteiligten）が納得して、異議審査請求を取り下げることもある。納得しない場合には、あらそいは継続し、異議審査手続における正式な決定である異議審査決定（Widerspruchsbescheid）が下される。そして、関係人は、異議審査決定が送達された後1カ月以内に、行政裁判所に出訴することができる。このように非常に手間のかかる手続（ein sehr aufwändiges Verfahren）を、わがラインラント・プファルツ州では、採用している。しかし、わたしは、この手続を本当に良くできたもの（sehr, sehr erfolgreich）だと思っている。なぜなら、この手続のおかげで、そのあとに行政裁判所へ持ち込まれる件数が少なくなっているからである。異議審査請求手続を廃止してしまったか、あるいは維持していても机の上で事務的に処理し、関係人との話し合い（Besprechung）

を行わない州では、行政裁判所に持ち込まれる件数の割合（Quote）が、わがラインラント・プファルツ州よりかなり高い（viel höher）。このように、ラインラント・プファルツ州以外の州では、行政裁判所の判事に、多くの案件が持ち込まれると考えてよいわけで、『そもそもその必要があるのだろうか？（Muss das eigentlich sein?）』という状態である。

　以上の事例は、とても明白なもので、行政裁判所を、このようなつまらない案件（Kram）でわずらわせるのは、本来不当な要求（Zumutung）だといわなければならない。裁判の前の段階で、裁判とは違うやり方で、関係人と理性的に（vernünftig）話し合えばよいはずである。まさにそのために、わがラインラント・プファルツ州の異議審査請求手続があるわけで、その目的は、事案について市民ともう一度話し合うこと、市民に行政決定の意味を説明し、なぜ彼の異議審査請求に成功の見込みがないのかを伝えることであり、非常に重要（sehr wichtig）である。

　一方、そのような法律委員会の委員長となることで、時として、『この行政決定は、確かに誤っている。』と気付くこともある。わたしは、机の上で、書類を通読して、『なんてことだ。行政庁は、このような決定をしたのか。法律的に全く通用しないぞ。』とか、『理由不備だ。』などと思うことがある。そのような場合、わたしは、行政庁に連絡し、『本当に、この事案について、異議審査請求人と、異議審査手続で話し合うべきだろうか？そうなると、あなたたちは、つらい（peinlich）ことになる。わたしは、あなたたちに、チャンスを与えるので、もう一度見直して、どうか自ら修正を（Korrigiert es bitte schön nochmal selber）。』と伝えることができる。そのとき、行政庁が、『了解した。助言に感謝する。もう一度よく見直す。』ということも多い（vielfach）。結果的に、同じ決定であっても、異議審査請求の前には不備であった理由が正しい決定であることを示す別の理由に変更されることや、別の法律構成に変更されることもある。つまり、これは、行政裁判所という司法の手に委ねる前の、行政の自己統制という極めて重要な手続（ein ganz, ganz wichtiges Verfahren der Selbstkontrolle der Verwaltung）である。わがラインラント・プファルツ州における、とてもとても強い特徴である（sehr, sehr stark ausgeprägt）。

　もっとも、分野によっては、郡庁などの自治体行政（Kommunalverwaltungen）ではなく、州行政庁（Landesbehörden）で決定されるものもある。その場合は、異議審査は、机の上で事務的に決定される。たとえば、盗難車両を発見した場合、警察は、レッカー車で移動して保管する。所有者は、引き取りの際、レッカー車の費用と車両保管料の請求を受けるが、もしその金額について、『1000ユーロなんて高すぎる！』と不服であるなら、異議審査請求ができる。しかし、そのような事案では、われわれは、法律委員会を招集しない。なぜなら、ことは州行政、この場合は、州警察本部（Polizeipräsidium）の案件だからである。車両所有者の異議審査請求は、警察本部で事務的に処理され、異議審査決定が出され、そのあと、行政裁判所への出訴となる。しかし、異議審査請求手続のほとんどは、自治体の決定に対して行われる。なぜなら、ほとんどの決定が、自治体によりなされているからである。」

　「ラインラント・プファルツ州の法律委員会の法律家（juristen）は、行政法曹（Verwaltungsjuristen）ではなく、弁護士（Rechtsanwälte）である。ただ、わたしは、必ずしもそれを勧めていない。わたしとしては、公務員（Beamtinnen/Beamte）であっても良いと思う。なぜなら、公務員は、自分自身が行政の仕事をしているので、行政の物の見方を知っているからである。そして、わたしの理解では、異議審査手続は、もともと行政の自己統制の手続である。それに対し、裁判所の統制は、常に外部統制であり、独立し、どこからも指示を受けない。そこでは、司法が完全に独立性をもって、外部から、事件を法的に判断する。なぜなら、その事件は、司法に対して提起されたものだからである。

　しかし、異議審査請求手続では、まだ、市民対行政のレベルにある。市民と行政が争っているわけで、行政が決定し、市民がそれに承服しないという構図で、裁判所に持ち込む前に、なんとかお互いにわかりあえないか試みたい。そのためにあるのが、異議審査手続である。ここで必要なのは、外部の者ではないし、弁護士でもない。必要なのは、行政実務を熟知した者である。

　ただ、法律委員会で本当に重要なことは、委員長がどこからも指示を受け

ない（weisungsfrei）ことである。つまり、行政庁の役職者（Behördenleiter）がやってきて、『君、これこれしなさい（Du hast das jetzt aber so zu machen!）』というようなことがあってはならない。ラインラント・プファルツ州では、法律委員会の委員長の完全な独立性の担保が徹底されており、委員長と陪席2名が、異議審査請求案件（Widerspruchsangelegenheiten）について、法規以外の何ものにも拘束されずに、決定を下す。これには、大きな利点がある。つまり、新人（Berufsanfänger）にとっては、まさに抜群の訓練（hervorragende Schulung）になる。わたし自身も、もう25年前のことになるが、この省に来る前に体験した。仕事を始めたときは、比較的多くの異議審査請求が机の上に送られてきて、実践訓練（learning by doing）を積んだ。実際、自治体の行政事務の全領域の事案が送られてくるので、市民と行政との間の紛争事例のすべてをみることになり、行政がどのように機能しているのか、どのようなことを上手にできて、どのようなことを上手にできないのかを知ることができる。そして、決定を下す行政と異議審査請求をする市民の間の中立的機関（neutrale Instanz）として、行政裁判所に送られる前に、当該事案を、理性的に、法的安定性を確保するために、どのように処理するべきかを学ぶ。

　もちろん、いつも関係人を満足させる（zufriedenstellen）ことができるわけではない。それは、裁判所でもありうるのと同様に、異議審査請求手続でもありうる。しかし、裁判に至る前に、事案を再度見直して、市民と対話するという自己統制の道が用意されているということは、非常に重要である。」

(2) 司法省（Ministerium der Justiz）インタビュー

　2人目は、司法省公法部のリーフラー氏（Abteilung Öffentliches Recht, Herr Christian Riefler）である。彼は、連邦諸州の異議審査に関する選択について、正直に、なぜ他の州では異なったやり方をし、ラインラント・プファルツ州では法律委員会なのか、その政治的動機（politische Motivation）を、このインタビューで話すことはできないと語ってくれた。選択の動機は、政治的なのである。

　「ラインラント・プファルツ州には、事前手続としての異議審査がある。

第Ⅱ部　行政過程における法の担い手

市民が、行政行為（Verwaltungsakt）に承服できない場合、それに抵抗するための手段が、異議審査請求である。市民は、『それには承服できません。なぜなら…』ということができる。当該行政行為を行った行政庁（Ausgangsbehörde）も、通常、誤りがあったかどうかを検討することができ、誤りがある場合にはそれを正す。誤りがないとする場合には、その異議審査請求は異議審査庁に送られる。これは、ラインラント・プファルツ州の行政裁判所法施行法に規定されている。異議審査庁には、いわゆる郡法律委員会（kreisrechtsausschüsse）と市法律委員会（Stadtrechtsausschüsse）があり、通常、委員長1名と陪席2名で構成される。そして、委員長は、原則として、完全法曹（Volljurist）である。委員長は、会議のための準備も行う。」

「委員長は、行政法曹（Verwaltungsjuristen）である。彼らは、どの部局でも採用の段階で最高位の公務員として任用される法曹で、裁判官の職につく資格（Befähigung zum Richteramt）を有していなければならないと、法律で定められている。ドイツの法曹養成制度では、2つの国家試験に合格して、裁判官の職に就く資格を得ることがゴールになる。わたしも合格している。つまり、ドイツで、完全法曹というと、その知見（Kenntnisstand）は、裁判官の職に就くだけのものがあるということである。それは、ドイツ全域で彼らを任用するには、当然、利点となる。『わたしは、弁護士（Anwaltsjuristen）をする。わたしは、行政法曹（Verwaltungsjuristen）をする。わたしは、裁判官（Richter）をする。わたしは、検察官（Staatsanwalt）をする。』などというと、まるで、法曹職には階層があるように聞こえるが、裁判官の職につく資格を認める試験に合格すれば、それは、それらすべての法曹職につく資格を得たということである。つまり、このような制度を背景として、裁判官の職に就く資格のある者が、郡法律委員会の委員長を務めるということである。ただし、委員長は、当該行政行為を行った部局に属する行政法曹ではない。」

「ラインラント・プファルツ州には、法律委員会がある。異議審査請求手続を撤廃するかどうかは、常に問題になっている。今、数字を示すことはできないが、廃止すれば、行政裁判所が、より早期に事案を取り扱うことになることは確かである。しかし、正直なところ（ehrlich gesagt）、なぜわが州に

法律委員会があり、他の州では廃止されてしまったのか、その政治的動機を話すことはできない。ただ、異議審査手続が、しかるべき資格のある者によって責任を持って行われるのであれば、それにより、裁判手続のプレッシャーは軽減されるといえる。簡単にいえば、裁判所に持ち込む前に、わたしたちで紛争をおさめられる、ということだ。なぜなら、裁判所の手続は、通常、行政手続よりも長くかかるからである。異議審査手続ならば3カ月で紛争がおさまるところ、裁判所なら2年かかるような場合、事前の異議審査手続の機会があれば、それはおそらく有意義なことである。しかし、なぜ他の州は異なったやり方をし、なぜわがラインラント・プファルツ州ではこのやり方なのかをここで話すことはできない。」

「法律委員会は、日本の新しい2段階の不服審査制度の第1段階の行政の長による審査〔審査庁である大臣・知事・市長等が、審査庁に所属する職員の中から審理員を指名し、審理員が審理手続を行う。〕と、とてもよく似ている。」「わがラインラント・プファルツ州でも、郡長が委員長になっているが、実際に、郡長が自ら（Landrat selbst）その権限を行使しているわけではない。州行政裁判所法施行法は、郡長に権限を与えると同時に、「郡長は…、裁判官の職に就く資格を有する者に、法律委員会の委員長の権限を委譲することができる。」と規定している（8条）。つまり、郡長は、裁判官の職に就く資格を有しない場合でも、郡法律委員会の委員長であり、最高級官吏（der höchste Beamte）、つまりこの場合、政治的官吏（der politische Beamte）である。そういう人物が委員長であれば、通常、彼の法律顧問（Justitiar）あるいは郡庁で働いている完全法曹の誰かに権限を委譲し、それを行使させる。」

(3) **州南部事務所（Struktur- und genehmigungsdirektion Süd）インタビュー**

3人目は、州南部事務所（許認可事務を扱う中級庁）の副長官コプフ氏（Vizepräsident, Herr Hannes Kopf）である。彼は、州の中級庁の行政法曹として、中級庁自身による異議審査の実態を紹介してくれたばかりでなく、自治体（郡・市）レベルにおける法律委員会による異議審査手続についても、自ら、存置派であるとの立場を表明し、その利点を語ってくれた。

第Ⅱ部　行政過程における法の担い手

「異議審査請求手続は、ドイツ連邦行政裁判所法で規定されており、裁判の前に、行政行為の適法性を審査するものである。異議審査請求手続は、法律家（Juristen）の典型的な（klassischerweise）活動領域の一つである。」

「異議審査請求の手続については、連邦行政裁判所法68条以下に規定されている。州事務所（SGD）は、法律上われわれに割り当てられた異議審査を担当する。つまり、われわれは、管轄分野の事案のみを扱う。わが州南部事務所は、管轄分野について、自ら行政行為を行う権限がある。そして、州南部事務所は、中級庁（mittelere Behörde）なので、連邦行政裁判所法70条以下の規定に従い、自ら行った行政行為に対する異議審査請求について、自ら決定しなければならない。つまり、異議審査請求については、直近上級庁が決定するのが原則であるが、中級庁の場合は、直近上級庁は省（Ministerium）であり、省は異議審査決定をしないからである。わが州事務所の場合、環境法領域のうち、遺伝子操作技術法（Gentechnikrecht）、水法（Wasserrecht）、イミシオーン保護法（Immissionsschutzrecht）、土壌保全法（Bodenschutzrecht）、危険物法（Gefahrstoffrecht）の分野で権限を持つ。この分野で、われわれが行った行政行為に対して異議審査請求がなされた場合には、われわれ自身が決定する。市民にとってみれば、『異議審査請求を行ったのに、なぜまた同じ役所（gleiche Behörde）がわたしに書類を送ってくるのか？』ということになる。もちろん、担当者は異なる。たとえば、わたしは、以前、ここで、自然保護42課（Referat Naturschutz/Referat 42）にいた。そこは、自然保護法上の免除（Befreiung）を与える担当課であった。たとえば、ムラリスカベカナヘビ（Mauereidechsen）は、特別に保護されている動物である。仮に、建設計画の予定地に、ムラリスカベカナヘビが生息しているとして、連邦自然保護法には、当然、この動物を殺したり、脅かしたりしてはならないと規定されている。そこで、ムラリスカベカナヘビに引っ越ししてもらおうとすると、役所による免除が必要となり、それを管轄するのは、南部（あるいは北部）の州事務所である。そして、わたしの同僚が免除を与えたり、拒んだりする。その同僚は、わたしと同じ部屋でわたしの隣の席に座っている自然科学者（Naturwissenschafter）である。異議審査請求がなされると、法律家（Jurist）で

あるわたしが、それを処理する。もしも、同僚が何か誤りをした場合には、わたしがそれを変更する（abändern）。同じ役所であるが、別の者（Mitarbeiter）が担当する。もっとも、市民にとっては、わかりづらいであろう。」

「自治体のレベル（Ebene der Kommunen）では、いわゆる法律委員会がある。ただ、それは、ラインラント・プファルツ州とザールラント州だけである。この2州には、裁判に似た組織の法律委員会がある。その委員長は、完全法曹（Volljurist）で、2名の陪席がつく。陪席は、法律の素人である。その他の州では、異議審査決定を行うのは、法律委員会ではない。法律委員会は、ラインラント・プファルツ州とザールラント州だけの特色である。ほとんどの州（Manche Bundesländer）では、裁判所に出訴する前に異議審査請求をしなければならないという制度は、廃止された。そういう州では、もはや異議審査請求手続はないわけである。異議審査請求手続の存置派の人たち（Befürworter des Widerspruchsverfahrens）は、その手続に、人の気持ちを和やかにする効果（befriedende Wirkung）があるという理由で、存置を主張する。異議審査請求人の欲求（Begehren）は、異議審査請求手続の中で解消することがよくある。つまり、誤解であったとか、手続の中で幾分わかりあえたということである。それが、異議審査請求手続の利点である。わたしも、異議審査請求手続の存置派で、それを廃止しようとは思わない。」

(4) ゲルマースハイム郡庁（Landkreis Germersheim）インタビュー

4人目は、ゲルマースハイム郡庁助役のゼーフェルド氏（Erster Kreisbeigeordneter, Herr Dietmar Seefeldt）である。彼も、法律委員会の委員長の経験を持つ人物である。法律委員会の異議審査は、市民目線でなされる市民に近しい制度であるため、市民の納得感を得やすく、市民は、たとえ請求が棄却されても、裁判所へ出訴することは少ないと語る。

「ここゲルマースハイム郡には、郡法律委員会（Kreisrechtsausschuss）がある。ラインラント・プファルツ州法では、市民は、行政行為に納得できない場合、すなわち、行政行為が違法（rechtswidrig）であると考える場合、異議審査請求を行う。郡の場合は、郡法律委員会が、その請求について決定する[7]。こ

の委員会は、1名の法律家と2名の名誉職の陪席（ehrenamtlichen Beisitzern）によって構成される。2名の陪席は、郡議会（Kreistag）で選出された普通の市民（normale Bürger）で、法の素人（Laien）である。法律家が会議の準備を行い、『法的観点から、これは、こうである。』と述べる。審理（Verhandlung）は、そのあとになされる。審理には、異議審査請求人である市民が招集される。このとき、市民は、弁護士（Rechtsanwalt）を代理人として出席させることもできる。行政庁も法律家によって招集される。審理では、市民は、自分の考えを述べることができ、行政行為を行った郡庁（Kreisverwaltung）も、もう一度、事情を説明することができる。

　法律家と2名の陪席とで構成される委員会は、審理で当事者（Parteien）の言い分を聴いた後、異議審査決定を下す。異議審査決定は、市民にとって、良い結果となる場合もあるし、悪い結果となる場合もある。この異議審査決定は、まだ、郡の決定（Entscheidung）である。市民は、この異議審査決定にも納得できない場合、さらに、行政裁判所に出訴することになる。ここゲルマースハイムでは、ノイシュタット（Neustadt）行政裁判所で、裁判官が、法律委員会が正しい審理をしたかどうかを、判断する。」

　「法律委員会の審理は、市民目線で説明され、わかりやすい（transparent）。異議審査請求人である市民は、法律家だけでなく法の素人の理解（Laien-Sachverstand）も反映して決定がなされているという感覚を得る。このことは、決定を受けいれやすくする。それゆえ、法律委員会は、ドイツではラインラント・プファルツ州とザールラント州にあるだけで他の州にはないが、まさにこの点で、非常に肯定的に（sehr positiv）受けいれられている。わたしの見解でも、これは、異議審査請求を決定するための大変よくできた手続のやり方である。連邦制のドイツには、他の州もあるが、バイエルン州、バーデン・ヴュルデンベルク州の制度は、全く違う。その2州では、市民が異議審査請求を行うと、法律家がそれを机の上で判断し、決定する。つまり、そこに、市民との話し合いはない。市民は、異議審査請求書に、異議の根拠を記載することはできるが、審理を経ることなく、異議審査決定書を受け取るだけである。したがって、わがラインラント・プファルツ州の制度は、市

民に近い（bürgernäher）制度だといえる。市民は、審理で、法律家だけでなく2名の素人が、自分の案件（Anliegen）に取り組むのをみて、審理の結果、たとえ負けたとしても、『行政の言い分は正しかったのだろう。』という感覚を得る。そして、市民が、それでもなお納得できない場合には、行政裁判所へ出訴する途が残されており、裁判官に審査をしてもらうことができる。そういう意味でも、わたしのみるところ、これは非常によい手続のやり方（eine sehr gute Verfahrensweise）である。」

「市民の側からみて、異議審査請求が成功する割合は、比較的少ない（relativ wenig）。正確な経験的調査はないが、わたし自身が助役（Beigeordneter）になる前の数年間、法律委員会にいたときは、だいたい10％未満だった。市民の側からみて、成功率の高い法領域があるかどうかは、今ちょっと思いつかない。それでも、異議審査請求前置手続は、権利保護のために有効だと思う。市民は、いずれにせよ、委員会決定に対抗する機会を有している。行政も、もう一度自己統制の機会を有する。かりに誤りがあっても、『大丈夫だ。すぐに裁判所に行かなくても、その前に、異議審査請求の手続内で、修正できる。』といえるわけである。わたしは、これを、市民の視点で、権利保護の考えの下で、効率の高い良い手続（ein effektives und gutes Verfahren）だと思う。郡法律委員会は、年間300～400件の異議審査請求を扱うが、その中で行政裁判所へ持ち込まれる件数は、わたしの想像では、だいたい20～30件である。」

4　おわりに

ドイツ連邦諸州の異議審査手続に関する選択傾向（ほとんどの州が撤廃しており、維持している州はわずかである）について、シュパイヤー行政大学院のヤン・ツィーコゥ教授（Prof. Jan Ziekow）は、「ドイツ人は、州を信頼している。しかし、その一方で、個々のケースにおける行政に対しては、必ずしも信頼を置いていない。市民は、行政が審査したところで、前回と異なる決定を下すことはありえないと思ったのである。行政というのは、元々そういうこと

のためにあるわけではないと思ったのである。法的な助言者の意見を聞いて、あとから決定を変えるということは、およそなかろうと思ったのである。しかし、それ以外の理由で、この手続の要・不要を判断する州も出てきた。ドイツ国内をみるだけでも、色々な違いがある。」と語る[8]。

　日本でも、従来、行政が審査判定を行う不服申立について、申立件数が少なく、救済率も低いと指摘されてきた。しかし、上記2(1)でみたノルトライン・ヴェストファーレン州（撤廃した州）の姿勢とは異なり、機能していないならやめてしまえという方向ではなく、機能するように改善していこうとの姿勢で、2014年に行政不服審査法が改正された。もっとも、この改正が効を奏するか否かは運用いかんにかかっている。市民の立場からは、改正法による手続（いわゆる行政訴訟の簡略版）に相当の時間と労力を要するにもかかわらず、納得・権利救済がおよそ期待できないとなれば、失望や怒りを感じ、自由選択主義のもと、不服申立ではなくただちに取消訴訟を提起するだろう。

　なお、上記3(2)でリーフラー氏が指摘するように、ラインラント・プファルツ州（維持している州）の法律委員会による異議審査手続は、日本が改正行政不服審査法に導入した、審理員（審査庁に所属し、審査庁に指名されるが、その指揮を受けることなく、自らの名において、審理を行う行政職員）の審理における口頭意見陳述の手続と似たところがある。日本の審査請求は、書面による審理が原則であるが、審査請求人が申し立てた場合には、例外として、審査請求人に十分な主張の機会を与えるために、口頭で意見を述べる機会が与えられる。審理員は、充実した審理を行うため、口頭意見陳述の場にすべての審理関係人を招集することとされており、審査請求人は、対審的審理構造の下で、処分庁に質問することができる。もっとも、ラインラント・プファルツ州の法律委員会とは異なり、審理員の横に一般市民が座って市民目線で参審することはない。また、審理員については、審理の公正性を高めるため、審査請求に係る行政行為に関与していない職員であることが要件とされているが、司法試験の合格者であることは要求されていない。ただ、調査によれば、審理員は、現状、その圧倒的多数が管理職級の職員であるが[9]、外部の

弁護士を、任期付職員や非常勤職員として任用した上で、審理員に指名する方法は考えられる。

　ラインラント・プファルツ州の行政法曹たちは、異議審査請求における法曹の役割・意義を、「異議審査請求手続は、法律家の典型的な活動領域の一つである」とか、「新人にとって法律委員会の委員長を体験することは、市民と行政の間の紛争事例のすべてをみることになり、まさに抜群の訓練になる」などと、語ってくれた。ドイツでは、日本の福島原発事故後、メリケル首相が、エネルギーシフトを導入し、いたるところで原子力発電に代わる風力発電の風車が建てられている。ゲルマースハイム郡庁助役のゼーフェルド氏が、郡内のハッツェンビュール村に風車を建てる決定に対してなされた異議審査請求について、郡法律委員会が審理したことを、誇らしげに語ってくれたことも、ここに付言できる。

注
1)　ラインラント・プファルツ州は、州全体では、8,057 名の職員のうち 1,322 人が法曹資格を有する（16.4％）。州内では、司法省は職員 161 人のうち法曹 50 人（31％）、ゲルマースハイム郡庁は職員 500 人のうち法曹 3 人（0.6％）と比率は異なる。
2)　参照、恩地紀代子「ノルトライン・ヴェストファーレン州における異議審査手続の撤廃」神戸学院法学 45 巻 4 号〔2016 年〕25 頁。
3)　WEDGE REPORT ドイツ経済の要衝地 NRW 州第一人者がみるインダストリー 4.0（WEDGE Infinity 2016 年 1 月 1 日：http://wedge.ismedia.jp/articles/-/5807?page=3）。
4)　Karl-Friedrich Meyer, Das Widerspruchsverfahren aus der Sicht der Rechtspflege, in: Jan Ziekow, Das Widerspruchsverfahren in Rheinland-Pfalz〔2001 年〕S. 47。日本でも、1960（昭和 35）年に、ラインラント・プファルツ州で、不服申立の 80％が、上級庁において、行政庁限りで解決されたことが紹介されている（高林克己『西ドイツの行政裁判所法について』最高裁判所事務総局〔1960 年〕88 頁）。
5)　「公的部門における法の担い手の養成に関する比較調査研究」（代表：高橋明男大阪大学大学院法学研究科教授）の一環として行われた調査の一つである。
6)　ラインラント・プファルツ州は三段階（上級庁、中級庁、下級庁）の行政構造をとる。
7)　自治体であるゲルマースハイム郡のなかには、6 つの市町村連合

第Ⅱ部　行政過程における法の担い手

　　（Verbandsgemeinde）と連合に属さない 2 つの市（Verbandsfreie Stadt）、ゲルマースハイムとヴェルト（Wörth）がある。そして、郡の下部に位置付けられるそれらの市町村行政の行政行為に対する不服は郡の法律委員会が担当する。
8)　国際シンポジウム「公的部門における法の担い手のあり方と行政法・行政法学」（大阪大学、2017 年 2 月 18 日）総括討論におけるコメント。
9)　佐藤英世「日本の地方自治体における不服審査体制と法律専門家」本書第Ⅱ部第 3 章 1。

3　アメリカの行政不服審査制度―ALJ の役割

佐伯　彰洋

1　はじめに

　わが国では、1962 年に行政不服審査法が制定され、その後大幅な改正は行われなかったが、2014 年に公正性の向上、使いやすさの向上、国民の救済手段の充実・拡大の観点から全面改正された。旧行政不服審査法の最大の欠点は中立性の希薄さにあり、異議申立てのほとんどの場合、処分を行った担当課が審査をし、審査請求の際に上級行政庁が審査する場合でも処分庁と事前に意見調整をすることが多く、不服審査についての公正性に対する信頼が乏しかったといえる[1]。そこで改正行政不服審査法は、異議申立てを廃止し、不服申立ての手続を審査請求に一元化し、公正性の向上のために、国民から不服申立てがあった場合に、処分に関与しない職員（審理員）に国民と処分庁の主張を公平に審理させる審理員制度を設け、さらには第三者機関として行政不服審査会を設置し、審査庁が審理員の意見書の提出を受けたときは、行政不服審査会に諮問し、その答申を尊重する仕組みを設けることによって、中立性の確保、公正性の向上を図っている。

　この行政不服審査法の改正の議論の際に、審理を主宰する審理員制度についてアメリカの行政法審判官（Administrative Law Judge、以下 ALJ とする）にならった制度の導入の検討がしばしば指摘された[2]。本節は、この ALJ に焦点をあて、ALJ がアメリカの行政不服審査制度を含む行政過程においてどのような役割を果たしているか考察し、わが国の審理員の任用の在り方を考える上で何らかの示唆を得ることを目的としたものである。

　ALJ は、連邦行政手続法（Federal Administrative Procedure Act、以下 APA とする）において規定されている制度であるが[3]、行政不服審査の担い手として活動する場合よりも、むしろ行政機関が処分を行う際に、当事者の聴聞を主宰し、第 1 次処分を行うことのほうが多い。この ALJ によってなされる第 1 次処

分のほとんどは、行政不服審査に服することになるが、行政機関の最終判断となることが多く、アメリカの行政過程の公平性や効率性を評価する際には、ALJ の役割を考察することが重要であるといえる[4]。

以下では、まず ALJ が第 1 次処分を行う際に主宰する正式裁決について概説し、次にアメリカにおける行政不服審査制度の概要、ALJ の制度を紹介した上で、最近の ALJ の利用をめぐる現状を分析し、最後に、この考察からどのような示唆が得られるか検討したい[5]。

2 正式裁決

APA は、行政機関の行為を裁決（adjudication）と規則制定（rulemaking）に大別している。そして APA は、裁決を命令（order）を作成する行政機関のプロセスと定義しているが[6]、ここにいう命令とは、規則制定以外の行政機関の最終処分であり、免許の付与のような行政処分も命令に含まれる[7]。この裁決は、正式裁決（formal adjudication）と呼ばれるものと略式裁決（informal adjudication）と呼ばれるものに分けられる。正式裁決は、行政機関による聴聞の後、その「記録に基づいて（on the record）」行政機関が決定を行うことを個別法が規定している場合に行われる手続である[8]。個別法で「記録に基づいて」という要件が存在しない場合には、行政機関は略式裁決で決定を行うことができ、略式裁決については一般的な手続は規定されていない。行政機関が正式裁決を行う際に当事者に与えられる聴聞は事実審型聴聞（trial-type hearing）であり、当事者は、告知を受ける権利[9]、証拠及び弁論を提出する権利[10]、反対尋問の権利[11]といった手続上の権利を有する。この正式裁決の聴聞の主宰者は、①行政機関、②合議制委員会の場合は 1 ないし複数の委員、③ ALJ であると規定されているが[12]、通常は ALJ が主宰者となっている。

ALJ は、正式裁決におけるこの聴聞の後に第 1 次決定を行うが、この第 1 次決定については、行政機関の規則の定める期間内に行政機関への不服申立がない場合、又は行政機関の職権による再審理が行われない場合に、その決

定は最終的な行政機関の決定となる。換言すれば、ALJの決定は、行政機関への不服申立がなされた場合には当該行政機関の決定とはならない[13]。多くの行政機関においてALJは第1次決定を行っている。

3 アメリカの行政不服審査制度の概要

行政不服申立制度の類型

アメリカにおける行政不服審査制度は、わが国の行政不服審査法のように一般法がなく、個別法や行政機関の規則により実施されており、多様なものとなっているのが現状であるが[14]、ラバーズ教授は、アメリカの行政不服申立の類型を4つのモデルに分類している。

(1) モデル1

行政機関の長が自ら不服審査機関として不服申立を審査するモデルである。この場合、行政機関の長が助言を得るために諮問機関を設置している場合もある。たとえば、核規制委員会（Nuclear Regulatory Commission、以下NRCとする）の不服審査制度はその典型例である。NRCは、1991年まで不服申立審査機関として原子力安全免許不服申立委員会（Atomic Safety Licensing and Appeal Panel）を設置していて、同委員会がNRCの決定に対する不服申立てを審査し、同委員会の判断がNRC自身の裁量的審査がなされない限りは最終判断とされていた。しかし1991年7月1日以降、同委員会は廃止され、NRC自身がすべての不服申立てを審査することになった。ただしNRCは内部機関として、不服申立裁決室（Office of Commission Appellate Adjudication）を設置し、同室がNRCの不服申立に対する裁決について助言する機能を果たしている[15]。

(2) モデル2

ALJと行政機関の間に中間的な審査官や組織を創設し、第1次的審査権限を委任するモデルである。具体例としては、内務省（Department of Interior）の1970年に設置された国土不服申立審査会（Interior Board of Land Appeals）がある。同審査会は、内務省の「聴聞・不服申立室（Office of Hearing and Appeals）」

内に設けられており、6人の行政審判官（Administrative Judge）、うち主任審判官が1名、副主任審判官が1名が置かれている。同審査会は、土地や鉱物資源の利用や処分について土地管理局（Bureau of Land Management）の決定や同省のALJによる正式裁決を通して行われる民事罰の賦課決定に対する不服申立等を審査する。同審査会の判断は、内務省長官によって審査されなければ、最終決定となる[16]。

(3) モデル3

　行政機関の長が、不服審査手続に関与せず、最終的な判断権限を特別に設置されている不服審査機関に委ねるモデルである。このモデルでは、行政機関の長の代わりに当該不服審査機関がALJの決定を審査する。たとえば、社会保障庁（Social Security Administration、以下SSAとする）の不服申立審査会（Appeals Council）や農務省（Department of Agriculure）の司法官（Judicial Officer、以下「JO」とする）がその例である。詳述すれば、まず社会保障庁では、社会保障給付の拒否処分、減額、打切りの第1次決定に不服のある者は、社会保障庁に再考慮審理（reconsideration determination）の請求をすることができる。この再考慮請求に対する決定は、第1次決定に関与していない者によってなされるが、なおこの決定に不服があるときは、ALJによる聴聞を請求することができる。SSAの手続規則はAPAの正式裁決で求められているような聴聞の機会を付与しているが、実際には、政府側も原告側も弁護士を選定せず、手短な略式の聴聞が行われている[17]。さらに、このALJの決定に不服がある者は不服申立審査会に不服申立をすることができる。不服申立審査会は、約70人の行政不服申立審判官（Administrative Appeals Judge）、約50人の不服申立職員（Appeals Officers）、数百人のサポート職員から成る組織である。2015年度には同審査会に14万9千件以上の請求があった。同審査会は、不服申立に対して認容、棄却、却下の判断を下す。同審査会が、不服申立を受理した場合には、自ら当該案件について決定をするか、あるいは新たな決定のためにALJに当該案件を差し戻すことになる。不服申立人が不服申立審査会の裁決に対してもなお不服がある場合には、連邦地方裁判所に出訴することができる[18]。

次に農務省では、1942年以降JOを導入している[19]。農務省においては、裁決手続や料金設定手続においてALJが第1次決定を行うことになっており、この決定について不服申立がなければ、ALJの第1次決定が最終の決定となると農務省の規則で定められている[20]。そして、ALJの決定に対する不服申立は、JOに対してなされることなる。JOは、ALJではなく、省内弁護士や法律専門家によるサポートを受けており、JOがALJの決定を審査し、このJOの決定が農務省の最終決定となる[21]。

(4) モデル4

行政機関の長が全く審査をせず、行政機関のALJの決定が最終的なものになるモデルである。

ラバーズ教授は、ACUSの調査では、行政機関においてすべてのモデルが利用されてきたが、モデル1とモデル3が通常とられているものであり、モデル4を採用している行政機関はほとんどないと指摘している。

以上の4つのモデル以外にも、わずかな例しかないが、個別法で不服審査権限を独立の組織に付与している場合もある。たとえば連邦議会は、労働安全衛生法（Occupational Safety and Health Act）の執行の責任を労働省長官（Secretary of Department of Labor）と労働安全衛生委員会（Occupational Safety and Health Commission）に分割し、労働省長官に規則を制定し執行する責任を、労働安全衛生委員会に不服審査を含めた裁決手続の責任を付与している[22]。同委員会は、アメリカの勤務場所での労働安全衛生法違反に基づく民事罰等についての紛争を裁定するために設置された独立の連邦行政機関である。同委員会は2段階の審査体制になっており、まずALJによって聴聞、証拠の授受、決定がなされ、このALJの決定は同委員会の裁量による審査に服することになる[23]。

行政救済の完了の要件（Exhaustion of Administrative Remedies）

アメリカでは、多くの行政機関は市民が訴訟を提起する前に行政救済が完了していることを求めている。ここにいう行政救済とは事後の不服申立手続

のみならず、審判手続などの不利益処分前の事前の行政手続も含まれる概念である[24]。行政救済の完了は、制定法により明示的に要求されている場合もあるが、行政機関は、行政救済の完了のためにその手続規則を制定することができる[25]。不服申立期間については APA には規定がなく、個別法及び行政機関の規則で規定されており、延長の規定を置いた上で不服申立期間を第 1 次処分を受けた日から 30 日以内と規定している行政機関が多い。行政救済の完了の要件の必要性については、まず第 1 に、行政機関に自らの過ちを是正する機会を与え、行政機関の意思決定への早すぎる裁判所の介入を防ぐためである。第 2 に裁判所の負担を軽減し、裁判所の不必要な関与を防ぐことである。ただし、この行政救済の完了の要件には例外も認められており、内部の不服申立手続が有効で迅速なものになっておらず、求められている救済を付与することができない場合には、行政救済の完了の要件は求められない。

4　ALJ

ALJ について、APA 制定当初は聴聞審査官（hearing examiner）という名称が用いられていたが、1972 年に OPM が規則でこの文言に代えて ALJ の名称を使用するようになり、最終的には 1978 年に APA が改正され、ALJ の名称が用いられるようになった（本稿では、便宜上、1978 年以前の聴聞審査官についても ALJ の名称を用いることにする）[26]。ALJ については、すでにわが国において多くの紹介がなされており[27]、ここでは簡潔に ALJ の選考と身分保障について述べることにする。

選考

ALJ は公正かつ的確な審理の主宰を実現することが求められているため、選考に当たっては OPM に ALJ の適格者の名簿の作成及び維持に関する権限が与えられている。OPM は、ALJ として適格と認定されるための最低限の要件を定めている。すなわち、アメリカ国内の弁護士資格を有する者でなけ

ればならず、ALJ となるにふさわしい経験を 7 年以上有しなければならない。この最低限の要件を満たした者は、OPM の行う競争試験の結果に基づき、得点が与えられ、合格水準に達した者は有資格者名簿に登載される。なお退役軍人で一定の要件を充たす者には加点するという優遇措置がとられている。新たに ALJ を任用したいと希望する行政機関は、この名簿の中から任用者を選択することになるが、自由に選択すること許されておらず、任用人員 1 名に対して OPM から名簿の上位 3 人の候補者が示され、その中から 1 名を選択するという「3 人の原則」(Rule of Three) が用いられている[28]。

身分保障

APA は、ALJ に行政機関の管理職や当該行政機関のために調査又は権限を有する職員の監督には服さない職権行使の独立性を認めている[29]。また ALJ は、連邦公務員に適用される勤務評定制度が適用されない[30]。さらに ALJ は、法律と人事管理庁の定める規則に従って給与を受け[31]、また、恣意的な免職、停職、減給の不利益処分が行われないように、能力主義保護委員会 (Merit Service Protection Board) による正式の聴聞の機会が付与され、同委員会の定める正当な理由が立証された場合にのみ、不利益処分がなされることになっている[32]。

5 ALJ の利用をめぐる現状

ALJ の人数

APA の制定直後は、ALJ の多くは経済規制領域に関与していた。ラバーズ教授によれば、1947 年当時、ALJ 全体の 64％ は規制行政機関に雇用されていたが、その後、1962 年には 45％、1974 年には 19％、1981 年には 10％、2010 年には 2％ と減少しているとのことである[33]。当初、ALJ が関与していた事例の多くは免許や執行に関する事例であり、政策問題が争点となっていたが、現在は、ALJ が関与する事例の多くは社会保障給付事例となっている[34]。この背景には、民間航空委員会 (Civil Aeronautics Board) や州際通商委

員会 (Interstate Commerce Commission) の廃止にみられるようにアメリカの規制緩和政策がある。

また ALJ の人数については、ラバーズ教授は、1996 年の論稿[35]において、1996 年 3 月までの ALJ の人数について、以下のように指摘をしている。すなわち、1947 年から 1996 年までの ALJ の総数が 196 人から 1,333 人に増加をしているが、SSA の ALJ については、1947 年当時は、SSA には 196 人の ALJ のうち 13 人しかいなかったが (6.6%)、1978 年には 1,071 人の ALJ のうち 660 人 (61.6%)、1984 年には 1,121 人の ALJ のうち 760 人 (67.8%)、1996 年には 1,333 人の ALJ のうち 1,060 人 (79.5%) が SSA の ALJ である。2017 年 3 月のデータ (表 1[36]参照) では、連邦の行政機関の ALJ 総数 1,931 人のうち SSA の ALJ が 1,655 人を占めており (85.7%)、SSA の ALJ が著しく増加していることがわかる。他方で、他の連邦行政機関において採用されている ALJ の人数は極めて少数である。たとえば 1996 年において ALJ は、司法省 6 人、住宅都市開発省 (Department of Housing and Urban Development) 5 人、農務省 4 人、商務省 (Department of Commerce)、教育省 (Department of Education) は 1 人しかおらず、防衛省 (Department of Defence)、国務省 (Department of State)、退役軍人省 (Department of Veterans Affairs) には ALJ がいなかった。このような状況は、現在でもほぼ変わっていないといえる[37]。この原因は、行政機関が裁決を行わなくなったことによるものではなく、ALJ ではない裁決官 (non-ALJ adjudicators) の利用が増加しているためであり、多くの ALJ ではない職員が日常的に裁決事案を判断している。これらの ALJ ではない裁決官は、行政機関毎によって AJ や移民審判官 (Immigration Judge) といった異なる名称で呼ばれているが、以下では、総称としてこれらの職員を「AJ」と呼ぶことにする。2002 年の OPM の調査では連邦の行政機関 AJ の総数は 3,370 人であったが[38]、ラバーズ教授によれば、最新の ACUS の調査では AJ の総数は 3,654 人に増加しているとのことである[39]。

AJ の資格については、通常、法律で制限されておらず、弁護士資格を有する者もいれば、弁護士資格を有していない者もいる。AJ は、ほぼ ALJ と同様の職務を果たしているが、ALJ のような職権行使の独立性や身分保障は

3 アメリカの行政不服審査制度

表1　行政機関毎のALJの人数

行政機関	人数
消費者金融保護局（Consumer Financial Protection Bureau）	1
農務省	3
教育省	2
保健福祉省（Department of Health and Human Services）	106
国土安全省（Department of Homeland Security）	6
住宅都市開発省	2
内務省	9
司法省	3
労働省（Department of Labor）	41
運輸省（Department of Transportation）	3
環境保護庁（Environmental Protection Agency）	3
連邦通信委員会（Federal Communications Commission）	1
連邦エネルギー規制委員会（Federal Energy Regulatory Commission）	13
連邦労働関係院（Federal Labar Relations Authority）	2
連邦海事委員会（Federal Maritime Commmission）	2
連邦鉱山安全健康審査委員会（Federal Mine Safety and Heath Review Commission）	15
連邦取引委員会（Federal Trade Commission）	1
州際通商委員会	6
全米労働関係委員会（National Labor Relations Board）	34
全米運輸安全委員会（National Transportation Safty Board）	3
労働安全健康審査委員会	12
金融組織裁決室（Office of Financial Institution Adjudication）	2
証券取引委員会（Securities and Exchange Commisssion）	5
社会保障庁	1,655
合衆国郵便公社（United States Postal Service）	1
合計	1,931

認められておらず、多くの AJ は雇用されている行政機関からの勤務評定を受けている[40]。

ALJ の利用のデメリット

前述したように AJ の利用が増加していることの要因としては、行政機関側に ALJ の利用のデメリットに対する認識が高まってきたことにあると思われる。そのデメリットとして、以下の3つの問題点を挙げることができる。

(1) 任用手続の問題点

まず ALJ の選考過程における問題が指摘できる。現在の任用手続では、3人の原則が用いられ、候補者が当該行政機関の所管する分野に関する能力や経験を有しているか否かが考慮されず、行政機関は OPM が提示した候補者の中からの選択する際にしか候補者の上記の能力や経験を考慮することができないので、行政機関はどのような ALJ を任用するかについて事実上裁量を有していない[41]。かつては行政機関が、特別選抜制度（selective certification）の導入を求め、行政機関が必要性を示し、OPM が事前に承認すれば、専門的知識や経験を有する候補者の中から、有資格者の最終順位に関わりなく、選択できた時期もあった。1960 年代から 1980 年代まで多くの行政機関が、この特別選択制度を利用していた。しかし、この特別選抜制度は、行政機関に任用以前の経歴から ALJ を任用すること認めるものであるとの批判を受け、OPM は 1984 年にこの制度を廃止した。その後も、連邦通商委員会や SSA が、特別選抜制度の復活を OPM に求めたり、国際貿易委員会（International Trade Commission）や連邦取引委員会が特別選抜制度の立法化を求める動きもみられた[42]。また SSA や保健福祉省は、ALJ の任用手続を、行政機関の固有の必要性に最適に合致する候補者を任用できるようにより柔軟なものにすべきであるとの主張をしている。たとえば SSA は、OPM の ALJ の候補者の審査は申立人に弁護士が選任されていない膨大な量の事案を処理できる専門知識や技能を重視すべきであると主張している。また保健福祉省は、同省の ALJ については、たとえば 3 年間の医療関係の経験は貴重なものになると考えられ、そのように同省の事務により適した候補者を選択できるように任用手続を柔軟化すべきであると主張している[43]。

3 アメリカの行政不服審査制度

(2) 高額な報酬

　ALJ の俸給は、上から AL-1、AL-2、AL-3 の三等級に区別されており、AL-3 が基本給とされ、この AL-3 は、さらに下から A〜F の 6 つのランクに分けられている。AL-1、AL-2 で定められた俸給は、ALJ が管理職の立場にある場合に支給される[44]。他方、管理職でない AJ の俸給は、ほぼ連邦公務員の一般俸給表の 9 等から 15 等までの等の報酬が支給されている[45]。具体的に 2017 年 1 月現在の俸給表[46]で両者を比較をしてみると、ALJ の俸給は、基本給として、最低額の AL-3/A ランクの年額 108,100 ドルから最高額の AL-1 レベルの 161,900 ドルまでと定められているが、多くの AJ が支給されている連邦公務員の一般俸給表の 15 等 1 号俸は、年額 103,672 ドルであり、ALJ の俸給が AJ の俸給よりもかなり高額なものになっている[47]。

(3) 人事管理上の難点

　ALJ は終身の地位であり、正当な理由がなれば不利益処分を受けることなく、行政機関からの業績評価からも免除されている。APA は、ALJ を任用している行政機関が、ALJ の勤務評定をすることを認めていないし、重大な違法行為以外の事由で懲罰することを許しておらず、ALJ は一度任用されれば事実上終身の地位を得ることになる[48]。したがって行政機関は、任用している ALJ にコントロールが及ぼしにくいという人事管理上の難点がある[49]。

　以上のような ALJ の利用のデメリットから、行政機関は、ALJ の任用を避け、戦略的な任用が可能で、よりコントロールがしやすく、より安価に任用できる AJ を利用したいと考えるようになっている[50]。また行政機関は、AJ の任用の決定について行政機関自身が権限を有しているので、当該行政機関の業務に専門性を有する AJ を確保できるというメリットがある[51]。

6　AJ と APA

　以上のような行政機関の ALJ の利用の減少は、ALJ をその手続の主宰者とする正式裁決手続を定めている APA の趣旨に反するものになっていない

か問題になる。この点、正式裁決が要求され、ALJ による手続が要求されるのは、行政機関が聴聞を経て「記録に基づいて」決定を行う場合であり、略式裁決であれば行政機関は AJ を用いることができる。問題は、「記録に基づいて」という明白な文言が個別法に存在しない場合である。このような場合に、これまで裁判所は、議会の意思は明白ではないとし、Chevron 法理[52]のもと、正式裁決が要求されるか否かについて行政機関の合理的な解釈を尊重してきた[53]。ただし、「記録に基づいて」という明白な文言が個別法に存在しない場合でも、行政機関は必ずしも略式裁決を選択しているわけではない。たとえば連邦取引委員会は、「記録に基づいて」という要件が法律で求められていないにもかかわらず、正式裁決を行っている。同様に SSA も、法律で「記録に基づいて」という要件が求められていないにもかかわらず、ALJ を用いている。社会保障関連の案件においては、請求者が弁護士を選任せず、ALJ が請求者の代理人、政府の代理人、公平な意思決定者、としての役割を果たし、非対審型のヒアリングが行われている現状に鑑みると、SSA の ALJ の利用は興味深い[54]。

7 おわりに

以上、考察してきたように、アメリカの行政過程においては、行政処分を行う段階から、公平、独立の立場にある ALJ が関与し、処分の公正さを担保しようとしているし、社会保障領域のように行政処分の段階で ALJ が関与していない場合でも、不服審査の段階で ALJ が関与している場合もあり、不服審査を含む行政過程において行政手続主宰者の中立性、公正性という要請が重視されていることがわかる。他方で、アメリカでは、中立性、公平性が担保されている ALJ によるの正式裁決の利用が減少し、これらの担保がない AJ の利用が増大している。また、アメリカの行政不服申立制度においては、ALJ ではなく AJ に事案の審査を委ねている場合が多い。このことは、行政手続主宰者の専門性、効率性という要請も重視されていることを示すものといえる。ただし SSA においては、ALJ の人数は増加している。社会保

障領域の事案は、政策問題よりも事実認定が大きな比重を占めており、事実問題に精通していることが最重要な能力であるともされている[55]ALJの利用に適した領域であり、今後も社会保障の領域に関しては、なおもALJの役割に期待するところが大きいといえる。

このようにアメリカにおいては、行政手続主宰者の中立性、公平性の要請と専門性、効率性の要請をどのようにバランスをとるか重要な課題になっているといえる[56]。翻ってわが国でも、改正行政不服審査法によって導入された審理員制度について、審理員の選任において専門性を重視するか中立性を重視するか課題になっている[57]。自治体レベルでは、内部職員のみならず、中立性、公平性、専門性を重視して、弁護士を任期付職員、特別職公務員として任用している団体もある[58]。今後、審理員の人選をどのように進めていくか十分に検討していく必要があるが、本稿で紹介したアメリカの状況は参考になると思われる。

注

1) 宇賀克也『行政法概説Ⅱ［第5版］』（有斐閣、2015年）20頁。
2) たとえば、日本弁護士連合会「『行政不服審査制度の見直しについて（案）』に対する意見書」［2013年5月30日］（日本弁護士連合会HPより入手）53頁、行政不服審査制度検討会「行政不服審査制度検討会　最終報告―行政不服審査法及び行政手続法改正要綱案の骨子―」［2007年］（総務省HPより入手）17頁参照。
3) 5 U.S.C. §3015.
4) Jeffrey S. Lubbers, *A Unified Corps of ALJs : A Proposal to Test the Idea at the Federal Level*, 65 JUDICATURE 266, 266（1981）.
5) 本稿は、アメリカン大学ワシントン・ロースクールのジェフリー・ラバーズ教授が2016年6月16日に同志社大学アメリカ研究所第2部門研究会で報告された「アメリカにおける不服申立（Administrative Appeals in the U.S）」の内容を基礎とし、これに筆者の文献調査に基づく知見を付け加えたものである。ラバーズ教授は、人事管理局（Office of Personel Management、以下OPMとする。）が、行政過程におけるALJの現状と将来の役割について、合衆国行政会議（Administrative Conference of the United States、以下ACUSとする）に調査依頼し、その依頼に応じてACUSが1992年に公表した調査報告書（PAUL R. VERKUIL ET., THE FEDERAL ADMINISTRATIVE JUDICIARY–REPORT FOR FOR RECOMMENDATION 92-7）の執筆者の一人であり、裁決手続に造詣が深い。本稿の執筆においてラバーズ教授から資料の提供を

第Ⅱ部　行政過程における法の担い手

受けた。また、本節の執筆に際して、ラバーズ教授の報告内容及び報告の際に使用したスライドの翻訳についても許可を得た。記して謝意を表したい。
6) 5 U.S.C.§551(7).
7) 5 U.S.C.§551(6).
8) 5 U.S.C.§554(a).
9) 5 U.S.C.§554(a).
10) 5 U.S.C.§556(b).
11) 5 U.S.C.§556(d).
12) 5 U.S.C.§556(d).
13) ALJ の決定に対する行政機関の不服審査は覆審的審査（de novo review）となる。*See* 5 U.S.C.§557(b); Verkuil, *supra* note 5, at 803.
14) 行政管理研究センター「行政不服申立制度・苦情処理制度に関する調査研究報告書」（第2章「アメリカにおける行政不服申立・苦情処理制度の概要」（橋本直樹執筆））［2011 年］（総務 HP より入手）21 頁。アメリカの行政不服審査制度を紹介した邦語文献として、下川環「アメリカ連邦行政手続における行政不服審査制度」法律論叢 78 巻 4・5 号合併号 139 頁［2006 年］参照。
15) *See* Russel L. Weaver, *Appellate Review in Executive Departments and Agencies*, 48 ADMIN. L. REV. 251, 269-270（1996）; https://www.nrc.gov/about-nrc/organization/ocaafuncdesc.html（1/30/2018）
16) *See* Russel L. Weaver, *supra* note 15, at 262, 275-276; Will A Irwin, *Federal Administrative Review under the Surface Mining Control Act and Reclamation Act: An Annotated Procedural Guide*, 3 J. MIN. L. & POL'Y 417, 464（1988）; https://www.doi.gov/oha/organization/ibla（1/30/2018）
17) Lubbers, *supra* note 4, at 269-270.
18) *See* https://www.ssa.gov/appeals/about_ac.html（1/30/2018）
19) 7C.F.R§2.35（2017）.
20) 7C.F.R§2.27（2017）.
21) Weaver, *supra* note 16, at 254.
22) *Id.* at 286-287.
23) *See* https://www.oshrc.gov/
24) 越智敏裕『アメリカ行政訴訟の対象』（弘文堂、2008 年）179 頁。
25) 5 U.S.C.§704.
26) Verkuil, *supra* note 5, at 803n.93.
27) 宇賀克也『行政手続・情報公開』（弘文堂、1999 年）90 頁以下、宇賀克也『アメリカ行政法［第 2 版］』（弘文堂、2000 年）121 頁以下、総務省「アメリカにおける行政救済法等に関する調査研究」［2012 年］（総務省 HP より入手）等参照。
28) *See* Kent Barnett, *Against Administrative Judges*, 49 U.C.D.L.REV.1643, appen. A～C.
29) 5 U.S.C.§556(b).

30) 5 U.S.C. § 4301(2)(D).
31) 5 U.S.C. § 5372.
32) 5 U.S.C. § 7521. ALJ は職権行使の独立性は保障されているが、行政機関に雇用されているので、組織上の独立性はない。そこで、より ALJ の中立性を確保するために、ALJ の統一集団（セントラルパネル）を結成し、個々の ALJ は、特定の行政機関に所属するのではなく、独立のセントラルパネルに籍を置いたまま、各行政機関の必要に応じてヒアリングのサービスを提供するというセントラルパネルが多くの州において導入されている。連邦レベルでは、これまで、セントラルパネルの導入のために幾度も法案が提出されているが、ALJ の専門性が失われること等が懸念され、導入されていない。これらの状況や ACUS もセントラルパネルを支持していないことから、今後、連邦レベルでセントラルパネルが導入される可能性はほとんどないように思われる。See Kent Barnett, *Resolvng the ALJ Quandry*, 33 J. Nat'l Ass'n Admin. L. Judiciary 644, 681-682 (2013). 大橋真由美『行政紛争解決の現代的構造』（成文堂、2005 年）145 頁。
33) ここで挙げた数字は、ラバーズ教授が注(5)に記載されている報告の際に示したものである。
34) Jeffrey S. Lubbers, *APA–Adjudication: Is the Quest for Uniformity Faltering?*, 10 Admin. L. Rev. 65, 68-69 (1996).
35) *Id*.
36) 図1は、OPM が公表している行政機関毎の ALJ の人数を基に作成したものである。*See* https://www.opm.gov/services-for-agencies/administrative-law-judges/ (1/30/2018)
37) Lubbers, *supra* note 34, at 70.
38) *See* Raymond Limon, Office of Aministraive Law Judges; The Federal Administrative Judiciary Then and Now; Dacade of Change 1992-2002, app.C (2002).
39) ラバーズ教授は、注(5)に記載されている報告の際に、現在進行中の ACUS の裁決手続の調査から連邦行政機関における AJ の総数の情報を得たことを明らかにしている。
40) Barnett, *supra* note 28, at 1660-1661, 大橋・前掲注 32) 137 頁。
41) Michae Asimow, *The Spreading Umbrrella: Extending the APA's Adjudication Provisions to All Evidentiary Hearing Required by Statute*, 56 Admin. L. Rev. 1003, 1009 (2004).
42) Robin J. Artz et al., *Advancing the Judicial Independence and Efficiency of the Administrative Judiciary: A Report to the President–Elect of the United States*, 29 J.Nat'l Ass'n Admin. L. Judiciary 93, 101-102 (2009); Barnett, *supra* note 28, at 1654.
43) U.S. Gov't Accountability Office, GAO-10-14, Results–Oriented Cultures: Office of Personnel Management Should Review Administrative Law Judge Program to Improve Hiring and Performance Management, 10-11 (2010) [hereinafter GAO-10-14]. 総務省・前掲注 27) 10-11 頁。

第Ⅱ部　行政過程における法の担い手

44) *See* https://www.opm.gov/policy-data-oversight/pay-leave/salaries-wages/2017/executive-senior-level（1/30/2018）．ALJ の報酬については，総務省・前掲注 27) 17-19 頁が詳細に紹介している。
45) *See* Barnett, *supra* note 28, at app. A, C.
46) *See* https://www.opm.gov/policy-data-oversight/pay-leave/salaries-wages/2017/executive-senior-level（1/30/2018）
47) Barnett, *supra* note 28, at 1669.
48) Asimow, *supra* note 41, at 1009.
49) *Id*.
50) *Id*.; Lubbers, *supra* note 34, at 73-74.
51) Barnett, *supra* note 28, at 1667.
52) この法理は，Chevron U. S. A. Inc. v. Natural Resources Defense Council, Inc., 467 U. S. 837（1984）において示されたものであり，行政立法に対する敬譲的な司法審査の枠組みである。すなわち，この司法審査は，2 段階の審査から構成され，第 1 に，連邦議会がその解釈上の問題に対して直接に言及しているかどうか（つまり，当該制定法の文言が当該行政機関の解釈を排除しているかどうか）を審査し（Chevron ステップ 1)，第 2 に，当該制定法の文言が不明確である場合，当該行政機関の解釈が合理的であるかどうかを審査する（Chevron ステップ 2）というものである。
53) たとえば，Dominion Energy Brayton Point, LIC v. Johnson, 443 F.3d 12（1stCir.2006）において第 1 巡回区連邦控訴裁判所は，連邦水質浄化法（Clean Water Act）に基づく許可手続において求められている「公衆の聴聞（public hearing）」は略式の聴聞でよいとする環境保護庁の解釈を Chevron 法理に基づいて支持している。
54) Barnett, *supra* note 28, at 1662-1665.
55) GAO-10-14, *supra* note 43, at 10.
56) 宇賀・前掲注 27)『アメリカ行政法［第 2 版］』153 頁参照。
57) 松倉佳紀「行政不服審査法の改正―実務をどう変革できるのか」自治研究 91 巻 1 号（2015 年）16 頁。
58) 高橋滋「地方公共団体における行政不服審査法の運用について―東京都の経験を中心として」自治研究 93 巻 7 号（2017 年）31-32 頁参照。

巻末付録

[第Ⅰ部1関連]

巻末付録

表1 ドイツの大学の重点領域科目

大学	基礎	民法			刑事法	公法	その他
		家族法・相続法・法的助言・法設計民法	商法・会社法	労働法・社会法			
アウクスブルク			租税法と会社法、会社法と銀行法、資本市場法、著作権、競争法	労働法、会社法	経済刑法、世界の刑法と刑事訴訟法、犯罪学	国際法、ヨーロッパ法、ドイツと世界の環境法と経済統制法	バイオ、健康、医療法
バイロイト			無体財産法、企業者法	労働法、消費者法	刑法	国際経済法、公共経済法	
ベルリン自由	法の基礎			消費者私法、販売仲介法、私的保険法、経済法、企業法、租税法、労働法、保険法	刑事裁判と犯罪学		政府の意思決定とその統制法制度の国際化
ベルリン・フンボルト	法の現代史	民法上の法的助言・法設計市場法と訴訟	無体財産法、企業法、契約法		ドイツ及び外国の刑事裁判	国家と行政の変遷国際社会とヨーロッパ統合の法	法設計と法政策
ビーレフェルト		私的な法設計と訴訟	国際的商取引	労働と社会的保護経済法上の助言	犯罪学刑事手続・刑事弁護	EUの公共経済法EUの環境法、技術法、計画法移住と社会統合	移住と社会的統合
ボーフム		家族、財産、手続	企業と競争	労働と社会	刑事弁護、刑事訴訟、犯罪学	経済行政、環境、インフラ	国際経済、ヨーロッパ経済租税と財政
ボン		民事裁判、弁護士、公証人比較法ヨーロッパ及び国際的法統一―国際私法	企業、資本市場、経済と競争外国友びヨーロッパの経済関連法	租税	犯罪学	国際化の過程にある国家と体制ドイツとヨーロッパの環境法、計画法、公共経済法とインフラ法	

276

大学	基礎	民事法	刑事法	公法	その他
ブレーメン	法の基礎	国際的超国家的コンテクストでの労働法と社会法、国際経済法、ヨーロッパ経済法	ヨーロッパの刑法と刑事政策	環境法、公共経済法	情報法、健康法、医事法
デュッセルドルフ		ドイツと世界の民事法と手続法、企業と市場、労働と財政	刑法	公法の法、政治の法、国際法、租税法	
エアランゲン・ニュルンベルク	法の基礎	企業法規、労働法規経済法	犯罪学	国際法、ヨーロッパ法、国家と行政	ドイツ・フランス法
フランクフルト（アム・マイン）	法の基礎	企業と財政	犯罪学	憲法、行政、規制	法の国際化とヨーロッパ化
フランクフルト（オーデル）		民法と民事手続法実務、ヨーロッパ私法と国際私法、会社法と経済法、労働と社会保障	刑法	国家と行政、ヨーロッパ法、国際法	ポーランド法、メディア法
フライブルク	法史と法の比較哲学と法の理論的基礎	司法及び弁護における民事裁判、ヨーロッパ及び外国の刑事法と経済、商業と経済、労働と社会保障	刑事裁判	ドイツ、ヨーロッパ及び外国の公法	メディア法、情報法、著作権法
ギーセン		歴史的及び外国の家族法と相続法、労働法と社会法、経済法	刑事裁判と犯罪学	ヨーロッパ公法、国際法、環境法、公共経済法	
ゲッティンゲン	歴史的及び哲学的法の基礎	民事法、民事裁判、経済法、労働法規と社会法規	犯罪学	国際公法、公法－統治、公法－規制、規制及び管理	私的及び公的メディア法、医療法
グライフスヴァルト		経済の法、企業と競争、企業と労働	犯罪学と刑事裁判	ヨーロッパ公法、比較公法、公法の基礎	健康法、医事法
ハレ・ヴィッテンベルク		法廷実務	労働法、社会法、消費者法、ドイツ及びヨーロッパ経済法	犯罪学	国家と行政、国際法、ヨーロッパ法	

巻末付録

大学	基礎	民事法			刑事法		公法	その他
			会社法、資本市場法 国際商取引の法	労働、経済、社会 市場と国家	経済刑法		租税 ヨーロッパ法、国際法	
アウェーリウス (ハンブルク)	法の基礎							
ハンブルク		民事手続法 国内外の司法と法廷 計 外国及びヨーロッパ の私法との比較法	海運経済法	労働法と社会法との関連 労働法とヨーロッパ法との関連	犯罪と犯罪抑止 少年刑法と少年犯罪学 国際刑法、ドイツ刑法と国際刑法及びヨーロッパ刑法との関連		計画法、経済行政法 環境法 ヨーロッパ法、国際法 公的金融法規と租税法	法の経済分析 情報と通信
ハノーファー		弁護士の法的助言と弁護士法 家族法、相続法、法の基礎	IT法と著作権法 商業、経済、企業	労働、社会	刑事訴追と刑事弁護		国際法、ヨーロッパ法 行政	
ハイデルベルク	法制史と歴史的比較法	民事手続法 外国の民事法と手続法	企業法 ヨーロッパ法、国際資本市場法、財務給付法	労働法、社会法、ヨーロッパ法	犯罪学		租税法 国際法 ドイツ行政法 ヨーロッパ行政法	医療法、健康法
イェーナ	法の基礎、法学	民事裁判と契約作成			犯罪学		ドイツとヨーロッパの公法 国際法	
キール	歴史と哲学 法の基礎	家族法と相続法を中心とした民事裁判 民事手続法を中心とした民事裁判 国際私法と比較法	カルテル法及び著作権法を中心とした経済法 銀行法及び資本市場法を中心とした経済法	労働法及び社会法を中心とした経済法	犯罪学		国家と行政 租税法を中心とした経済法 国際法、ヨーロッパ法	健康法
ケルン	現代の法発展	裁判と公証人 国際私法、経済法、手続法	企業法 著作権と競争 銀行法、資本市場法 保険法	労働法、社会法、保険法	犯罪学、少年犯罪法、刑の執行		公法 国際法、ヨーロッパ法	医療法、健康法、宗教、文化、メディア法、通信法 国際刑法、刑事手続、刑法の関連領域

278

大学	基礎	民事法			刑事法	公法	その他
コンスタンツ	法の基礎、国際的経済活動	ヨーロッパと外国の刑事法と民事手続実務		労働法、社会法	刑事裁判：経済刑法、犯罪学、ヨーロッパ化と実務	個人税法と法人税法、国際法、ヨーロッパ法、環境法、計画法、公共経済法	
ライプチヒ	法の基礎	国際的及びヨーロッパの民事法取引、法的助言、法実現	銀行法、資本市場法、企業法	労働法	犯罪学	国家と行政、建設、経済、ヨーロッパ法－国際法－人権、租税法	メディア法、情報法
マインツ	法の方法と歴史	国際私法、手続法、家族法、相続法	会社法、資本市場法	ドイツ及びヨーロッパの労働法及びドイツのカルテル法と競争法	犯罪学、刑事弁護	国際法、公法、経済と行政、租税法	メディア法、フランスモデル
マンハイム		私人の法	経済法				
マールブルク			企業の法		国内外の刑事裁判	国家と経済、国際法、ヨーロッパ法	医療と薬事法
ミュンヘン	法学の基礎	国際私法、ヨーロッパ及び外国の私法と手続法	競争法、著作権法、メディア法、企業法：会社法、資本市場法、破産法	企業法、労働法、社会法	刑事司法、刑事弁護、予防、企業法：国内外及びヨーロッパの刑法	ドイツ及びヨーロッパの公共経済法、ドイツ及び外国の公法	
ミュンスター	ヨーロッパの法学	法設計と紛争調停、国際法、ヨーロッパ法、国際私法	経済と企業	労働と社会	犯罪学	国家と行政、租税法	情報法、通信法、メディア法
オスナブリュック		ヨーロッパ及び外国の民事法とその基礎	ドイツ及びヨーロッパの企業法と資本市場法、ドイツ及びヨーロッパの競争法と著作権法		ドイツ及びヨーロッパの経済刑法、刑事裁判、法的助言、法設計	ヨーロッパ公法とその基礎、ドイツ及びヨーロッパの租税法、ドイツ及びヨーロッパの公法と公的給付	

巻末付録

大学	基礎	民事法			刑事法	公法	その他
パッサウ	法の基礎と国家の基礎	国際私法と国際経済法、民事法における法実現	国際私法、会社法、租税法、国際経済法、資本市場法、公共経済法、国際企業法、国際私法、商法、経済法、公的及び私的経済法実現におけるコモンローと国際商法	労働法と民事裁判の基礎、国際経済法、労働法	刑事裁判、刑法、会社法、刑法と国際刑法	ヨーロッパ及び国際的国家共同体の法、国内外及びヨーロッパの公共経済法、公共経済法、租税法、外国人法	情報法、通信法
ボツダム	訴訟法の基礎：ドイツ法史とヨーロッパ法史、法哲学と国家	民事裁判、ヨーロッパ及び外国の民事法と手続法	会社法、租税法		経済法、租税法、環境刑法：処罰の実務、経済刑法、租税法、環境刑法：刑法の実務	国家－経済－行政/地方、国際法	メディア法、経済法、教会法、フランス法
レーゲンスブルク	現代法秩序の基礎	家族法、相続法	会社法、特に合資会社、消費者法、競争法、企業健全化	経済法、労働法、社会法	現代社会の刑法	ヨーロッパ法、国際法、租税法	不動産法、社会法、医療法、ドイツ及び外国の手続法、情報社会の法
ザールブリュッケン		ドイツ及び外国の契約法と経済法	ドイツ及び外国の私的保険法	企業法、社会法	ドイツ及びヨーロッパの刑事裁判、経済刑法、租税刑法	ヨーロッパ法、人権保障、ドイツ及び外国の租税法	ドイツ及び外国の情報法、メディア法、フランス法、IT法及び情報学
トリーア	ヨーロッパの法発展の基礎		企業法	労働法、社会法	経済刑法及び租税刑法、ヨーロッパ及び外国の刑法	環境とインフラ、ヨーロッパ法、国際租税法、ドイツ及び外国の租税法	

大学	基礎	民事法		刑事法	公法	その他
テュービンゲン	ヨーロッパ法秩序の歴史的発展、ヨーロッパ法秩序の基礎：法の近代史と現代史ヨーロッパ法秩序の基礎：教会法、国家の宗教法	民事手続法、破産法、国際関係法、国際私法、比較法：国際私法、国際手続法	企業法及び経済法：企業組織と企業の資金調達企業法及び経済法：競争と著作権	犯罪学、刑事裁判	国際関係法：国際法、ヨーロッパ法、国際私法比較法：外国の公法公共経済、インフラ、環境租税	
ヴィスバーデン		会社法、リストラ法、銀行法、資本市場法	労働法と給付法		公共経済法	学際的視点での法と法学
ヴュルツブルク	法の基礎	ヨーロッパ及び外国の法と経済取引	労働と社会	犯罪学	政治、政府、行政ヨーロッパの公法と国際法経済と租税	

※この表は、LTO（Legal Tribune Online）の「法学教育における重点領域科目」（Schwerpunktbereiche im Jura-Studium）を基に折登美紀が訳出し作成。
www.lto.de/jura/schwerpunktbereiche/
※表にある科目は、2015年時点で配置されている科目である。ロストック、ドレスデンについての記載はなし。

巻末付録

表2　日本の大学の法学教育

	大学	実務研修（インターンシップ、フィールドワーク）	公務員試験への対応	公務員就職率	国際化、グローバル化	備考
1	北海道大学			平成27年度のデータによれば法学部の就職者142名（卒業生206名）に対し、公務員の就職者数は55名。38.7%の就職率。55名中、国家公務員は18名、地方公務員は37名。	法学部・法学研究科では、海外の協定校へ交換留学生を派遣している。交換留学先には、北海道大学に在籍するすべての正規大学院生と、部局間で協定を締結している大学、部局間交流協定大学、部局間交流協定大学の2種類に分かれている。	
2	札幌学院大学	法学部ではこれまでも模擬裁判や海外研修に取り組んできたが、2014年度からは本格的に「街に出て」学ぶことを奨励するとともに、授業科目としても位置付けるようになった。ボランティアやNPOインターンシップへの参加も単位化する「地域インターンシップAB」の導入も実施している。	2004年度からは「公務員試験対策講座」を法学部専門科目として位置付けるほか、公務員志望、大学院進学希望者への支援強化を図っている。	2016年度のデータによれば、法学部法学科の就職者82名（卒業生100名）に対し、公務員の就職者数は17名。20.7%の就職率。		
3	北海学園大学	2年次では、民間企業や地方自治体の職場で就業体験をすることができるインターンシップや、NPO（非営利市民活動組織）や議員の活動現場を体験できるNPOインターンシップが開講されている。		2016年度のデータによれば、法学部法律学科の就職者113名（卒業生141名）に対し、公務員の就職者数は91名。80.5%の就職率。		
4	東北大学			平成27年度のデータによれば法学部法律学科の就職者116名（卒業生157名）に対し、公務員は52名。44.8%の就職率。52名中、国家公務員は20名、地方公務員は32名。	法学部・法学研究科の学生、東北大学と大学間交流協定を締結している大学に、これらの交流協定に基づく短期留学が可能。	
5	白鴎大学			平成27年度のデータによれば法学部の就職者177名（卒業生221名）に対し、公務員の就職者数は28名。15.8%の就職率。		法学部・法政策研究所では、2007年より、「白鴎大学学生法律討論会」を開催している。本学学生であれば誰でもチームを組んでこの討論会に参加することができ、優勝したチームには豪華な賞品が贈られる。これまでに6回開催され、いずれの大会においても質の高

282

	大学	実務研修（インターンシップ、フィールドワーク）	公務員試験への対応	公務員就職率	国際化、グローバル化	備考
6	獨協大学	法廷傍聴や模擬法廷教室での模擬裁判、議会や税関の見学など、現実の法運用を知るリアルな学習を展開して、法律を実践的に学ぶ。		2015年度の法学科法律学科の就職者170名（卒業生230名）に対し公務員就職者は25名。公務員・教員は15%の就職率。		
7	駿河台大学	法学部では1年次の秋に「学部デー」を設けている。この日は教室で授業を受けるかわりに学生の希望に応じて種々の施設や組織を訪問。警察署、消防署、新聞社、大使館、証券取引所、町歩きなど、普段は見られない場所を見学することができる。	法学部では、2年次に希望する進路にあわせてコースの選択を行うが、そのうちの1つに「法職・公務員コース」が設けられている。2016年度とされる司法書士や行政書士、公務員などを目指す学生のために、授業とは別に「公務員・資格試験学習室」を設けて、公務員試験や模擬面接、論文指導などを行っている。	2016年度のデータによれば法学部の就職者163名（卒業生168名）に対し、公務員の就職者数は34名20.8％の就職率。		
8	平成国際大学		法学部では、進路に合わせたクラス制を採用しており、大学時に、県庁・市役所職員を目指す「Pクラス」（選抜制）。警察官・消防官を4つのクラスから選択する。また、法律一般コースでは、公務員試験と各種資格試験に直結した実学教育を行っている。	平成28年度のデータによれば法学部の就職者225名（卒業生247名）に対し、公務員合格者69名30.6％の就職率。		
9	中央学院大学	法学部では、市役所や警察でのインターンシップに力を入れている。	法学部設置以来、有能な公務員（警察官・消防官・自治体職員など）の養成を学部全体の方針としており、公務員養成のための専門科目48名、うち公務員では法学部で19％が公務に就いている。	2016年のデータでは、全体の卒業生は637名。就職者は524名、うち公務員は48名。法学部では、		

	大学	実務研修（インターンシップ、フィールドワーク）	公務員試験への対応	公務員就職率	国際化、グローバル化	備考
10	成蹊大学			2016年度のデータによれば法学部の就職者351名（卒業生414名）に対し、公務員就職者数は30名、公務員就職率。8.5%の就職率。国家公務員は6名、地方公務員は24名。	法律学科では国際法の分野を充実させ、さらにその基礎となる語学力を向上させるため、「国際コミュニケーション科目」を設計けている。各年次のPSE科目の選抜コースの定員約50名の選抜授業で、国際コミュニケーションに特化した科目で、政策立案能力、組織運営能力を養成した専門的な知識を広く身に付ける。	法学部では国際的に民法を集中的に学ぶLE（Legal Expert）科目、英語資料を駆使して政治に関する専門的な知識を養成するPSE（Political Science Expert）コースの選抜制度の定員が約50名の選抜制度で、2年次からの定員30名の選抜コースを設けている。LE科目、PSE科目、各年次の重要な論点や判例についで講義式で授業ディスカッション形式での授業でさらに理解を深めている。
11	東京経済大学	1年次の「社会・法入門」では、実践的な法的な問題が起こっている現場に出向いた、関係者から話を聞くなど、2年次からは6つのプログラムに分かれて、それぞれの分野で現実の問題を学習できるのが特長。就職登録を高めるための授業、キャリア形成のための授業、オフ・キャンパス、法学部インターンシップ、ワークショップ支援では、様々な業界の現場を体験するインターンシップがあり、毎年約200名が参加している。		2016年度のデータによれば法学部の就職者204名（卒業生234名）に対し、公務員就職者数は18名、8.9%の就職率。		
12	日本大学	法律学科には、法職課程と総合法コースの2つのコースが設けられている。実践的な数法の教育を行っており、1年次から「就職支援プログラム」をはじめ、実際の体験なども含む「インターンシップ制度」がある。	学生一人ひとりのキャリア・スキルアップをサポートするために法的研究所」を設置、少人数で課外講座があり、2～4年生を対象に公務員講座も開講されている。	平成27年度によれば第一志部法律学生のうち16.2%が公務に就職している。	短期語学研修や海外留学制度の「国際交流支援プログラム」など、多彩なプログラムで学生のキャリアアップを応援している。	
13	大東文化大学	資格取得や公務員試験などをめざす学生向けに「法律外部研究所」を迎え、外部の専門家を講師に、少人数による講義で実践的な勉強を支援している。現役弁護士が講師。		平成27年度のデータによれば法学部の就職者283名（卒業生367名）に対し、教員および公務員の就職者数は52名、18.3%の就職率。	2つの留学制度が設けられている。1つは、所属する学部学科とは関わりなく全学で選抜する「大学全体の留学制度」。もう1つは、「学科単位の留学制度」。これらに選ぶ留学生を学科ごとに選抜する。必要な費用や授業料は、大学が留学生に応じて、大学が授業料を負担する。

	大学	実務研修（インターンシップ、フィールドワーク）	公務員試験への対応	公務員就職率	国際化、グローバル化	備考
14	清和大学		公務員体制をさらに進化させ、多様な進路希望に対応させるべく、従来の卒業者特進クラスから「警察官・公務員特進クラス」を設置。個々の能力、技能、資格等を考慮したクラス編成を実施し、それぞれに適切な授業を展開。1年次から3年次までの3年間、密着したマンツーマン指導を繰り返す。警察官・公務員特進講座も資格対策を除けば4年間一切無料。キャリアセンター開講科目（公務員関係開講科目などの多くは、審査の上、一定の範囲内で卒業単位となる。	平成28年度のデータによると、全体の卒業生は131名。公務員合格者103名。就職者合格者はデータなし（平成27年度公務員合格者は30名）		
15	青山学院大学	法務省連携研修があり、保護観察官による生活指導や社会技能訓練等を実施している沼田町就業支援センター（少年院仮退院者等を対象とし、就農による自立を支援するため、農業の職業訓練を行っている施設）を4日間の日程で訪問し、行政機関・地元住民・入所少年との懇談、農業実習体験、社会奉仕体験を行っている。	卒業後の進路を計画的に選択するため、4つのコースを設置。［公共政策コース］では、公務員・NPO職員、ジャーナリストなど様々な進路で「公共」を担う人材の育成を行っている。	2016年度のデータによれば法学部の就職者394名（卒業生462名）に対し、公務員は41名10.4%の就職率。41名中、国家公務員11名、地方公務員は30名。	法学部主催の短期海外研修を実施。海外研修科目として、オーストラリア、韓国、中国、アメリカ、イギリスなどにおける現地集中講義を開講しており、それぞれ単位認定の対象となる。また、国際科目が幅広く用意されており、アメリカ法については、特定の分野ごとに科目を開講しているが、アメリカ法に関連した科目も用意されている。法学教育は法学部独自のものがある。さらに、毎年、アメリカのロースクールから客員教授を招いて、半期の集中講義を開催し、アメリカの法律に接する機会を提供している。	

巻末付録

	大学	実務研修（インターンシップ、フィールドワーク）	公務員試験への対応	公務員就職率	国際化、グローバル化	備考
16	亜細亜大学	法学部では、ゼミでの現場での実践学習を行い、法務省や武蔵野税務署、日の出町役場などの見学を実施している。	法学部では、全学生がキャリア開発教育を受けており、専門選択科目として「公務員教養」を配置し、基礎学力を高めていく。また、公務員をめざす学生を重点的にサポートしており、国家・地方公務員試験に対応する科目を配置し、課外講座「公務員試験講座」との連携を図っている。	平成27年度のデータによれば法学部の就職者294名（卒業生385名）に対し、公務員数は36名。12.2%の就職率。	多彩な海外留学制度があり、短期の語学研修から、1年に反る交換留学、インターンシップを組み込んだプログラムなど自分の将来に合わせて4つの留学スタイルから選ぶことができる。	
17	学習院大学		就職支援プログラムの一つとして、公務員を目指す学生のために、専門学校と連携し、種々の希望コースに合った講座を用意している。	2016年度のデータによれば法学部の就職者は409名（卒業生481名）。公務員の就職者数は不明。	法学部では、英語力の向上を目指す学生を積極的にサポートするため、TOEIC®団体特別受験制度（Institutional Program）による試験を実施している。学部からの補助により、法学部の学生は1,000円にて学内での受験可能。	5大学単位互換制度があり、学習院大学・学習院女子大学・日本女子大学・立教大学・早稲田大学の5大学は、本部キャンパスが近接している地理的環境を活かし、直接、他大学の授業に参加することのできる学部レベルでの単位互換制度（f-Campus）を設置している。
18	慶應義塾大学			2016年度のデータによれば法学部の就職者は1,208名（卒業生939名）に対し、公務員の就職者数は75名、8%の就職率。75名中、国家公務員は33名、地方公務員は42名。	法学部は、慶應義塾大学における主な留学期間の算入、海外の大学で履修した単位の認定などを行う、留学先は17カ国あり、留学制度も3つの中から選択できる。	

	大学	実務研修（インターンシップ、フィールドワーク）	公務員試験への対応	公務員就職率	国際化、グローバル化	備考
19	国士舘大学		実践力を養成するために、大学では、就職支援・公務員試験（警察官試験・公務員試験・企業就職試験など）・資格取得試験のための就職、資格課座を目指す学生のための課外講座を設置している。	平成27年度のデータによると、法学部の就職者319名（卒業生410名）。公務員の就職者数は不明。平成28年度のデータでは、法学部は20%が公務に就いている。		法学部の学生・院生と教員で組織する「法学会」の主催により、毎年交互に「模擬裁判」と「法律討論会」が一般公開の形で開催され、学生中心の実行委員会が組織され、企画・運営を担っている。一般公開の企画中の、近隣の市民の方々が傍聴・参加することが可能。また、世田谷キャンパスの新校舎に模擬法廷教室を設置し、裁判員制度に対応し、発言者追尾カメラ、収録システムなど最新の設備を備えている。
20	駒澤大学			平成27（2015）年度のデータによれば、法学部の就学者は539名（卒業生680名）。法学部における公務員の就職者数は162名、5.8%の就職率。	全学共通科目における実用スキル教育として「キャリア教育に関する英語」「実用する科目を開講している。「実用英語」では、「開く」「話す」に重点を置き英語教育を行う。このほか、日本語の基礎的なレベル「書く」「読む」を身につける「日本語リテラシー教育」、ICTスキルを身に付ける「ICT教育」に関する科目を開講している。	
21	上智大学			2016年度のデータによれば法学部の就職者は312名（卒業生364名）に対し、公務員は27名、8.7%の就職率。	法学部特修コースAQUILAは、2014年、英語による授業をコース科目として、英語関係法学科目に開講された。同学科生は、従来の法学科目を短期集中で受けているおり日本語を用いて思考力・表現力を鍛錬する授業に加え、それに加えて英語による発信力を強化する特修プログラムを履修するが、それに法学プログラムの開発を進めている。学生が参加し、外国語で当地で気軽に参加できる短期留学中でそれをさせ法学系の法学プログラムも短期集中で学べるプログラムを利用する法学系のステップとして英語のを利用するプログラムも用意されており、長期留学へのステップとしても利用することができる。研修先はアメリカとオーストラリア。	

巻末付録

大学		実務研修（インターンシップ、フィールドワーク）	公務員試験への対応	公務員就職率	国際化、グローバル化	備考
22	成城大学		3・4年次には、将来の進路に応じてコースを選択し、高度な専門学習をすることが可能。コースは、公共政策コース（各種公務員など）、国際社会と法コース（外資系企業、国際公務員など）と法コースの4つのコースに分かれており、それぞれのコースに特色のある専門科目が配置されている。法曹や公務員を目指す学生のために、専任スタッフの教員や弁護士等の実務家を講師とする法職課程を設けている。	平成28年度のデータによれば法学部の就職者は209名（卒業生は248名）。公務の就職者数は不明。	国際化の進展の中で国際的視野をひろげていくべく、英米法をはじめフランス、アメリカ法やEU法などの外国法の重視も図っている。外国語科目では、基本文献を読みこなす能力を身に付けることができる。2年次以降は文系社会系のテキスト講読により論理的文章をこなす力を身につけることを目標にしている。また要約の作成、小論文の作成などにより自ら考え、表現する力を養い、単なる道具としての語学ではない、真の思考力を習得することを外国語学習を通じて習得することができる。	
23	専修大学		法律学科の専門教育課程では、2年次以降の専門課程において、学生が志向する将来の進路を念頭に3つのコースを設置している。「公共法務コース」では、憲法や行政法などの公法分野だけでなく、社会政策や地方自治体などの公法分野も学ぶことができる。国や地方自治体などの業務に携わる上で必要な法的な知識と思考力、問題解決力を養成する。また公務員試験合格に向けて学修をバックアップする。	平成27年度のデータによれば法学部の就職者616名（卒業生777名）に対し、教育・公務の就職者数90名、14.6%の就職率。		

	大学	実務研修(インターンシップ、フィールドワーク)	公務員試験への対応	公務員就職率	国際化、グローバル化	備考
24	創価大学	法学部は、4コース制を採用し、法曹、企業人、公務員、外交官等のキャリアに必要な高度な専門性を身に付けることができるようにしている。各コースのインターンシップでは、実際の職務を学ぶことにより現実的な課題解決方法を学ぶことで力を身につけることができる。これに加えて、各学年において演習科目を履修することができるようになっている。意見が対立する課題論理的に説明し、自分の意見を調整することができるようにしている。「公共政策・行政コース」は公務員を目指すコースで、コース全体は「まちづくり」「社会保障」「環境」「グローバル連携」の4分野で構成し、行政を考え、ケーススタディとして、「まちづくり八王子」という地域連携型のフィールドワークを設定している。		2015年度のデータによれば法学部の就職者は250名(卒業生325名)に対し、公務員の就職者数は23名、9.2%の就職率。	1・2年次において共通科目としての英語と第2外国語の履修および専門科目としての英語科目を履修することにより、外国の法制度や政治形態を学ぶ基礎的な語学力を身に付けることができるようにしている。2年次以降においても、英語の履修により、語学力だけでなく、英語で専門科目を学修する力を養うとともに、多様な価値観や利害の異なる他者の見解をとでコンセンサスを得るための努力をする協働性を身に付けることを目標としている。法学部のPeace & Human Rights(PHR)プログラムは、国際的な平和問題、人権問題、環境問題について法と政策の視点から英語で学ぶプログラムである。そのひとつである「ダブル・ディグリー制度」では、1・4年次を創価大学法学部で学び、2・3年次をロンドン郊外のバッキンガム大学人文学部国際政治経済学科または法学部で学ぶ。4年間で、創価大学の2つの学部で学位を取得することができ、独自の国際奨学金が支給される。	コースの〈サポート・プログラム〉として、教員、OB・OGの実務家、合格した4年生のサポート・スタッフ(PSS)が、学びの支援に当たっている。論文作成の技法や、リサーチ、プレゼンテーション、グループ・ディスカッション、グループ・ワーク(模擬体験型)、インタビューなどといった、公共政策キャリアに必要な能力の養成を図るために、スキル・アップのための講座を設けている。

巻末付録

	大学	実務研修（インターンシップ、フィールドワーク）	公務員試験の対応	公務員就職率	国際化、グローバル化	備考
25	中央大学	キャリア形成に力を入れており、法学部のインターンシップでは、実務体験とともに大学下で事前・事後の学習を行う。アカデミック・インターンシップを実施、参加する学生は前期の3カ月間、少人数クラスで講義・演習形式による学修を行う。実習参加後には話形内容や成果についてのレポート作成や発表を行う。国際、行政、NPO・NGO、法務のコースから選択する。		2015年度のデータによれば法学部の就職者は1,066名（卒業生1446名）に対し、官公庁での就職者数は254名。23.8％の就職率。	オーストラリア法律短期留学（2単位）は、ニューサウスウェールズ大学（UNSW）において英語で法律を学ぶプログラムである。プログラムは、先住民法、契約法、憲法、刑法、不法行為法などのオーストラリア法を素材として、法律英語の使い方と英語による法律の基礎を学ぶ。また、UNSWロースクールの先生方からの講義、州議会やオーストラリア法に関わる課外活動を通じて、アクティブ・ラーニングを受講し、多文化主義、人権、市民社会の問題について学ぶ。プログラムがある。事前に基礎知識を学び、自分の研究テーマを選んでリサーチを行う。他にも、秋学期の事前授業とあわせて春期休暇中の海外研修を行う（シドニー見学など）も含まれている。	
26	帝京大学	1年次から参加可能な、一定期間の就業体験をすることができる「アドバンスドインターンシップ実習」がある。必須のガイダンスに参加すれば、誰でも実習に行く資格が得ることができ、学生は各自で希望の企業に申し込む。個別の面談を経て合格すればインターンシップにおけるトレインを受けられる。大手一般企業のほか、スポーツ団体、ベンチャー企業、官公庁NPO法人・公益法人など、バラエティに富んでいる。	公務員試験対策として「企業・公務員基礎教養」「公務員次選択科目」は、公務員次選択科目と数理処理・判断推理・SPI非言語理を重点的に行い、土台となる基礎力養成を目的として1年次秋期科目として開講している。履修後は2年次選択科目として「公務員対策応用」に誘導し、3年次に試験対策を行い、段階的な学修効果を狙う。面接試験対策をのほか、人物試験も含め、3年次に「公務員試験課外講座」に誘導し、段階的な学習効果を狙う。	2017年度のデータによれば公務員に22.5％の割合で公務員に就職している。卒業者数はともに不明。		法学部がある八王子キャンパスでは、裁判所でのやりとりを再現しながら体験しての模擬法廷では、学生自身が訴訟関係人となって模擬裁判を行い、実際の裁判がどのように進められていくのかをより深く理解することができる。

大学	実務研修(インターンシップ、フィールドワーク)	公務員試験への対応	公務員就職率	国際化、グローバル化	備考
27 東洋大学	法学部では、第1部法律学科・企業法学科の2・3年生を対象に、「インターンシップ」科目を開講している。実習前にインターンシップを行う上で必要な職業知識やマナーなどの習得を目的とした講義（実務前講義）を受講。その後実習の一環としてインターンシップが実施される。実習は就職活動のない2年次に実施することもあり、学生自身が受け入れ先を決定する方法と、学部が受け入れ意向を運営する方法とがある。また、国際連調依存研究所（UNITAR）にて英語力を活かした実習にも学生を派遣している。	法学部では、公務員を目指す学生の金銭的負担を大幅に軽減しつつ、教学の環境を整え、実習前にインターンシップを行う上で必要な予備校と提携した上での習得を目的とした講義を行う（実務前講義）。2年時の後半実習2年間時の約450時間の講義と欠席者時のWebによる学習サポート、大学の費用負担による模擬面接の実施、面接指導に学部の受け入れ先を決定する方法、学部が学生自身で運営する方法がある。また、運営する方法も運営する。「公務員試験対策講座」は、まず1年次に法学部での基礎教育を受け、2年次以降に課外講座を受講（input）し、3年次に演習問題を解く（output）ことで試験対策を講じている。	平成27年度のデータによれば法学部の就職者数438名（卒業生522名）に対し、公務員数は57名で、13%の就職率。	英語の授業に当たっては、大学入学時に受験する試験結果を、習熟度別にクラス編成がされる。習熟度が高いクラスは、卒業までに難しいレベルで日常会話ができるレベルを目指す。習熟度が低いクラスでは、次の就職活動時に支障のないレベルまで到達できるよう目標設定がされている。これが法学部設定の「英語習熟度別教育」である。法学部では、海外語学研修プログラムとして、ロンドン大学で実施されている夏季海外短期学研修セミナーに参加している。英語の発音、聴き取り技術の向上に主眼を置いた英語集中プログラムで、1週間で2年次までの英語を学ぶこともできる。また、ドイツの内容に学ぶ。また、ドイツ語圏、ミュンヘン大学と異文化コミュニケーションに関する共同セミナーを設置する語学所を関係臨済するプログラムにも参加。学部所と実施できる。語学研修と併せて法律学びをも深めることができる。さらに、英語でも研修を行うノルウェー、トロムソ大学短期平和学研修もスタートしている。	法学部では、学部生全員を対象に「法学部長杯争奪法律討論会」を毎年10月に開催している。この「法律討論会」は、憲法・民法・刑法の分野から毎年順番に出題される。参加した学生が、テーマに沿って、司法の様子を述べる。これに対し、司法学部の専任教員が審査意見を述べ合う。討論の様子を法学部の専任教員が審査し、それぞれ上位3位までに入った学生を表彰。【立論の部】【質問の部】他にも、大学祭で模擬裁判を実施した法教員の監修のもと、シナリオくりから上演に至るまで、学生が主体となっている。裁判官・検察官・弁護人、被告人、裁判員といった裁判の登場人物も、すべて学生が演じている。
28 日本文化大学		国家公務員や地方公務員を志望する学生を対象とする「公共コース」では、公務員試験・行政職などの場で求められる専門知識の習得を目的、公務員試験の合格を目指し、効果的なカリキュラムを編成。2年次に専門知識が身に付くように、3年次には必要な「行政法」など少人数で行わせる形式の試験演習」などを本学独自の講義を用意している。	2016年度のデータによれば公務員の就職者数は112名。法学部の就職者数はともに不明。		法学部のみを設置する単科大学で、2年次より経営コース、一般企業・自営志望者向け）、「公共コース」（公務員向け）、「国家試験受験志望者向け」（司法コース）、「法心理コース」（警察官、消防官向け）に分かれている。

巻末付録

	大学	実務研修（インターンシップ、フィールドワーク）	公務員試験への対応	公務員就職率	国際化、グローバル化	備考
29	一橋大学			2015年度のデータによれば法学部の就職者121名（卒業生182名）に対し、公務員の就職者数は19名。15.7%の就職率。	一橋大学では「一橋大学海外派遣留学制度」「短期海外研修」「海外語学研修」など、学部長期・短期の様々な海外留学プログラムを用意。奨学金制度や単位互換制度も充実しており、法学部から毎年多くの学生が派遣留学としても海外留学している。また法学部では、グローバルに活躍する人材の育成を目指し、法学部「グローバル・リーダーズ・プログラム（GLP）」を2017年度から開始。法学部GLPは、法律学・国際関係学の多くの専門科目を英語で提供すると同時に、海外大学との合同ゼミや海外留学などの機会を提供に組み合わせた学習の場を提供している。1年次終了時に同プログラムが定める英語などの単位を修得することにより、プログラム修了証が授与される。	
30	武蔵野大学	法学部では、3年次で「企業エクスターンシップ」を経験。エクスターンシップとはいわゆるインターンシップとは異なり、大学側のイニシアチブにより、企業等での見学実習を行うものである。法律学科では、企業、金融・知財関係の企業や官公庁に依頼し、仕事に接して法学ぶ機会を学生に提供。講義などで学んだ法理論が実社会でどのように役立てられているのか、実際に企業や官公庁、業界団体を訪問して確かめる。企業法務における法律の取り扱いのあり方を学べることが、この取り組みの最大の意義である。	国家公務員育成プログラムで、将来、国家公務員（総合職）を目指すいずれか学部試験対策として、学科の専門教育に有機的に構成した教育を提供するもの。この育成プログラム特待生制度に採用された人は、経済的な支援を受けながら、国家公務員（総合職）を目指す。大学入学時から国家試験直前まで、専任の担当教員が徹底的に指導。専用の自習室が用意されるなど、学修に集中できる環境を整えている。また、学科試験合格対策の関連講座も無料で開講されている。さらに、入学後のオープンテストとして「肯致60Plus」として奨学金60万円が給付される場合がある。	平成26年度より政治経済学部が法学部（法律学科、政治学科）と経済学部（経済学科、経営学科）に改組された、不明。	「グローバル・リーダーシップ・プログラム（GLP）」は、グローバルに活躍できる実践的な語学力を身に付けた次代のリーダーを育成する選抜制のプログラムである。海外留学、海外語学研修、各種奨学金など、チャレンジ精神旺盛な学生を支援する実践的なカリキュラムを豊富に用意。高い語学力を習得するために、少人数制によるきめ細かな指導を行う。	

	大学	実務研修(インターンシップ、フィールドワーク)	公務員試験への対応	公務員就職率	国際化、グローバル化	備考
31	明治学院大学		「公務員セミナー」を開講し、週2～3回プロの外部講師による公務員試験講習会を実施。ダブルスクールの必要がなく、キャンパス内の学習で最後まで高いモチベーションで取り組める。	2016年度のデータでは法学部の就職者521名(卒業生597名)に対し、公務員数は不明。ただし、法律学科では就職率における2014年～2016年の就職内定業種別の割合では、12.6%の割合で公務員に就職している。	少子高齢化に伴う国内の移動など、様々な場面での課題を「法」の観点からアプローチできる人材が求められている。そこで「法」に精通し、世界と日本をつなぐことのできる人材を育成するため、2018年4月にグローバル法学科が誕生予定。留学を必修とし2年次秋学期には全員が英語圏の協定校に留学。安心して準備留学に臨むため、1年次の学びから準備講座を開講、学科では現地の法律を英語で学び、人々と触れ合う中で異文化を体験し、法的な視野を広げ、コミュニケーション能力、異文化理解力を実践的に養う。	法律討論会では、「代理母出産」「憲法改正」など社会や学界で争いのあるテーマについて、学生がディベートを行う。明治学院大学の学生なら誰でも参加可能。毎年3年生として10名前後が残し、優勝者はカップに賞金を手にすることができる。また、法学部は2012年度から「日中韓トライアングル交流事業」として中国上海師範大学、韓国ソウル市立大学の3大学が、東アジアをめぐる様々な問題点につき上海・ソウル以上のゼミ仲間を中心として10名ループ以上が参加しており、テーマでを掲げ、学生同士が総合テーマであうシンポジウムがある。
32	明治大学	法学部では、2006年度より法学部独自のインターンシップを実施。法学部単位付与しない課外プログラムとして、全国版インターンシップとは別に、学部独自に実習先を開拓し実施している。法学部インターンシップの特徴として、司法書士事務所との法務部門で就業体験できる。通常のインターンシップではいけない企業の受入人脈機関がある。「将来は大学で学んだ法律を活かして法務関係の仕事に就きたい」「企業で法務関係の仕事に従事する部門の仕事を知りたい」「企画や営業などの仕事にも興味がある」など多様な声にも対応するプログラムが用意されている。もちろん営業などの仕事を体験できる興味や企画や受入機関も用意している。	法学部では、5つのコース制を採用しており、「公共公務コース」は、国家公務員、国会職員、裁判所職員及び地方公務員その他公共関連専門職員に就業する学生のためのコースである。公務員へのサービス活動ができるような、国民としての意識を身につけることを、このコースの主とする。民主としての憲法、民法及び行政法を中心に勉強通じて活動できるようになっている。	2016年度のデータでは法学部の就職者709名(卒業生842名)に対し、公務員数は120名、16.9%の就職率。	法学部では夏期・春期の長期休業期間を利用した、2週間～1ヶ月の短期語学プログラム、また、法学部生を対象とした短期間の長期間留学プログラム[学部間協定留学]を実施している。また、法学部社会人学部および法制研究所では英語学位コースとなる「Meiji University Law in Japan Program」を実施。このプログラムは、毎年7月下旬～8月上旬に実施する2週間の短期集中講座で、外国人留学生や社会人を対象に、日本の法と法制度について英語で学ぶことを目標とする。また法学部生や社会人を対象とする英語での授業だが、法学部学生や裁判所へのフィールドトリップも通じて、日本の法と社会制度のアウトラインを理解できるようになっていることを到達目標とし、法学部が2009年から毎年実施している。

293

大学	実務研修（インターンシップ、フィールドワーク）	公務員試験への対応	公務員就職率	国際化、グローバル化	備考
33 立教大学			2016年度のデータによれば法学部の就職者486名に対し、公務の就職者数は68名。卒業生14％の就職率。数は不明。	ネイティヴの教員による英語による英語での講義や政治学演習のクラスを拡充するとともに、日本人教員による英語での授業を充実を図っている。「オックスフォード・サマープログラム」を2014年度より開講し、夏期4週間オックスフォード（イギリス）では法学部基本科目や古典科目として開講し、履修者は夏学の少人数講義や個別研究を受講している。また、法学部とシンガポール経営大学法学部との間の交換留学が、2016年度からスタートしている。	法学部では、学生が主体となってキャリア支援を企画する活動がある。通常のキャリア支援プログラムは、大学側が企画・実行するプログラムであるが、学生は参加するだけであり、法学部のキャリア支援プログラムは、学生自身が自主的に企画・立案し、ゲストの選定、交渉、そして運営まで一貫して行う点が特徴である。
34 立正大学		法学部では、学生が将来の進路に応じた3つのコースを設置している。この1つである公共政策コースは行政・公共政策コース向けナノプログラム行政士、裁判所職員、地方公務員、国税書士などを志望する学生にふさわしいプログラムである。憲法、行政法など職業の学生が選択することが多くの公務員採用試験に必須となる科目を重点的に学ぶ。さらに、2年次より公務員入門講座、公務員試験模擬試験が試験対策として開設されている。国家公務員試験一般職、地方上級、国税専門官試験、裁判所事務官、警察官などの公務員合格を目指す。また、公務員試験や各種資格試験の対策講座をより高度化するためにも、各種試験にチャレンジする学生を対象に、受講料割引制度や資格取得奨励制度を実施している。	2015（平成27）年度のデータによれば法学部の就職者204名（卒業生266名）に対し、公務の就職者数は30名、14.8％の就職率。		法学部は、国際社会で活躍できる人材の育成の観点から、学生による国際交流を支援している。その例として、海外留学（語学研修・語学留学）に対する補助制度（奨学金支給）がある。TOEIC®IPやTOEFL®等で学学の基準点をクリア L面接に合格すれば、留学（研修）費用が補助される。

大学	実務研修(インターンシップ、フィールドワーク)	公務員試験への対応	公務員就職率	国際化、グローバル化	備考
35 早稲田大学		法律主専攻履修モデルを中心として、法律専門科目を中心として、学生の興味や将来の進路に向けた履修を可能とするプログラムとなっている。3つのモデルのうち、「国際・公共政策」は外交官、国際公務員、国家公務員、地方公務員、ジャーナリスト等を志す学生のための履修モデルである。	平成 2015 年度のデータによれば法学部の就職者(卒業生 842 名)に対し、公務員の就職者数は 117 名。18.2%の就職率。公務員 117 名中、国家公務員は 43 名、地方公務員は 74 名。	法学部が目指す国際的な感覚を持つ学生を育てていくために、外国語科目と一般教育科目・法律科目とを有機的に関連付け、学生が目的に応じて、外国語を系統的・段階的に学習できるようにする。また、英語を外国語 B (10 単位)に選択した場合のそれ以外の選択される場合、学生 4 人に対してチューター・レッスンが実施できる教室で、18 単位をさらに学びたい場合は、外国語をさらに学びたい場合は、18 単位を超えて上級クラスを学習できる。希望者には新たに 3 つの外国語の学習も可能。	
36 神奈川大学	国際舞台で活躍できる人材の育成を目的に、国内での実習に加え、2008 年度より「海外インターンシップ」をスタート。これまでに、アメリカ・オーストラリア・中国・台湾・ベトナム・インド等の国々に学生を派遣している。実習先は現地法人企業や各種団体、日本企業の現地法人等である。	法学部では、平成 21 年度から新たに、自治行政学科の学生を中心に、法律学科の学生も加え、公務員養成のプログラムをスタートと。公務員になるための対策というだけでなく、学部教育ではフォローしにくい数的処理や判断推理などの社会で求められる能力の学修を容易にする。授業科目としてではなく、資格試験予備校と提携し、18 時から 21 時まで行い、2 年間で計 170 回 (2 年次 68 回、3 年次 102 回)、週 2～3 回の講座を予定している。テキスト代のみ学生個人の負担となるが、受講料に相当する費用は大学が負担する。	2016 年度のデータによれば法学部の就職者 (卒業生 554 名) 455 名に対し、公務員の就職者数は 72 名、15.8%の就職率。		

巻末付録

	大学	実務研修（インターンシップ、フィールドワーク）	公務員試験への対応	公務員就職率	国際化、グローバル化	備考
37	関東学院大学		関東学院大学法学部法職講座は、公務員試験や各種資格試験、法科大学院を目指す学生を応援する課外講座がある。現在、法職講座の講義は、それぞれの資格試験校｢専門学院｣のスタッフが担当している。2年生以上を対象とした公務員講座では、公務員受験指導で定評あるレクチャーアカデミーが担当し、一般職公務員、警察、消防など、教養科目だけで受験できる公務員を目指す人のための講座である。	2015年度のデータによれば法学部の就職者188名（卒業生244名）に対し、公務員の就職者数は18名、9.6％の就職率。	関東学院大学が提携する、海外の大学への中・長期の交換留学では、現地での授業料が免除され、往復の渡航費が支給される。また、留学期間は本学の在学期間とみなされるため、留学先で修得した単位が本学の履修要項に基づき認定され、4年間で卒業することが可能である。法学部独自のサポートとして、法学部及び法学院研究科の学生に、法学部教員から構成される関東学院大学法学会が、語学研修や留学に際しての費用面での援助を行っている。法学部学生や法学院生が、毎年度、語学学修や留学に際して、この奨励金を受け、留学プログラムに参加している。2015年度は、この奨励金を受け、中国（北京第二外国語学院）への短期交換留学に、イギリス（オックスフォード大学）、オーストラリア（クイーンズランド大学）への短期語学研修が行われた。また、法学部独自の企画として2016年2月15日（月）～2月18日（木）の日程で、ハワイにて海外語学体験プログラムを実施した。	
38	桐蔭横浜大学	｢地方公務員プログラム｣では、近隣の自治体との提携によるインターンシップの実施、地域のプロジェクトへの参加を予定している。	目的に合わせて3つのコース＋2つのプログラムに＋1つの教養課程により、法律専門職、公務員、民間企業、教職などで現代社会のあらゆる分野で活躍できる人材を育成している。｢地方公務員プログラム｣では、憲法・民法・刑法・行政法・地方自治法など、採用試験対策として、地方自治法などの採用試験対策として、個々の学生が志望する自治体に合わせて準備できるように、1年次から3年次まで段階的なプログラムを組んでいる。	平成28年度のデータによれば法学部の就職者92名、卒業生121者。公務員の就職者数、就職率はともに不明。		2つの法廷（東京地方裁判所を模擬した模擬法廷や旧横浜地方裁判所から移築された陪審法廷）を使った模擬裁判を行っている。

	大学	実務研修(インターンシップ、フィールドワーク)	公務員試験への対応	公務員就職率	国際化、グローバル化	備考
39	新潟大学			平成28年度のデータによれば法学部の就職者168名(卒業生188名)に対し、公務員の就職者数は73名。43.4%の就職率。73名中、国家公務員は14名、地方公務員は59名。	法学部では、外国語で法学・政治学を学ぶ授業をはじめ、海外セミナーの開催や語学試験対策の支援体制も整えている。現在、法学部では「法学・政治学＋外国語」を活かして国際的な活躍を目指す学生を育成する「学生交換協定に基づく留学」の制度があり、そのうち、「協定校締結大学へ留学」の場合は、留学期間を含めて4年で卒業することも可能である。	インターンシップについては、毎年報告書を作成し、法学部資料室で学生が自由に閲覧できるようにするとともに、インターンシップを受け入れ機関にも送付し、受入組織側との連携の延長線上に、キャリア教育の充実を図っている。こうした活動に基づく社会の実情を知りたいという学生からの要求に応じて、学外講師を招いて「賢人会議」を開催して学生に対して大学外の情報を提供している。なお、学生のインセンティブを高めるため、法学部卒業生を毎年講師として招いている。
40	高岡法科大学	大学が富山県と連携し、協議会と連携しながら先方にマッチングを行っている。また、インターンシップ参加前後に事前・事後研修を行い、学生が戸惑うことなく就業体験できるようサポートを行っている。	平成28年4月開設予定の法学科では、3つのコースを導入。「公共政策コース」を公共行政サービスの担い手として、また、地域の公益を担う各種法人団体の次代リーダーとして活躍する人材を養成。このコースの選択学生を対象とした公務員試験対策講座等の特別科目を開講する予定である。	平成28年度のデータによれば法学部の就職者数42名(卒業生48名)に対し、公務員の就職者数は8名。19%の就職率。		
41	朝日大学	法学部法学科では、将来設計を明確化しながら大学習できるように、「公共法務コース」と「企業法務コース」を設定し、専門性を実現するため、コース別に掲げられた資格取得、公務員試験対策カリキュラムの中で実施し、積極的に支援。		2016年度のデータによれば法学部の就職者数95名(卒業生101名)に対し、公務員の就職者数は17名。17.8%の就職率。	短期海外研修支援制度は、夏季休業期間を利用してアメリカ・カリフォルニア大学ロサンゼルス大校(UCLA)での語学研修を実施している。研修における渡航費・滞在費については全額を大学が負担するだけでなく、研修先の成績を総合的に判断し単位認定も行っている。	岐阜県唯一の「法学部」。岐阜県警の協力を得て瑞穂市の防犯活動ポランティアをしたり、岐阜県弁護士会と連携して一般市民の方を対象とした法律講座を開催しながら地方行政や企業と連携した社会に根差した活動を展開している。

巻末付録

	大学	実務研修（インターンシップ、フィールドワーク）	公務員試験への対応	公務員就職率	国際化、グローバル化	備考
42	常葉大学	3年次の「地域政策実習」では、静岡市や静岡県内の行政機関へのインターンシップを行う。行政の現場に赴き、実際に公務員の業務に触れることで行政の仕組みを学ぶとともに、地域社会に参画する重要性を理解し、それを実現する能力を養う。また、実習活動が地域社会におけるネットワークの形成と活性化につながることを体感できる。	3つの履修モデルの1つに、公務員を目指す人に役立つカリキュラムを組んでいる。法の専門的知識と並んで社会の基本的な仕組みをしっかりと理解すること、行政法・民法・刑法・政治学・行政学など、公務員採用試験の主要科目を学修することのはもちろん、公務員として活躍するために公務員としてふさわしい資質や見識を養うための特別な授業も用意している。	2016年度の進路状況データによると、法学部の公務員就職率は16％。就職者数、卒業者数ともにデータなし。		「地域共政策研究・実践セーター」は、法学部の教員と静岡市等の行政職員や民間企業人が参画し、さまざまな行政課題や地域政策課題の解決をめざす研究機関である。産官学が専門知識や経験を融合させることで、新しい行政モデル・市民協働モデルの提案、地域提言などをめざしていく。活動方針として、平成25年度は共同公開講座を開催。他大学の教員・学生、静岡県労政課、御前崎港管理局、静岡市商労政課、連携協働、まちづくり株式会社と連携して、パネルディスカッションを実施した。
43	愛知大学			2016年度のデータによれば法学部の就職者数323名（卒業者数358名）に対し、公務員の就職者数は97名で30％の就職率。	法学部はハワイ大学ロースクールと国際交流プログラムに関する協定を結び、春季休暇期間中にハワイ大学ロースクールで開催される2週間の短期プログラムに学生を派遣している。ハワイ大学ロースクール教授陣により、アメリカ法の講義や、ハワイ州の裁判所・州庁舎・法律事務所を訪問するフィールドトリップなどの多彩な内容のプログラムにより確実に修得することができる。また、将来英語で法律関係の仕事をする際に必要となるスキルの修得を目指す。	市民参加型の法廷セレモニー、裁判員模擬裁判など、扱われる事件の内容や刑罰等を学生主体となって決定する。実際に裁判のやりとりを可能な限り忠実に再現できるよう、実際の判例や専門書などを詳細に調べ上げて検討していく。その過程で、刑法や運用関係法などに関する知識や運用のあり方を学び、確実に修得することができる。学生たちは、専門知識のみならず、コミュニケーション能力やプレゼンテーション能力など、社会で必要となる能力も身に付けていく。

298

	大学	実務研修（インターンシップ／フィールドワーク）	公務員試験への対応	公務員就職率	国際化，グローバル化	備考
44	中京大学	法学科では，1年次に全員による法廷の見学を実施。また，法律事務所，司法書士事務所，企業の法務部門，公共機関などで実習を行う「リーガルフィールドワーク」を開講。教育の場をキャンパス内に限定せず，地域社会で教育活動を展開している。		2016年度のデータによれば法学部の卒業者数270名（卒業者数308名）に対し，公務員の就職者数は86名。31.8%の就職率。		「法実践プログラム（Legal Practice Program：LPP）」は，法的な知識と素養を実際に「使う場」を想定した実践的な授業を行うことで，社会や産業界が求める「法を活かす能力」を養成する法教育プログラムである。現役公務員などの実務家による教養を中心に，リレー講義を中心に，現代社会の様々な課題解決を目指した先進的でハイレベルな授業を，選抜制クラスで実施することで，法と社会，社会と学生を結び，学生一人ひとりが将来を展望するきっかけを提供している。
45	名古屋学院大学		法学科における公務員を目指すための「公共公益モデル」では，国や地方自治体の各部門で公正・公平に活動できる人材を育成。公務員Ⅱ種など地方公務員上級試験の合格を視野に入れた教育を行う。公務員試験対策プログラムでは，地方上級・国家三種合格を目標として，正規カリキュラムに加え自主講座もあわせて学修。1年次に，行政書士・資格取得を目指すとして難易度の高い公務員専卒試験の法律科目を早めにカバーする。3年次に教養試験対策を行うことで4年次に無理なく受験できるようになっている。	2016年度のデータによれば法学部の卒業者数147名，学部別の就職者数。公務員の就職率は不明。		

巻末付録

	大学	実務研修（インターンシップ，フィールドワーク）	公務員試験への対応	公務員就職率	国際化，グローバル化	備考
46	名古屋大学	法学部・大学院法学研究科では2，3年生の学部学生及び大学院生を対象として，インターンシップ・プログラムを推進している。法学部ではがけでは2001年度からインターンシップに先がけでは2001年度からインターンシップに関わる授業科目（科目名：法政実習）として単位認定を行っている。受入れ側のインターンシップに関する理解を定着し，派遣先も企業，官公庁の他，法律事務所，国際関係機関，NPO・NGO，国会議員事務所等，幅広い分野にわたっている。		平成27年度のデータによれば法学部の就職者数178名に対し，公務員の就職者数は36名，26.8％の就職率。卒業者数134名（卒業者数は行政機関の訪問や現地の大学との交流など，大学の実施する研修ならではのプログラムが用意されている。法学部による単位として認めるなど，海外留学を積極的に進めている。海外留学が運営する全学部・研究科の学生を対象とした大学間協定による米国，スウェーデン，フランス等の協定校大学へのキャンパスアジア等プログラムによる中国，韓国の主要大学へのキャンパスアジアセブンプログラム，カンボジア・インドネシア・ベトナムへの派遣留学プログラムにより多彩な留学プログラムを用意している。	法学部では，学術交流協定を結んだ他地の大学・議会・裁判所・行政機関の訪問や現地の大学との研修・交流など，大学の実施する研修ならではのプログラムが用意されている。法学部による単位として認めるなど，海外留学を積極的に進めている。
47	南山大学			2016年度のデータによれば法学部の就職者数214名に対し，公務員の就職者数は37名，17.2％の就職率。卒業者数241名	奇数の年度には法学部の学生と先生が，韓南大学校にて交流を行う。偶数の年には韓南大学校の学生と先生が，南山大学を訪問し交流をしている。その年の同じテーマについて学術交流と懇親会をおこない，異文化理解を深めるため，現地の名所を見て回っている。	

300

大学	実務研修（インターンシップ、フィールドワーク）	公務員試験への対応	公務員就職率	国際化、グローバル化	備考
48 名城大学		法律学科における行政専門コースは、国家公務員、地方公務員として社会に貢献することを目的となっており、行政法、公務員法、地方自治法などを重視している。	2016年度のデータによれば法学部の就職者数454名（卒業者数508名）、公務員の就職者数、就職率は不明。	英語や中国語の語学力強化のため学生のために、特設英語クラスを開設している。4年間を通して語学力のブラッシュアップを続けることができる。海外の法や社会制度に対する理解を深めることが可能。海外交流協定校への語学研修制度もあり、参加学生は助成金制度を利用しているほか、卒業単位として認定される。	裁判員裁判に対応した模擬法廷での模擬裁判のために、裁判官・検察官・弁護士の役割を担当している。臨場感あふれる体験を通じて、法律を学ぶ興味を深めることで法科大学院に進学する学生や法曹（裁判所書記官、検察事務官、司法書士など）を目指す学生も増える。
49 京都産業大学	グローバルな視点で物事を考える能力を兼ね備えつつ、ローカルな経済・社会の持続的な発展のために貢献できる人材（グローカル人材）を育成するために、京都の産業界・自治体・他大学と連携した教育を展開。企業の一員として、企業活動の公共的価値や社会的意義を理解してフィールドな視点でプロジェクトを進行する能力を育成するコース、グローカル・プロジェクト・マネージャー（GPM）プロジェクトなど公共性に関わる分野に関心のある職場を経験し、法政策分野を解決する人材を養成する「初穂地域公共政策士」法政策基礎プログラムを中心に据えている。	資格取得や公務員試験受験のための対応としていくつかの講座があり、学内にリーズナブルな受講料で受講できる課外講座を開講。公務員を目指す学生には、基礎的公務員試験対策講座、実力養成コース、地方上級・国家II種、国税専門官・市役所コースが設けられている。行政サービスコースの履修プログラムとして、行政学などの専門科目や地方自治などにかかわる法学や政治学、政策を決める政治学科目を学ぶ。	2016年度のデータによれば法学部の就職者数は517名（卒業者数621名）に対し、公務員の就職者数は80名、15.4％の就職率。国家公務員は3名、地方公務員は77名。	学部融合プログラムでは、意欲的な学生のために、法学部の学生が他の学部・分野の学びを組み合わせて学ぶ教育プログラムを提供。複数の専門分野の知識や考え方、能力を身に付けることで、現代社会が抱える多様な問題に対応できる複眼的な思考力を育むプログラム。各講義やインターンシップ・実地見学、問題解決型演習など、実践的な授業が設計されている（合計・税務プログラムを除く）。	
50 京都女子大学	法学科では独自のインターンシップを実施し、卒業後の進路をサポートする。3回生・4回生を対象に、司法書士事務所などでプロのインターンシップの機会を設け、プロの法律専門家の仕事を間近で見聞できる。	法学科では、将来の目的に応じて数種の進路モデルを用意しており、公務員志望モデルも含まれている。	法学部の就職者数103名に対し、公務員の就職者数は11名、10.6％の就職率。公務員は11名で、国家公務員は2名、地方公務員は9名。卒業者数などは不明。		

巻末付録

	大学	実務研修(インターンシップ、企業内研修、フィールドワーク)	公務員試験への対応	公務員就職率	国際化、グローバル化	備考
51	同志社大学	法学部独自のインターンシップ（企業内研修・フィールドワーク）「リーガル・フィールドワーク」。このプログラムでは、企業人と教員による個別指導を受けながら、企業の法務部門に特化したインターンシップを体験できる点が特徴である。参加学生は、自ら設定した研究テーマをもとに、「生きた法律」が体験できる場でどのように活かされるのか、実社会での法律の課題としてすべき役割は何か、その専門家として法律に何か、ついて肌で学んでいる。		2016年度のデータによれば法学部の就職者数690名に対し、公務員数は105名。15.2%の就職率。公務員の就職者数は105名、国家公務員は51名、地方公務員は54名。卒業生数は不明。		
52	立命館大学	キャリア実現のための取り組みを書く点とし、法律事務所での法務実習や市役所での公共政策実習など「法学部独自のインターンシップ科目」が充実。公共の仕事と政治行政の現状と問題点を探る。さらに実習先から示されるまちづくりの課題に、学生の視点から組み、取り組み問題に取り組んでいる。	キャリア実現のための取り組みとして、公務員試験合格に向けての基礎的な実力を養うことができる「公務行政演習 I 及び II」と、2回生後期に開講している。	2015年度のデータによれば法学部の就職者数581名（卒業者数772名）に対し、公務員数137名。23.6%の就職率。	国際社会での法の専門家として活躍したい学生のための特別プログラムとして「法政海外フィールドスタディ」を設けている。オーストラリア国立大学での法学や政治学に関連する専門科目の学習を、短期大学でのフィールドスタディを組み合わせて進めることによって、法学部生の学びを連動させた運用能力と法学や政治学分野での専門知識を養っている。最高裁判所や国会議事堂、被告記念館などのフィールドスタディを実施した英語での法学研修として、英語運用能力と法政治学分野での専門知識を養っている。	
53	龍谷大学	法律実務論では、夏期休業期間中に法律事務所で法律実務を約1ヶ月、法律事務所で弁護士の仕事を間近に見ながら、社会にどのような問題が発生しているのか、その解決に法律が実際にはどう使われるのかを知ることができる。	法学部では、2年生の後期から、コース制が採用されており、コース制が活用されている司法コースでは、将来、司法書士、法曹（弁護士・裁判官）や国家公務員 I・II種（法律関係分野、司法書士など）の法律専門的な能力を活かせる分野に進みたい人のためのコースになっている。	2016年度のデータによれば法学部の卒業者数399名。公務員就職者数17.1%。就職者数、公務員就職者数は不明。		法律事務実務Iでは、法律事務所で事務所の実務に徹した仕事だけでなく、法律の知識を活かせるやりがいのある職業である。この科目は、法律事務所や企業の法務部門などで働きたい学生が、実務家から具体的な民事手続きを学べる貴重な機会を提供している。

302

	大学	実務研修(インターンシップ、フィールドワーク)	公務員試験への対応	公務員就職率	国際化、グローバル化	備考
54	大阪学院大学		上級公務員支援プログラムでは、地方公務員(都道府県・市町村)や国家公務員(総合職・一般職)、労働基準監督官、国税専門官などを志望する学生を支援している。また、2年次に選択できる行政コースでは、憲法や行政法・地方自治法などの科目を中心に学び、国や地方自治体の公務員として市民に貢献する人材を育成する。	平成28年度のデータによれば法学部の就職者数68名(卒業者数93名)に対し、公務員の就職者数は13名、19.1％の就職率。		
55	大阪経済法科大学	インターンシッププログラムの充実に力を注いでおり、一般企業だけでなく、弁護士事務所や司法書士事務所などをインターンシップ先として確保し、プロの仕事現場で就業体験ができるこのプログラムは、目指す職業への理解をより確かなものにし、モチベーションアップにつながっている。	法律学科は、4コース16モデルが採用されており、公務員を目指す学生のため「公務員コース」がある。公務員採用試験の数的推理・判断推理・文章理解・資料解釈など必要な知識やスキルをしっかりと基礎から身につけ、段階的な学修を進める。また、公務員や警察官・消防士に求められる倫理観なども開講し、体験学修などを通じて、公務員に求められる倫理観や使命感を育て、モチベーションを高めている。さらに、独自の「Sコース(特修講座)」では、学内専門学校と連携し、受講料は4年間すべて無料とし、経済学や経営学を学ぶことで、多角的な視点も養う。	2016年度のデータによれば法学部の就職者数179名、卒業者数228名。公務員の就職者数と就職率は不明。	法律学科の「国際関係コース」では、国際的な法律で世界の政治について学ぶとともに、異文化理解力や英語力も身につけることで、世界の人々との問題解決に取り組むためのコースである。希望者は全員、海外協定校に留学できるなど、海外インターンシップなど、海外での体験学習による国際プログラムなどを充実させ、楽しく学ぶことで、生きた語学力を養うことができる。さらに国際ビジネスシーンでの実践的な課題解決力などを養うことができる。ネイティブの教員などの専門講義を行う科目も豊富。さらに専門外国語の学修や外国語を用いて討論を行うといった外国語特別演習も実施。専門分野の学修について英語で取り組むことで、ビジネスシーンで通用する、高度で実践的な語学力が養われる。	

巻末付録

	大学	実務研修(インターンシップ、フィールドワーク)	公務員試験への対応	公務員就職率	国際化、グローバル化	備考
56	大阪市立大学		法学教育の伝統を受け継ぎ、豊かな法的・政治学的思考を養うため、3つの履修コースを設けている。「行政コース」は公務員希望の人などが法律科目とともに行政関係科目を学んで政策立案能力を身に付けるコースとなっている。	平成27年度のデータによれば法学部の就職者数128名(卒業者数171名)に対し、公務員の就職者数は56名。43.7％の就職率。		
57	大阪大学			平成28年度のデータによれば法学部の就職者数185名(卒業者数269名)に対し、公務員の就職者数は34名。18.3％の就職率。	法学部単独では、ヨーロッパの大学の法学部との交流に力を入れており、ドイツのベルリン自由大学やフランスのトゥールーズ第一大学といった名門大学の法学部と学術交流協定を結んでいて、毎年様々な事業を行っている。また、中国や韓国をはじめアジア地域や、ブラジルを含むラテンアメリカの大学・法学部を代表するいくつかの地域をとする交流協定を結んでいる。法学部は、英語による教育の充実にも力を入れている。法学部では、法学・政治学を学ぶ意欲的な日本人大学生や交換留学生のために、日本法や外国法に関する授業科目を英語で提供している(International Legal Studies Program [ILSP])。このプログラムの講師の中にはアメリカ合衆国やカナダ、オーストラリアの法曹資格を持つ人もいる。	

304

大学	実務研修（インターンシップ，フィールドワーク）	公務員試験への対応	公務員就職率	国際化，グローバル化	備考
58 近畿大学		国家公務員採用試験・地方公務員上級採用試験などの公務員合格を目指す「行政コース」などの3つのコースを設置。キャンパス内で資格専門学校の講義が受けられる「学外講座」も開講。公務員試験対策講座もあり、専門知識をより深めるためのサポート体制が整っている。	平成28年度のデータによれば法学部の就職者数538名（卒業者数669名）に対し、公務員の就職者数は85名。15.8％の就職率。	英語副専攻プログラムは、自分の将来のキャリアに英語を活かすために「使える英語」の習得を目指し、特別なカリキュラムを組み、留学という生きた学習環境で英語を学べる選抜プログラムである。法学部独自の留学制度として、リー大学（カナダ）へ留学「海外協定大学であるカルガリー大学（カナダ）へ留学「ホームステイで24時間英語づけの生活」「2年次前期に留学セミナーを実施」「2年次後期の約半年間留学」「現地で履修した単位は16単位までと認定」「うち10単位は英語の単位として認定」「帰国後のフォロー講座も開設」がある。また、法学部独自の英語教育として、法律や政治の専門知識を備えた人材を輩出するため、高付加価値を備えた「6点のポイント」の習得を可能にすべく教育改革を行った。実社会で「使える英語」の習得を重視している。英語改革のスキルはもちろん、法学部の専門教育や教育体制が整うのは、任教員は多数教育で、「対話"型任教員は多数教育で、「対話"型キルはもちろん、発音やプレゼンテーション能力を鍛え、国際社会に視したアクション能力を鍛え、国際社会に貢献できる人材を育成する。

巻末付録

	大学	実務研修（インターンシップ、フィールドワーク）	公務員試験への対応	公務員就職率	国際化、グローバル化	備考
59	摂南大学	社会で活用でき、応用できる法律学を目指して、地域の課題を調査し、新たな政策を提言するなどの実践的に学ぶ機会を提供している。1年次から始まる「法学基礎演習Ⅰ・Ⅱ」では、実践学習の1つとして、裁判所を見学し、実際の裁判の傍聴を行い、法学への興味と知識を深めていく。	法学部では、2年次から公務員や司法の専門家、警察官や消防士、一般企業など、スポーツ系企業なども目指す進路に合わせて学べる4コースを用意。また、実践学修コースの法律学科特修コースは、国家公務員や司法書士・行政書士などに就くことや大学院進学を目指すコースと、法科目の体系的な学習などを通して高度な法知識を習得する。地域政策コースは、地方公務員一般職や警察官・消防士などに進路を目指すコース。物事を法的に判断する力や、論理的に考え、伝え、地域を動かす能力を養う。また、主に国家公務員や地方公務員上級職を目指す学生を対象とした「実定法特別講義Ⅰ」「法政キャリア特別講義Ⅰ」などの講義も行っている。	2016年度のデータによれば法学部の就職者数203名、卒業者数227名。公務員の就職者数、就職率ともに不明。		模擬裁判では裁判長に外部法律事務所の弁護士、裁判官には公募した一般市民を迎え、法律学科の学生が幅広ぶ実践的演習である。被疑者、被害者、弁護士、検察官など様々な役割を一人ひとりが担い、法廷で対決。仮定した事件を題材に議論を行う。
60	桃山学院大学			2016年度のデータによれば法学部の卒業者数108名（卒業者数140名）に対し、16.2%の公務員就職率。		豊富な資料が閲覧できるTA（ティーチングアシスタント）のアドバイスを得ながら自習できる「法職セミナー室」や、キャリアセンター主催の「公務員試験対策講座」など、外部から公務員試験対策のプロを招く授業も新設し、サポート体制をより充実させた。

	大学	実務研修（インターンシップ、フィールドワーク）	公務員試験への対応	公務員就職率	国際化、グローバル化	備考
61	関西学院大学		法学部では、学生一人ひとりが、学び志向や将来の目標に応じて自分の学びたい分野を追求していけるよう、6つのコースを設置。1～2年次は、法律や政治の基礎や教養科目などを幅広く学んだ後、2年秋学期（司法特修のみ2年春学期）より、卒業後の進路や自身の関心に応じたコースを選択し、それぞれの分野で専門性を高めていく。公務員向けとしては、公共政策コース、国際法政コース、政治システムコースが挙げられる。	2016年度のデータによれば法学部の就職者数577名（卒業者数675名）に対し、公務員の就職者数は86名。14.9%の就職率。		
62	甲南大学			2015年度のデータによれば法学部の就職者数326名（卒業者数384名）に対し、公務員の就職者数は15名。4.6%の就職率。		元裁判官や裁判外紛争処理制度の専門家、警察官、兵庫県弁護士会、司法書士会などから講師を招き、実務に直結した講義を開講し、法学・政治学に対する学修意欲を高めている。また、兵庫県明石市にある神戸簡易裁判所を参観したり、模擬裁判などを実施している。
63	神戸学院大学		法学部では、2年次以降に自分の興味や進路に合わせて3つのコースから選択でき、警察官や公務員を目指す学生には「行政コース」がある。神戸学院大学では、公務員試験対策講座を長時間利用して、公務員試験対策講座を受講することも可能。また、正規の授業とも連携して、正規の授業を実施しているほか、たとえば、毎年、全国的な公務員受験専門誌「受験ジャーナル」の編集長、岩本義雄氏による公務員試験の傾向と対策などの講演を行っている。	2016年度のデータによれば法学部の就職者数373名、卒業者数500名。公務員の就職者数、就職率はともに不明。	法学部では希望する学生を対象に、オーストラリアで実施している約3週間にわたる短期海外研修を実施。日常生活の法律問題を、現地の法律討論会で実施する中で学ぶなど大学での法律の解決法をいろいろな実務を受けながら学ぶことができるので、法学を身近なものにすることができる。なお、アデレード大学の海外コースに参加することが、法学部の単位にも算入されている。このほか、換留学制度も用意されている。また、「英語スピーチ大会」によるスピーチ大会や、毎年開催する、日中韓3カ国の大学共催による「英語スピーチ大会」では、各国の代表者が法律や政治に関する国の多様な問題について英語でプレゼンテーションを競う。	法学部では民法分野である民事法律討論会を実施している。民法の法律討論会では、日常生活の中で生じる問題の解決策について学生のチームで実践的に模擬裁判、主に民法ゼミを中心に学生立法を競う。また、法教室で模擬裁判を実施するゼミもある。

巻末付録

	大学	実務研修(インターンシップ、フィールドワーク)	公務員試験への対応	公務員就職率	国際化、グローバル化	備考
64	神戸大学			平成27年度のデータによれば法学部の就職者数124名（卒業者数188名）に対し、公務員数は44名。35.4％の就職率。公務員44名中、国家公務員は24名、地方公務員は20名。	法学部では、留学や外国の法律事務所でのインターンシップの制度が大変に充実しており、毎年多くの学生が参加している。海外での活動の準備のために、専任の外国人教員による英語を用いた授業も開講している。	
65	帝塚山大学		法学部では企業コースと公務員コースを用意。公務員コースでは、主に警察官や消防官、そして県庁や市役所などの地方公務員として働くために必要な知識を学ぶ。行政の基礎、地方自治など公務員の職務に関する「憲法」や「行政法」はもちろん、知識を幅広く学習。「資格試験対策講座（公務員試験対策講座）」とあわせた学習を組み入れることで、合格をしっかりサポートしていく。さらに「警察官実務講座」として各都道府県警察の現職警察官を講師に迎え、警察官としての心構えや法学部の知識が職務に生かせる点などについて、自身の体験を交えて語ってもらい、各都道府県の警察行政を比較しながら学ぶ。	2016年度のデータによれば法学部の卒業者数68名。公務員の就職者数は16名。法学部全体の就職者数は不明。		

大学	実務研修（インターンシップ、フィールドワーク）	公務員試験への対応	公務員就職率	国際化、グローバル化	備考
66 岡山商科大学		法学部では2コースと履修モデル制を採用。公務員コースは、一般行政職の公務員などを目安する公務員を目指す学生向けのコースである。また、「公務員講座」では、上級公務員を志望する学生が中心となって採用試験対策講座を開講し、教養科目から専門科目にいたるまで、系統的な公義を展開。日中の講義時間中に開講されており、部活との両立もしやすく、大学の教室で専門学校のノウハウを活かした講義を聴くことができる。公務員を目指す学生のため、本学教員が的確な指導を行い、学生の日頃の勉強をサポートする。さらに、東京アカデミー岡山校と共催で「公務員教養・試験対策講座」を開設。この講座への参加、教養型公務員試験への対策を基礎からじっくり学ぶことが可能。講座は、日中の講義期間中に開講されており、部活との両立もしやすく、大学の教室で専門学校のノウハウを活かした講義を聴くことができる。	2015年度のデータによれば法学部の就職者総数43名、卒業者数48名。公務員などと安職の公務員を目指す公務員数、就職率はともに不明。		
67 岡山大学	2000年度（平成12年度）から、自らの専門知識や将来のキャリアに関連した就業体験を行う「インターンシップ」を導入。平成28年度は50名の学生が23の受入れ事業所でインターンシップを行った。		平成27年度のデータによれば法学部の就職者数184名（卒業者数228名）に対し、公務員の就職者数は93名で50.5％。国家公務員93名中、国家公務員は29名、地方公務員は64名。	岡山大学法学部は、現在、ケント大学（イギリス）と高雄大学（台湾）との交換留学の協定を結んでいる。他にも、北京大学法学院（中国）との学術交流セミナーで国際交流を深めている。	

巻末付録

	大学	実務研修（インターンシップ，フィールドワーク）	公務員試験への対応	公務員就職率	国際化，グローバル化	備考
68	広島大学	法学部は昼間コースと夜間主コースの2コース制を導入。2年次からどちらかの進路を選択する。「公共政策プログラム」公務員や政策志望学生を対象とし，現状分析の技術を身に付け，制度の運用・評価・立案の能力を養成することを教育目標としている。		2016年度のデータによれば法学部の就職者数191名（卒業者数347名）に対し，公務員の就職者数は71名，うち公務員就職率，48.2％の就職率。国家公務員は34名，地方公務員は36名。	法学部および社会科学研究科では，海外の大学と交流協定を締結し，交流を行っている。新規締結校として，ディポネゴロ大学法学部（インドネシア共和国），大連大学人文学群法学院（中華人民共和国），チュラーロンコーン大学政治・行政学部（タイ王国），シーナカリンウィロート大学社会科学部，カセサート大学文学部（タイ王国），国際関係学院，国語学院（中華人民共和国）が挙げられる。	1年次の法学基礎は「裁判所傍聴レポート」の提出が単位修得要件である。夏休みに裁判を受講生全員が裁判所に行き，そこで暴行や傷害の事件が裁かれる現実を目の当たりにし，社会の厳しい現実を学んでいる。
69	広島修道大学	裁判の傍聴，公務職場でのインターンシップ（法律学科），海外留学プログラムへの参加など現場で学ぶ機会が充実。法学部法律学科では，できるだけ早い機会に裁判所傍聴を経験できるよう，1年次前期の修学基礎講座の授業として，5月下旬から7月上旬にかけて，広島弁護士会主催の裁判傍聴セミナーに参加している。		2016年度のデータによれば法学部卒業生は288名，全学部の就職者数は1195名，うち公務員の就職者数は187名で10％の就職率。		成績優秀者は，3年次修了時点で大学院への進級が可能な「早期卒業」の制度を利用可能。
70	香川大学	法学部は3コース制を採用し，すべての学生が2年次に「公共政策コース」「ビジネスコース」「司法コース」いずれかを選択する。「公共政策コース」は，国や地方自治体などの公務員やNGO・NPOの職員など，広く公共的価値の実現を担おうとする人々のためのコースである。多様な社会変化を複雑な現代において，多岐にわたる問題を発見し，適切な解決策を構想するための実践的な能力を育成することを目標としている。		平成27年度のデータによれば法学部の就職者数126名（卒業者数158名）に対し，公務員などの就職者数は59名，うち公務員就職率，46.8％の就職率。	法学部は，従来から著名な外国人研究者を招いて講演会を行ったり，ゲストスピーカーとして授業に参加してもらうなど，諸外国の法と政治に関する知見を見聞する機会を設けてきた。学術交流協定校として，華東政法大学，タイ国立タマサート大学，ルイビル大学ロースクールや，台湾交流国立政治大学についても協定を結んでおり，学生交流を多数展開している。また，それ以外の大学間協定校に比べて留学制度が比較的整っており，本学学生が正年以上ドイツ，タイ，ブルネイ等の大学で学んでいる学生もいる。	

310

	大学	実務研修(インターンシップ、フィールドワーク)	公務員試験への対応	公務員就職率	国際化、グローバル化	備考
71	松山大学		2年進級時に、将来を見据えて3コースから選択。公共政策コース、公務員(行政職)コースを志望する人を対象にしたコースである。行政法や地域政策に関する基礎を、しっかり学んでいく。	2016年度のデータによれば法学部の就職者数160名、卒業者数184名。公務員にしたコースである。就職率はともに不明。		法廷傍聴や刑務所見学など、現場での実践的な研修を組み込んでいるゼミがある。
72	久留米大学			平成28年度のデータによれば法学部法律学科の就職者197名に対し、公務員の就職者数は38名。19.2%の就職率。38名中、国家公務員は5名、地方公務員は33名。	法学部では、海外留学・語学研修に対してさまざまな面でサポートをしており、これまで海外16大学の留学提携校に26名が留学生として派遣された。留学先での取得単位を最大60単位まで振り替え可能なので、4年間で卒業可能。長期休暇期間に実施される語学研修では、海外10大学の研修提携校へこれまで238名が参加。研修先の成績に基づき2単位が付与される。	
73	北九州市立大学		法律学科では、主として卒業後の将来像を想定した4つの履修コースを設けている。同司法試験の各種国家試験や公務員試験を目指す学生には「法務・行政」コースがある。	平成27年度のデータによれば法学部193名に対し、公務員の就職者数は43名。22.3%の就職率。		
74	九州国際大学	「リスクマネジメントコース」は、実務家による講義や施設見学、警察官等行政と一緒に取り組む地域連携活動など、実践的なプログラムで危機管理の考え方や手法を身に付けるコースである。2年次では、日常的に発生している災害や犯罪についてのケーススタディを行う。施設の見学や地域活動への参加、3年次では、自治体防災計画の理解や安全マップ作りなど参加型学習を行い、決するためのリーダーシップや課題解決能力を育んでいる。	「リスクマネジメントコース」では、公務員試験の徹底に向けた基本本学習の徹底と、課題解決力を身に付けるための実践型ゼミがある。	平成28年度のデータによれば法学部の就職者119名、卒業者数141名。公務員の就職者数、就職率はともに不明。		

巻末付録

	大学	実務研修（インターンシップ、フィールドワーク）	公務員試験への対応	公務員就職率	国際化、グローバル化	備考
75	九州大学			平成27年度のデータによれば法学部の就職者数198名に対し、公務員の就職者数は56名。38.8%の就職率。	法学部は、2015年度から、日本人学生を対象に、グローバル人材の育成を重視した教育を目指す「法学部国際コースビジネス法学・修士一貫国際（GV（Global Vantage））プログラム」を設置。GVプログラムは、法学部プラス5年間で修士課程（LL.M.）の実質5年養成する「グローバル・ローヤー」と「グローバル・ビジネス・ローヤー」とは、「各国の法律家と互いに交渉し、契約書を起草し、各国での法適合性を調査し、国際ルール策定に参画して活躍する人材」である。九州大学法学研究院・法学部は、独自の交流協定を世界の大学・高等教育機関と締結している。交換留学も可能、また、法学部との協定校との交流協定校交換留学生とすべての最先端について交流し、大学生活を送っている。	
76	西南学院大学		法学部で開講されている「応用法律学Ⅰ～Ⅲ」は、公務員試験とかかわりの深い基本的な科目の応用力を高めている。	2016年度のデータによれば法学部の就職者数292名（卒業者数374名）に対し、公務員の就職者数は77名で、26.3%の就職率。77名中、国家公務員は23名、地方公務員は54名。	法学部は全学共通のプログラムに加えて独自の国際交流を行っている。法学部は釜山にある私立の東亜大学法学校と学部間交流協定を結んでいる。学生訪問では互いに訪問して学生間での研究報告にとどまらないが、相互に、英語での共同セミナー、ディスカッション、懇親会、バスツアーなど、多数の学生が参加できる交流を行っている。また、法学部では、インターンシップ・サービス・ラーニング（ISL）という講義を設けている。夏休みに国内外のボランティア、インターンシップに参加し、その成果をレポートにまとめることで、単位認定および旅費の一部を補助するプログラムである。さらに、法学部の授業では、外国人教授や学部独自に招聘した海外の大学教授や研究者によって、10近くの法律専門科目を英語で講義している。	西南カップは、2001年に第1回が開催されて以来、法学部主催の行事ねとしてきた法律学形式の競技である。2003年度までは模擬裁判形式の競技会が行われてきたが、2004年度から「法律討論会」形式に在籍する学生であれば、学年を問わず参加可能である。

大学	実務研修（インターンシップ、フィールドワーク）	公務員試験への対応	公務員就職率	国際化、グローバル化	備考
77 福岡大学		2016年度より、3つのコースに再編。「公共法務コース」は、公法及び国際法を中心に学び、公務員や外交官として活躍したい人のための法科大学院進学や公務員上級職試験など、よりキャリアにチャレンジした人のために、「法律特修プログラム」を設置し、これらの試験に対応できる実力を養成する。なお、司法試験や公務員試験の受験者については、1年次から外講座を受講でき、公務員試験及び同法試験研究部会」を設置している。	平成28年度のデータによれば法学部の就職者数636名（卒業者数491名）に対し、公務員の就職者数は59名。12%の就職率。	経営法学科では、1年次から国際感覚を磨くために選択必修科目「国際コミュニケーション」で約2週間の海外研修を実施しており、2年次にもアメリカやヨーロッパ、アジア太平洋地域での「海外研修」が行われる。本学ではアメリカ・イギリス・オーストラリア・ベルギー・中国・韓国・台湾の大学と交流協定を締結。この協定に基づいた交換留学、海外研修校を実施している。交換留学は協定校と相互に留学生を派遣するプログラムで、留学先で取得した単位は本学の卒業単位として認定されている。	

巻末付録

	大学	実務研修（インターンシップ・フィールドワーク）	公務員試験への対応	公務員就職率	国際化、グローバル化	備考
78	熊本大学	3年生の夏期休業期間に、熊本県内にある官公庁や有力企業等で1週間程度の職業体験を行うインターンシップで単位を認定している。	3年次からは、各自の進路希望に合わせて、法学コースと公共政策コースに分かれて学習を行う。政策公務員モデルを所属し、公務員コースに所属し、公務員コースに進路を希望する学生のためのモデルである。ここでは、政策的状況を的確に把握し国または地方自治体の適切な公共政策を策定するのに必要な基礎知識と思考方法を身に付けるため、政治、行政、経済分野の政策的科目を中心に、公務員として必要な基本科目が配置されている。また、公務員を目指す学生のために学内で試験対策講座を開いている。これは、キャリア支援課と熊本大学生協が連携して、1年間にわたる充実した試験対策講座を提供するものであり、この講座の受講者・合格者のほぼ半数が法学部生である。	2015年度のデータによれば法学部の就職者数185名（卒業者数221名）に対し、公務員就職者数は90名。公務員就職率、48.6％の就職率。主な就職公務員90名中、国家公務員は33名、地方公務員は57名。	法学部では、学生がひろく外国諸大学の学生とともに勉学する機会を拡大するため、大学部及び本学部との交流協定を締結している外国の大学に毎年度数名の学生を派遣している。主な本学部の学生を派遣している。主な本学部の交流協定締結大学は、モンタナ大学（アメリカ合衆国）、ニューヨーク州立大学（アメリカ合衆国）、モンタナ大学、スルタン大学（オーストラリア）、マッセー大学（ニュージーランド）、サールランド大学（ドイツ）、培材大学校（大韓民国）、ボルドー大学（フランス）である。また、韓南大学校法科大学（韓国、大田広域市）、法学部と部局間交流協定を締結している。	
79	宮崎産業経営大学		公務員受験・国家資格取得の支援科目が充実しており、法学部の卒業生である若手司法書士や弁護士、元公務員受験専門学校の専門講師が直接指導に当たっている。	平成27年度のデータによれば法学部の就職者数は73名（卒業者数84名）。公務員数等のデータは不明。		

314

大学	実務研修(インターンシップ、フィールドワーク)	公務員試験への対応	公務員就職率	国際化、グローバル化	備考
80 沖縄国際大学	法学部では、夏期休業中の約3週間、法律事務所、司法書士事務所、書士事務所、市役所などでのインターンシップを実施し、単位認定を行っている。実務を体験することによって、現場が抱える問題発見、大学の教室で学んだことと行政の実際との結びつきを知り、社会人としての自覚や職業観を明確にする。		平成28年度のデータによれば法学部の就職者数150名、卒業者数241名。公務員の就職者数、就職率はともに不明。		

※公務員の就職率＝法学部の就職者数÷法学部の公務員就職者数。
※この表は、各大学の法学部のHPを基に折登美紀が作成（2017年8月時点）。

エピローグ

高橋　明男

　本書が主題とする行政における法の担い手のあり方を考えるきっかけとなったのは、司法試験合格者を年間3,000人供給することを謳った法科大学院制度が始まる中で、弁護士の職域拡大を考察した平成17〜20年度科学研究費補助金基盤研究(A)「法曹の新職域グランドデザイン構築」(研究代表者三成賢次大阪大学副学長)に編者が研究分担者として参加し、「官庁・自治体における弁護士の役割」の研究を担当したことである。そこにおいて、編者は、公的部門が求める、漸増する行政訴訟への対応能力とともに、単なる立法技術・解釈技術にとどまらない、法的思考力を持って政策形成・制度設計を行いうる新たな人材を法科大学院が供給するためには、官庁・自治体等における実習が法科大学院のカリキュラムの中に組み込まれる必要があると論じた。その趣旨は次のような考えに基づくものであった。

　当時、法科大学院と新司法試験において行政法が基本科目と位置付けられるとともに、行政事件訴訟法が改正されて行政訴訟が増えることが期待され、法科大学院において法曹が従来にないレベルの行政法の知識を身に付けることへの高揚感が学生にも教員にもあった。しかし、行政法は、それまでの司法試験で重要な科目として扱われることはなく、行政訴訟の件数も低いまま推移してきたことから、行政法の実務は裁判実務とは別の、国や地方公共団体において通用する行政法解釈・執行の実務であった。この点において、訴訟の数が諸外国と比べて少なく、刑事裁判における有罪率が極めて高く維持されているという事情があるとはいえ、裁判に連なる過程をもって「実務」と称することが可能な民事・刑事とは基本的に異なる事情がある。のみならず、旧司法試験の時代においても、現在の法科大学院制度の下においても、司法試験合格後の修習の際に修習生が行政法実務を学ぶ義務はない。そのような状況で、弁護士が国や地方公共団体において活躍できるためには、単純

に従来の法学部のように行政法理論を学説や判例を通して学ぶだけでは不十分であり、法科大学院制度構築において理論と実務の架橋が謳われたように、行政の実務を学ぶ実習が法科大学院の学習に不可欠であると考えたのである。

　このような考えに基づいて、編者は行政法テキストを共同で執筆している北村和生教授、佐伯彰洋教授、佐藤英世教授に呼びかけ、平成22～24年度科学研究費補助金基盤研究（B）「諸外国の法曹養成と官庁・自治体実務修習の関連づけの調査と法科大学院への応用可能性」において、アメリカ、フランス、ドイツとわが国を比較対象国として、法曹養成課程と公務員養成課程の関連、養成課程における行政の現場における実務修習、法曹の公的部門における役割について、分担して実地調査を行った。そして、その成果をもとに2012年、国際シンポジウム「公的部門における法律専門家——その養成と役割の国際比較」を開催し、全体として次のようなことが確認された。すなわち、アメリカとドイツでは、法曹の公的部門における採用が幅広く見られ、公的部門における実習がロースクールまたは法学部の法学教育の中に組み込まれているのに対し、フランスでは、法学部修了後、司法官、弁護士、行政官それぞれの養成機関が存在し、法曹は行政の業務を担当しないが、裁判官が公的部門に出向することや小規模自治体で弁護士が関与することもある。対して、わが国では、依然、法学部卒の採用が主流であり、法曹も法学部卒と同じくジェネラリストとして採用されている。

　一方、この間、行政法実務を学ぶことの重要性は広く認識されていくに至り、インターンシップや行政担当者による授業等の形でわが国の法科大学院における標準的な——改善の余地が大きいとはいえ——カリキュラムとして取り入れられている。しかし、それにもかかわらず、司法試験の合格者や法科大学院の修了者が従来の学卒者に代わって、広く公的部門における法の担い手になっていくことが期待される状況には依然としてない。それどころか、法科大学院の志望者は制度当初の10％あまりに激減し、法科大学院の数もほぼ半減し、制度が作られた当初の年間3,000人の司法試験合格者という目標は霧散し、一部では法学部不要論が提起されるなど、法律学ないし法律専門

家が行政決定の専門的合理性を確保する上で有する意義さえ見失われかねない状況が生まれてきている。

　そこで、編者は、わが国の公的部門における法（行政法実務）の担い手の状況をさらにより広い国際的な比較と歴史的な文脈において分析することを意図して、対象国をアメリカと並ぶコモン・ローの国であるイギリスと旧社会主義国であるロシアにも拡大し、各国の公的部門における法曹の位置付けと養成、さらにその歴史的な展開について共同研究を行うべく、平成26～29年度科学研究費補助金基盤研究(B)「公的部門における法の担い手の養成と役割に関する比較調査研究」を開始し、2017年に本書のもととなった総括的な国際シンポジウム「公的部門における法の担い手のあり方と行政法・行政法学」を開催した。その内容は本書にまとめられたとおりである。

　本書の成立は、以上のような本書に至る過程と本書の直接のもととなっている2017年の国際シンポジウムにおける多くの方の協力と支援なしにはあり得なかった。とりわけ、最初の共同研究から忍耐強くお付き合いいただいている北村教授、佐伯教授、佐藤教授には感謝の言葉しかない。そして、2012年の国際シンポジウムで報告・討論いただいたジェフリー・ラバーズ教授、ヤン・ヘンドリック・ディートリッヒ教授、浦中千佳央教授、宮川成雄教授、岡本登教授（当時）並びに2017年の国際シンポジウムで報告・討論いただき、本書に寄稿いただいたヤン・ツィーコウ教授、ガーヴィン・ドゥルーリー教授、阪田雅裕元内閣法制局長官、倉田哲郎箕面市長、青山竜治京都市法制課法規係長、松浦弘明豊中市法務・コンプライアンス課法務係長及び第2次科研に加わっていただいた折登美紀教授、恩地紀代子教授、竹中浩教授、田中孝和教授、三阪佳弘教授、南川和宣教授に感謝申し上げる。また、2017年のシンポジウムにイギリスの研究者を招聘するにあたって、名古屋大学の松浦好治教授とジャック・ビートソン判事、ディヴィッド・シュガーマン教授には多大なご助言とご尽力を頂戴することができた。心からお礼申し上げる。さらに、第1次科研及び第2次科研における国内外の調査に際して、インタビューや紹介等で多くの方々に協力いただいた。また、2012年

と 2017 年の両シンポジウムの討論で参加者の方々からいただいた貴重なご意見も本書には活かされている。ここでお名前を逐一挙げることはできないが、感謝申し上げる。

　本書を大阪大学出版会から出版するにあたっては、大阪大学出版会から大阪大学教員出版支援制度により支援いただいた。とりわけ、本書を担当いただいた大阪大学出版会の岩谷美也子さんには篤くお礼申し上げる。

　本書は JSPS KAKENHI Grant Number 26301010 の成果である。

索　引

あ行

空き家対策　64
異議審査　16
　　——請求　241
一部事務組合　227, 229-231
一般市　15
一般職　6
委任立法　131, 138, 144, 150, 151, 154
インターンシップ　37, 113
オームロッド報告書　79
岡山行政法実務研究会　63-69
オックスブリッジ　83, 133, 137
オンブズマン　143

か行

外部化　211, 212
科挙　22
閣法　155-157, 159
肩ごしの裁判官　14, 144
カラスへの餌やり禁止条例　169
カリキュラム　4
幹部公務員候補生　84
官僚主導　6
起案　19, 83, 84, 117, 128, 139-141, 148, 150, 155, 157, 160, 161
議院内閣制　1, 8, 18, 156
議員立法　158, 159
機関等の共同設置　229
規則　1, 2, 15, 44, 55, 143, 183, 193, 198, 200, 206, 260-265
キャリア　5, 115
キャリアセンター事業　62
行政型秩序形成モデル　21
行政救済　6, 263, 264
　　——の完了の要件　263, 264
行政裁判所　8, 9, 112, 120
行政処分　16, 74, 101-103, 186, 188, 189, 193, 202, 216, 222, 223, 225, 229, 238, 239, 256, 259, 260, 262, 264, 265
行政審判官　262
行政審判所　9, 143
行政訴訟　1, 5, 13, 67, 74, 100, 102, 107, 211, 215, 256
行政調査会（日本、1925年設置）　52
行政的違法行為　101, 104, 107
行政手続　189, 205, 223, 225, 251, 259, 264, 270-272
行政の法文化　216
行政罰　99, 101
行政不服審査　11, 16-18, 66, 67, 102, 107, 197, 205, 209, 213, 222-241, 251, 256, 259-263, 270-272
行政不服審査法　222, 256
　　——行政不服審査法の改正　66
行政不服申立審判官　262
行政文化　14, 111, 114-116, 145
行政法学　10, 120
行政法審判官（ALJ）　17, 259-271
行政法曹　16, 119, 241
教養知　18
グランゼコール　114
グローバル教育　31, 37
継続教育　60-63, 69
継続職業研修　86
原課　185, 186, 193, 198
原局　201, 204
検察官　98, 103, 104, 106, 108
検察庁　98, 102, 103
権力分立　95, 105
広域連合　227, 229, 230
公益　162, 163

320

高級公務員　27, 28
公私協働　3
高等専門職課程　113
高等文官試験（日本）　4
高等文官試験　4
　　――行政科試験　47
　　――試験科目　43, 44, 50, 52, 53, 57
　　――司法科試験　47, 52
公務員試験　4, 25-27, 33, 35, 36, 59, 68, 70, 163, 165, 208-210
公務員法律家　14, 84, 88, 130, 132, 137-139, 141-144, 151, 154
公務員養成課程　12
国王訴追局　140, 149
国際化　12, 31, 37, 39, 204, 243
国立行政院（ENA）　8, 114, 115, 117, 119, 121, 123
個人情報保護審査会　228
国家試験　8, 27-30, 35, 42, 44-48, 50, 54, 96, 112, 113, 124, 125, 250
　　第1次――　8, 28, 112, 124, 250
　　第2次――　8, 28-30, 112, 124, 250
コミューン　16, 209
コモン・ロー　8, 78
コンクール　114, 122
コンセイユ・デタ　8, 119, 121

さ行

災害時特別宣言条例　171
裁決官　17, 266
裁判所構成法（日本、1890年）、同改正（1914年）　44, 47
裁判所の負担軽減　16, 222, 242, 264
3人の原則　265, 268
ジェネラリスト　3-5, 10, 116, 130-137, 151
資格試験　4, 12, 26, 40, 42, 45, 47, 48, 78, 89, 99, 100

市外条項　150
自治体内弁護士　60, 70
自治体の法務体制　67
自治体法務　5, 15
執行機関の附属機関　227, 228
実習　29-31, 37, 39, 40, 112, 113
実績主義　6
実務教育　32, 36, 76
実務修習　30, 112
指定都市　15
司法型秩序形成モデル　21
司法官　262
司法試験　4, 12, 27, 35, 69, 70, 100, 163-166, 188, 191, 192, 209, 232, 256
司法審査　139, 143, 145
事務の委託　229
事務の代替執行　229, 230
社会主義　105
社会的規範　204, 207
重大不正監督局　140, 149
重点領域科目　29, 30, 276（巻末付録表1）
条例　1, 2, 5, 15, 16, 18, 59, 64, 67, 72, 169-183, 193, 196-200, 204, 206, 211, 225-229, 231, 240
　　――制定　175
情報公開・個人情報保護審査会　228
情報公開審査会　228, 240
職階制　6
私立法律学校（日本）　43-46, 50
審査請求前置　16, 241
審理員　16, 256
　　――意見書　223, 225, 238, 239
　　――候補者名簿　225
垂直的経験　212
スペシャリスト　3, 130, 132, 134-138, 150
政策法務　5, 15, 168, 175, 218
政策立案　203

索引

正式裁決　260, 262, 270
政治主導　6
整備法　161
政府提案　4, 14, 117, 158, 169
政府法務サービス　76, 85, 136, 148, 149, 152
説明責任　3, 7, 10
専門職　3, 5, 9, 10, 14, 21, 22, 34, 42-45, 47, 48, 50, 51, 59, 62, 98, 113, 126, 135, 210
専門知　5, 18
総合事務組合　231
組織内弁護士　60-63, 70, 71, 74, 152, 211, 214, 216-218
ソリシター　76, 78, 81-87

た行

大学令（日本、1918 年）　50, 51
大統領制　8, 21
地域公共交通　65
地方行政学院　114, 117
地方公共団体の組合　227, 230, 234, 240
地方自治　95, 96, 98, 101, 105
地方自治体における法律専門家　58, 59
地方分権　8
地方法律専門家　210
中央集権　8, 115, 123
中核市　15, 196
聴聞主宰者　225, 238
聴聞審査官　264
帝国大学法科大学（日本）　42-44, 46-51
デクレ　221
ドイツの公務員　27
ドイツの法曹養成制度　250
特別区　227, 230
特別選抜制度　268

な行

内閣官房　7
内閣人事局　7
内閣制度（日本、1885 年）　44
内閣法制局　4
日本型法治主義　11
ニュー・パブリック・マネジメント（新公共管理）　137, 144
任期制　70
ノースコート・トレヴェリアン　133, 134
ノルトライン・ヴェストファーレン州　242
ノンキャリア　5

は行

陪席　246
バリスター　76, 78, 82-87
パリ政治学院（シアンスポ）　117
非正規労働者　20
ピューピレッジ　83
標準審理期間　223, 224
ファシリテーター　216
フルトン報告書　136, 137
ブレクジット（Brexit、EU 離脱）　14, 144, 145, 151, 152
文官試験規則（日本、1893 年）、同改正論議　44
文官試験試補及見習規則（日本、1887 年）　44, 45
文官任用令（日本、1893 年）、同改正論議　44, 47-49
法学教育　13, 18, 25-27, 32, 33, 38, 39, 42, 43, 46, 47, 77-79, 81, 96-100, 102, 104-106, 124
法科大学院　12, 13, 15-18, 32, 34, 61, 68, 69, 71, 76-78, 81-85, 87, 155, 163-166,

196, 197, 203-208
　　──卒等の職員　196, 204, 206
法制局　4, 14, 140, 141, 148, 158
法曹一元　20, 112, 115, 120
法曹院（インズ・オブ・コート）　13
法曹学院　77, 78
法曹の独占　115
法曹養成過程　12, 112, 113
法治主義　1, 2, 8-11, 18, 21, 26, 42, 192
法的思考　15, 33, 39, 59, 199
法的素養　196, 197
法のガバナンス　17, 18
法の支配　8, 9
法の適用　2, 3, 5, 6, 10, 11, 15, 17, 33, 40, 59, 83, 90, 102, 119, 120, 145, 153, 164, 174, 184, 196, 204
法の担い手　1-3, 10
法保護機関　103
法務　5, 12, 15, 16, 31, 34, 35, 37, 58, 59, 62-69, 74-76, 85, 86, 100-102, 104, 116, 136, 147-150, 152, 165, 168, 174, 176, 179, 184-187, 189-200, 204-207, 210, 213, 216-218
　　──主任　198
　　──総裁　147, 149, 152
　　──部門　197, 198
　　──要員　184, 187
法律委員会　250
法律顧問　100, 101, 104, 107
法律事項　158, 159, 167
法律職　14
法律草案　1, 117, 121
法律による行政の原理　1
法律の独裁　13, 102, 107
保障責任　19
ボローニャ・プロセス　96, 111

ま行

ミスター法務　16, 206
名簿条例　172
命令　46, 131, 140, 148, 161, 188, 189, 260
盛土の規制条例　173

ら行

ラインラント・プファルツ州　243
ラウフバーン　28
ラッセルグループ　83, 84
リーガル・マインド　14, 162, 165, 166
立法学　119, 204
立法過程（プロセス）　13, 14, 117, 119, 155, 156, 161, 168, 193
立法事実　160
立法と司法の狭間　174
略式裁決　260, 270
猟官制　6
稟議制　5, 10
臨時教育会議（日本、1917年設置）　48-50
連邦行政裁判所法　242
連邦大統領（令）　95, 98, 101-103
ロースクール　9, 12, 15, 37, 58-60, 62, 63, 68-70, 74, 97, 177, 178, 184, 187, 188, 191

A-Z

ALJ（行政法審判官）　17, 259-274
AJ　17, 266-270, 273
Brexit（EU離脱）　14, 144, 145, 151, 152
Call to the bar　83
ENA（国立行政学院）　8, 114, 115, 117, 119, 121, 123
EU　122
　　──委員会　122, 123
OJT　4, 28, 32, 42, 52, 58, 189, 193, 194, 203, 205, 232

執筆者紹介 （執筆順）

高橋 明男（たかはし あきお）【編者】［プロローグ］［第Ⅱ部第1章1訳］［エピローグ］
　大阪大学大学院法学研究科教授。専門は行政法。主な著作は『行政法の基本（第6版）』（共著、法律文化社、2017年）、「ドイツにおける警察任務の『民営化』、民間委託、民間との協同―国家の権力独占をめぐる法状況（2）」『21世紀の法と政治―大阪大学法学部創立50周年記念論文集』（有斐閣、2002年）、「ドイツにおける国家行政主体の警察責任―行政「内部法」関係研究序説―」阪大法学41巻4号（1992年）

折登 美紀（おりと みき）［第Ⅰ部1］［巻末付録］
　福岡大学法学部教授。専門は行政法。主な著作は「都市の持続的発展に向けた法整備について―都市政策にみる『抑制』と『集約』―」福大法学論叢59巻4号（2015年）、「ドイツ環境政策の一側面―ハンブルクの環境指針について―」広島女学院大学叢書4号（2007年）、「ドイツ行政裁判所における結果除去請求権―違法な行政活動に対する救済―」民商法雑誌112巻2号（1995年）

三阪 佳弘（みさか よしひろ）［第Ⅰ部2］
　大阪大学大学院高等司法研究科教授。専門は日本法制史。主な著作は「近代日本における『前段の司法』とその担い手」中村浩爾他編『社会変革と社会科学時代と対峙する思想と実践』（昭和堂、2017年）、『近代日本の司法省と裁判官―19世紀日仏比較の視点から』（大阪大学出版会、2014年）、『近代日本における社会変動と法』（共著、晃洋書房、2006年）

南川 和宣（みなみがわ かずのぶ）［第Ⅰ部3］
　岡山大学大学院法務研究科教授。専門は行政法。主な著作は『判例行政法入門（第6版）』（共著、有斐閣、2017年）、「地域公共交通の再生にかかる行政手法について」『行政法理論の探究―芝池義一先生古稀記念』（有斐閣、2016年）、「スポーツ団体のコンプライアンスと行政法理論」岡山大学法学会雑誌59巻3・4号（2010年）、「条例による土地利用規制」『まちづくり・環境行政の法的課題』（日本評論社、2007年）

田中 孝和（たなか たかかず）［第Ⅰ部4］［第Ⅱ部第1章2訳］
　姫路獨協大学人間社会学群現代法律学類准教授。専門は行政法。主な著作は「司法審査と代替的紛争解決」榊原秀訓編『イギリス行政訴訟の価値と実態』（日本評論社、2016年）、「イギリスのオンブズマン制度」日本オンブズマン学

会編『世界と日本のオンブズマン〜行政相談と行政苦情救済』（第一法規、2015年）、「議会オンブズマンと裁判所の司法審査」榊原秀訓編『行政法システムの構造転換―イギリスにおける「行政的正義」』（日本評論社、2015年）

竹中　浩（たけなか　ゆたか）［第Ⅰ部5］
大阪大学大学院法学研究科教授。専門は西洋政治思想史。主な著作は『近代ロシアへの転換―大改革時代の自由主義思想』（東京大学出版会、1999年）、『言葉の壁を越える―東アジアの国際理解と法』（編著、大阪大学出版会、2015年）、「北東アジアにおける行政制度の整備と『日本の経験』」阪大法学63巻第34号（2013年）

ヤン・ツィーコゥ（Jan Ziekow）［第Ⅱ部第1章1］
ドイツ・シュパイヤー行政大学院教授・同ドイツ公行政研究所所長。専門は行政法、憲法、ヨーロッパ法、行政学。主な著作はÖffentliches Wirtschaftsrecht. 1. Aufl. 2007-4. Aufl. 2016; Neue Formen der Bürgerbeteiligung? Planung und Zulassung von Projekten in der parlamentarischen Demokratie（Gutachten D zum 69. Deutschen Juristentag). München 2012; Verwaltungsverfahrensgesetz. Kommentar. 1. Aufl. 2006-3. Aufl. Stuttgart 2013; Verwaltungsgerichtsordnung. Großkommentar, (Hrsg.). 1. Aufl. 1996-5. Aufl. 2018; Wandel der Staatlichkeit und wieder zurück? Die Einbeziehung Privater in die Erfüllung öffentlicher Aufgaben in/nach der Weltwirtschaftskrise. 2011.(Hrsg); Die Auswirkungen des Bologna-Prozesses auf die deutsche Juristenausbildung. 2004; Über Freizuegigkeit und Aufenthalt. Paradigmatische Überlegungen zum grundrechtlichen Freiheitsschutz in historischer und verfassungsrechtlicher Perspektive. 1997

ガーヴィン・ドゥルーリー（Gavin Drewry）［第Ⅱ部第1章2］
イギリス・ロンドン大学名誉教授。専門は公法、行政学、公共政策。主な著作はEditor (with Alexander Horne), Parliament and the Law, (Hart Publishing, 2nd edition, 2018); Editor (with Sir Louis Blom-Cooper and Brice Dickson), The Judicial House of Lords 1876-2009 (Oxford University Press, 2009); Author (with Dawn Oliver), Public Service Reforms: Issues of Accountability and Public Law, (Pinter, 1996); Editor (with Philip Giddings), Westminster and Europe: the Impact of the European Union on the Westminster Parliament, (Macmillan, 1996); Author (with Ivor Burton), Legislation and Public Policy, (Macmillan, 1981); Author, Law, Justice and Politics, (Longman, 2nd edition, 1981)

執筆者紹介

阪田　雅裕（さかた　まさひろ）［第Ⅱ部第1章3］
　アンダーソン・毛利・友常法律事務所顧問、元内閣法制局長官。大蔵省（財務省）入省後、通商産業省重工業局電子政策課企画係長、苫小牧税務署長、武蔵府中税務署長、在ロスアンゼルス総領事館領事、国税庁長官官房総務課長等を歴任。

倉田　哲郎（くらた　てつろう）［第Ⅱ部第1章4］
　大阪府箕面市長。郵政省（総務省）入省後、大阪府箕面市に出向し箕面市政策総括監、市長公室専任理事（政策・行革・法制担当）。総務省情報通信政策局課長補佐を経て、2008年箕面市長に当選（34歳2ヶ月・当時全国最年少市長）。2016年3選。

青山　竜治（あおやま　りょうじ）［第Ⅱ部第2章1①］
　京都市行財政局総務部法制課法規係長。法務博士（2008年、京都大学）。同年新司法試験合格。京都市役所入庁後、伏見区選挙管理委員会事務局を経て現職。

松浦　弘明（まつうら　ひろあき）［第Ⅱ部第2章1②］
　大阪府豊中市総務部法務・コンプライアンス課法務係長。豊中市役所入庁後、健康福祉部保険給付課、教育委員会事務局教育総務課を経て現職。

北村　和生（きたむら　かずお）［第Ⅱ部第2章2］
　立命館大学大学院法務研究科教授。専門は行政法。主な著作は『行政法の基本（第6版）』（共著、法律文化社、2017年）、「行政の情報提供義務と国家賠償責任」行政法研究19号（2017年）、「フランスにおけるアスベスト被害と国家賠償責任」立命館法学311号（2007年）

佐藤　英世（さとう　えいせい）［第Ⅱ部第3章1］
　東北学院大学法学部教授。専門は行政法。主な著作は『行政法の基本（第6版）』（共著、法律文化社、2017年）、「経済活動の規制行政」『新・応用行政法』（有信堂、2017年）、「行政主体と行政機関」他『新・基本行政法』（有信堂、2016年）、「民主的法治国家における請願権と実効的権利救済（一）（二完）」東北学院法学76号（2015年）78号（2017年）

恩地 紀代子（おんち　きよこ）［第Ⅱ部第3章2］
　神戸学院大学法学部教授。専門は行政法。主な著作は『入門　行政法（改訂版）』（丸善プラネット、2017年）、『実践判例行政事件訴訟法』（共著、三協法規出版、2008年）、『ドイツ行政裁判手続の効率的運営』（南日本出版、2006年）

佐伯 彰洋（さいき　あきひろ）［第Ⅱ部第3章3］
　同志社大学法学部教授。専門は行政法。主な著作は『行政法の基本（第6版）』（共著、法律文化社、2017年）、『地方自治法入門』（共編著、成文堂　2016年）、「行政情報公開と不開示情報」ジュリスト増刊『行政法の争点』（2014年）

日本型法治主義を超えて
―行政の中の法の担い手としての法曹・公務員―

2018年3月30日　初版第1刷発行　　　［検印廃止］

編　者　　高橋　明男

発行所　　大阪大学出版会
　　　　　代表者　三成　賢次

〒565-0871　大阪府吹田市山田丘2-7
　　　　　　大阪大学ウエストフロント
TEL 06-6877-1614
FAX 06-6877-1617
URL：http://www.osaka-up.or.jp

印刷・製本　尼崎印刷株式会社

ⓒ Akio Takahashi 2018　　　　　　　Printed in Japan
ISBN 978-4-87259-628-1 C3032

JCOPY 〈出版者著作権管理機構　委託出版物〉

本書の無断複製は著作権法上での例外を除き禁じられています。複製される場合は、その都度事前に、出版者著作権管理機構（電話 03-3513-6969、FAX 03-3513-6979、e-mail：info@jcopy.or.jp）の許諾を得てください。